GOLDMANN

Lama Govinda

LEBENDIGER BUDDHISMUS IM ABENDLAND

Vision und Vermächtnis des großen Mittlers zwischen Ost und West

GOLDMANN VERLAG

Umwelthinweis
Alle bedruckten Materialien dieses Taschenbuches
sind chlorfrei und umweltschonend.

Der Goldmann Verlag
ist ein Unternehmen der Verlagsgruppe Bertelsmann

Vollständige Taschenbuchausgabe 3/95
Wilhelm Goldmann Verlag, München
Lizenzausgabe mit Genehmigung des Scherz Verlag,
Bern und München.
© 1986 Scherz Verlag, Bern, München, Wien,
für den Otto Wilhelm Barth Verlag
Alle deutschsprachigen Rechte beim Scherz Verlag,
Bern und München.
Posthum herausgegeben von Advayavajra, Maṇḍalācārya
des Ordens Ārya Maitreya Maṇḍala
Umschlaggestaltung: Design Team München
Umschlagfoto: Design Team München
Druck: Presse-Druck Augsburg
Verlagsnummer: 12609
kk · Herstellung: Heidrun Nawrot
Made in Germany
ISBN 3-442-12609-6

1 3 5 7 9 10 8 6 4 2

INHALT

Zum Geleit   7

1 Perspektiven des Buddhismus in der Welt von heute   13

2 Die Bedeutung von Einsicht, Wissen und Weisheit im
  Buddhismus   53

3 Sittlichkeit im Reifungsprozeß der menschlichen
  Persönlichkeit   85

4 Das Bodhisattva-Ideal: ein Licht in der Dunkelheit
  unserer Zeit   111

5 Die Bedeutung von Ritual, Liturgie und Initiation
  im Buddhismus   141

6 Guru und Cela   159

7 Wege der Verinnerlichung im Buddhismus und ihre
  Bedeutung für den Menschen unserer Zeit   181

Danksagung   207

ZUM GELEIT

Einer der größten zeitgenössischen Interpreten, Denker und Meditationsmeister des Buddhismus ist nicht mehr unter uns: Am 14. Januar 1985 schied Lama Anagarika Govinda in seinem 86. Lebensjahr klarbewußt mit einem Lächeln aus diesem Leben.

Kurz zuvor hatte er noch letzte Korrekturen am Manuskript des vorliegenden Buches vorgenommen und seine Arbeit daran für abgeschlossen erklärt. Vorangegangen waren drei Jahre intensiver Arbeit an den Texten, die er immer wieder überarbeitete, wobei er den Inhalt wiederholt mit seinem engsten Schülerkreis diskutierte und dessen Kritik herausforderte, um so das, was ihm wesentlich erschien, zunehmend deutlicher herauszukristallisieren.

Die Entstehungsgeschichte dieses Buches ist etwas ungewöhnlich: Der Herausgeber hatte bei einem Besuch in den USA Lama Govinda gebeten, ein geistiges Vermächtnis für seinen Orden Ārya Maitreya Maṇḍala zu schaffen, das heißt für jenen engsten Schülerkreis, den er immer als Erben und Fortsetzer seines Werkes betrachtete. Er stimmte zu. Es sollte eine kleine Schrift werden, in der er seine Celas eindringlich daran erinnern wollte, daß diese Kula – diese Familie und «Bruderschaft des Herzens und des Geistes», basierend auf einer von vornherein bestehenden Wahlverwandtschaft ihrer Angehörigen – nur dann auch in Zukunft eine Daseinsberechtigung haben wird, wenn sie sich stets ihres Auftrages bewußt bleibt, ihre ganze

Kraft für einen Buddhismus in der Gegenwart einzusetzen. In diesem Zusammenhang stellte er uns die Frage, was uns an seinem Werk als das Wesentliche erscheine, was daran auch für eine weitere Zeitspanne den Menschen noch von Nutzen sein dürfte und wie die zukunftsbezogene Botschaft des Buddha-Dharma für die Gegenwart aussehen müsse.

In gemeinsamer Arbeit sammelten daraufhin einige Ordensangehörige Material unter den von ihm angegebenen Gesichtspunkten: Tagebuchaufzeichnungen, Briefauszüge, Aufsätze, Vortrags- und Gesprächsnotizen, Interviews, flüchtig hingeworfene Gedankenskizzen von Lama Govinda wurden nach Themenkreisen geordnet, zusammengestellt und ihm vorgelegt. Aber vieles von dem so Herausgesuchten verwarf er als «unausgereift», «überholt», «nur bedingt richtig» und ersetzte es teilweise durch uns neue, oft revolutionär anmutende Gedanken.

Er erklärte, daß es die Hauptaufgabe dieses Buches sein müsse, die Dynamik des Buddha-Dharma durch die Jahrtausende deutlich zu machen: jene ihm innewohnende Dynamik, die der Dharma immer wieder bewiesen habe, indem er sich als schöpferisch-neugestaltende Kraft in unterschiedlichsten Kulturen und sozialen Systemen manifestierte wie auch immer in Zeiten, wenn Orthodoxie und Scholastik alles echte religiöse Erleben zu ersticken drohten. In diesem Sinne sei auch der Auftrag zu verstehen, den ihm sein Lehrer Tomo Geshe Rinpoche erteilt habe und den er an seine Schüler und Nachfolger weitergebe: in unermüdlicher Arbeit an sich selbst alle potentiellen Fähigkeiten zu entwickeln, um diese ganz in den Dienst alles Lebendigen zu stellen und den Dharma des Buddha in einer dem Zeitverständnis adäquaten Interpretation darzulegen sowie darüber hinaus meditative Wege zu erschließen, die für Menschen unter den Gegebenheiten unserer heutigen Gesellschaftsordnung praktikabel sind. Dabei solle sich der Orden stets des ihm eigenen Weges bewußt bleiben: Aus den Erfahrungen der Jahrtausende lernend, müssen wir unter Herausarbeitung des Essentiellen unseren eigenen Weg als Ārya Maitreya Maṇḍala gehen, uns aber stets auch daran erinnern, daß unser Weg nur einer der vielen möglichen Wege im Dharma – die alle das gleiche Ziel anstreben – ist.

Doch schon bald fühlte Lama Govinda die Notwendigkeit, den ihm jetzt zunehmend zu eng werdenden Rahmen der ursprünglichen Buchplanung zu sprengen. So verdichtete sich bei der gemeinsamen Arbeit in ihm die Idee, sich mit diesem Werk – seinem «Testament» – nicht nur an den engen Kreis seiner Schüler im Ārya Maitreya Maṇḍala zu wenden, sondern zugleich auch an seine Freunde in der ganzen Welt. Es sollte Ausdruck dessen sein, was ihm innerstes Anliegen war: all jene, die sich auf das Wagnis und Abenteuer des geistigen Pfades eingelassen haben, zu inspirieren und zu stimulieren. So wollte er zur Schaffung einer Welt beitragen, in der Menschlichkeit und universelle Verantwortung gegenüber der Ganzheit des Lebens eine zentrale Stelle einnehmen und in der zugleich Raum genug ist für die individuelle Entwicklung aller Potentiale jener Menschen, die sich eingebunden wissen in das Netzwerk unendlicher, sich gegenseitig bedingender Relationen. Denn nur aus einem solchen neuen Bewußtsein können wir nach Lama Govindas Überzeugung der Gefahr der schleichenden Vernichtung allen Lebens begegnen – einer Gefahr, die aus der ins Grenzenlose gesteigerten Anspruchshaltung und Gier erwächst – und ihr entgegentreten, bevor sie alle Grundlagen des Lebens auf dieser Erde zerstört: das Wasser, die Luft, die Erde und alle Nahrungsquellen und somit die gesamte Symbiose von Tier- und Pflanzenwelt, wodurch auch der Weg zur Erleuchtung unmöglich würde.

Lama Anagarika Govinda ist heute kein Unbekannter mehr. Seine Bücher und Vortragsreisen machten ihn zu einem der prominentesten Vertreter eines in die Zukunft weisenden Buddhismus und zugleich zu einem Exponenten des New Age. Von früher Jugend an drängte es ihn, Denken, Fühlen und Handeln stets in Einklang zu bringen und Diskrepanzen schnell zu erkennen und auszugleichen. Dabei verfolgte er konsequent den

Weg seiner inneren Richtung, ohne dabei seine geistige Aufge-
schlossenheit für alles wertvolle Neue in Kunst und Wissenschaft zu verlieren, dabei stets bereit, neue Erfahrungen zu machen und sich in seelischer Anteilnahme Menschen wie Tieren
zuzuwenden. Von dem lebendigen Strom seines inneren Erlebens getragen, erstarrte sein Weltbild nie zu einer endgültigen
Konzeption, sondern war – wie er selber – stets auf dem «Weg
der weißen Wolken» und wie diese in stetem Wandel. Denken
war für ihn «anschauendes Denken» im Goetheschen Sinne und
darüber hinaus ein Prinzip des Ordnens *erlebter* Inhalte.
Schöpferisches, intuitives Denken – wie er es von seinen Celas
forderte – bewegte sich für ihn nicht im Bereich blutleerer Abstraktionen und Begriffe, sondern im bildhaften Erleben und
Erfahren des Gegenwärtigen, das – wie ihm schien – allein unsere ganze Hingabe und Zuwendung als ein Faszinosum auf
sich ziehen sollte.

Für ihn war es ein dominierender Zug unserer Zeit, daß die
Funktionen der sinnlichen Wahrnehmung zusehends verküm-
mern durch eine einseitige Entwicklung und Akzentuierung
abstrakten Denkens, das – losgelöst von den Bildern, die uns
unmittelbares Leben vermitteln und nacherleben lassen – das
geistige und seelische Leben in Dogmatik, Scholastik und Tra-
ditionalismus erstarren läßt.

Scharf wandte sich Lama Govinda daher gegen jegliche
Imitation von Formen, die in vergangenen Zeiten und unter
anderen kulturellen Bedingungen entwickelt worden waren.
Ihm ging es um eine *assimilierende* Neugestaltung, um das Freisetzen eines schöpferischen Prozesses, der nie aufhören wird,
solange Menschen nach einem höchsten Ziel streben: Auf den
festen Fundamenten der Vergangenheit stehend, gelte es, in der
Gegenwart mit Blickrichtung auf die Zukunft in Verantwortung aus dem Bodhisattva-Geist zu wirken.

Eine solche innere Gerichtetheit kann sich jedoch nur dann
entwickeln, wenn wir zu einer meditativen Lebenshaltung heranreifen, die unseren ganzen Tagesablauf begleitet und trägt, die

somit keine «Ausnahmesituation» im Ablauf des täglichen Tuns und Lassens ist. Denn nur wenn Meditation Ausdruck ständig gelebter Gegenwärtigkeit ist, kann ihre wandelnde Kraft wirken: Nur dann erfahren wir die Ganzheit unseres Menschseins in ihrer körperlich-geistig-seelischen Komplexität als ein immer erneut werdendes, prozeßhaftes, fließendes Geschehen, eingebunden in das übergreifende Universelle und in die Einheit mit allem Werdenden, das ausnahmslos berufen ist zur vollkommenen Erleuchtung, Befreiung und Buddhaschaft.

Advayavajra

Religionen können nicht intellektuell geschaffen werden. Sie wachsen entsprechend den ihnen innewohnenden universellen Gesetzen, so wie eine Pflanze wächst. Sie sind natürliche Offenbarungen des Geistes, an denen das Individuum teilhat. Die Universalität ihrer Gesetzmäßigkeit bedeutet jedoch nicht zwangsläufig, daß sie stets Gleiches hervorbringt. Vielmehr bewirkt dasselbe Gesetz, daß unter unterschiedlichen Bedingungen verschiedenartige Formen und Inhalte entstehen. Wir können daher vom Standpunkt einer vergleichenden Religionswissenschaft immer nur von einem Parallelismus, niemals aber von einer Identität religiöser Ideen sprechen. Ja, gerade da, wo gleiche Worte und Symbole in unterschiedlichen Religionen verwendet werden, ist der ihnen zugrunde liegende Sinn oft gänzlich verschieden: Die Gleichheit der Form garantiert nie die Gleichheit des Inhalts, weil der Sinn dieser Formen von den mit ihnen jeweils verbundenen Assoziationen abhängt. Diese Assoziationen jedoch variieren entsprechend dem jeweiligen zeitgeschichtlichen, kulturellen und zivilisatorischen Grund, aus dem sie erwachsen.

Es ist daher sinnlos, alle Religionen auf den gleichen Nenner bringen zu wollen, wie es auch sinnlos wäre, die Verschiedenheit der Pflanzen und Bäume in einem Garten nicht sehen zu wollen oder sie als Ausdruck einer unvollkommenen Betrachtungsweise zu interpretieren. Denn so wie die Schönheit eines Gartens gerade in der Vielfältigkeit und Verschiedenartigkeit seiner Bäume und Blumen besteht, die alle ihre besondere Art von Vollkommenheit besitzen, so erhält auch der Garten des Geistes seine Schönheit und seinen lebendigen Sinn durch die Vielfältigkeit und Verschiedenartigkeit seiner Erlebnis- und Ausdrucksformen. Und so wie die Lebensgemeinschaft eines Gartens darin besteht, daß alle Bäume und Pflanzen aus dem gleichen Boden wachsen, die gleiche Luft atmen und sich der gleichen Sonne entgegenstrecken, so wachsen auch alle Religionen und deren unterschiedlichste Schulen aus dem gleichen Boden innerer Wirklichkeit und nähren sich von denselben kosmischen Kräften. Hierin liegt ihre Gemeinsamkeit.

Ihr Charakter und ihre eigentümliche Schönheit jedoch – und darin besteht der ihnen innewohnende Wert – beruhen auf jenen Wesenszügen, in denen sie sich voneinander unterscheiden und die sie auf einmalige Art vollkommen erscheinen lassen. Deshalb sollte man nicht versuchen, die Unterschiede zwischen den Religionen beziehungsweise zwischen ihren Schulen einfach wegzuerklären, noch sollte man sie bagatellisieren oder als fehlerhafte Auslegungen und Mißverständnisse bezeichnen, um auf diese Weise zu jener abstrakten «Übereinstimmung» oder gar «absoluten Einheit» zu gelangen, die dann zur «einzigen Wirklichkeit» erklärt wird. Ein solcher Versuch würde das Wesen des Religiösen ebenso zerstören und vernichten, wie Kunst zum Sterben verurteilt wäre, wollte man dem Künstler diktieren, wie er die Natur darzustellen habe. Ist es doch ein Merkmal echter Kunst, daß Künstler, wenn sie dieselbe Landschaft malen, jeweils ein anderes Bild schaffen. Diese Verschiedenheit der künstlerischen Auffassung aber gibt jedem Kunstwerk den ihm eigenen Wert. Denn Einmaligkeit und Ursprünglichkeit sind Kennzeichen der Genialität in allen Lebenssphären – ja des Lebens selbst. Gleichheit und Standardisierung hingegen sind Merkmale der Mechanisierung, Mittelmäßigkeit und geistigen Stagnation.

Religionen sind Ausdruck überindividueller, durch lange Zeiträume sich herauskristallisierender innerer Erfahrungen, denen eine höhere Gemeinsamkeit eigen ist, durch die sie an einem universellen Bewußtsein teilhaben. Sie finden ihre entscheidende Ausdrucksform und Verwirklichung in den am höchsten entwickelten und sensibelsten Geistern, welche die Fähigkeit besitzen, am überindividuellen Leben ihrer Mitmenschen teilzuhaben. Religion ist daher mehr als ein «kollektives Denken und Fühlen», welch letzteres ein Kennzeichen künstlich geschaffener und organisierter Massenbewegungen und somit nicht Teil eines überindividuellen Bewußtseins ist, sondern im Gegenteil der unterindividuellen Stufe der Herdenmentalität zugeordnet werden muß.

Als Ausdrucksformen überindividueller innerer Erfahrungen unterliegen Religionen – wie alles in der Welt – einem ständigen Wandel, der jedoch einer spezifischen Richtungstendenz folgt, die einer jeden von ihnen innewohnt. Da die Fähigkeit zu einem solchen Wandel Ausdruck der lebendigen Dynamik einer Religion ist, sind die Kontinuität und das Leben dieser Religion so lange garantiert, wie diese in Individuen lebendig bleibt. Dies wirkt der Stagnation in dogmatischer Verhärtung und organisatorischer Erstarrung entgegen, welche Ende und Tod jeder unmittelbaren Erfahrung und damit jeglicher Religiosität bedeuten.

Wenn wir das Dasein eines Individuums betrachten, so erkennen wir, daß Leben in allen seinen Formen (vom Embryo über die Geburt bis hin zum Reifen und zum Tode) durch einen ununterbrochenen Assimilationsvorgang charakterisiert ist: Ständig werden «Nährstoffe» aufgenommen (sei es nun in Form von konkreter Nahrung, Wasser und Luft oder in Form von übermittelten Erfahrungen, Verhaltensweisen und Gedanken), die im Organismus in ihre Grundbestandteile aufgelöst und als solche absorbiert werden, um dann zu körpereigener Substanz beziehungsweise zu eigenen Gedankenverbindungen und geistigen Gebilden umgeformt zu werden. Dem Organismus Unverträgliches oder Überflüssiges wird bei diesem Prozeß ausgeschieden, «Abgestorbenes», das vormals Bestandteil dieses Organismus war, wird ebenfalls aufgelöst, wobei Unbrauchbares ausgesondert und noch Brauchbares erneut verwendet wird.

Wie aber ein lebendiger Organismus trotz seines ständigen Wandels als eine Ganzheit erfahren wird, so sind auch die Religionen infolge ihres intuitiven, aus der Einheit des Erlebens geborenen Charakters stets ein Ganzes, ein in sich Ruhendes und in allem Wandel Vollkommenes. Dies sind sie im Gegensatz zur Wissenschaft, die infolge ihrer Abhängigkeit von der jeweiligen Erkenntnis und Wertung äußerer Fakten immer etwas Unvollständiges und Fragmentarisches bleiben muß, was in der Vergangenheit zu einem relativ häufigen Richtungswechsel Veranlassung gab.

Der Wandel der Formen und Lehrinterpretationen, dem alle großen Religionen im Verlauf der Geschichte unterworfen waren, läßt dagegen deutlich die Beibehaltung einer bestimmten Grundrichtung erkennen, wobei alle Wandlungen, die eine Religion erfährt, regelmäßig durch eine Akzentverlagerung der in ihr von vornherein angelegten Tendenzen charakterisiert sind. Diese kann einerseits dadurch notwendig werden, daß eine Religion in anders strukturierte Kulturkreise und Zivilisationen vordringt, wobei deren eigener religiöser und sozialer Hintergrund im Assimilationsprozeß eine entsprechende Umgestaltung bewirkt. Andererseits rufen Veränderungen in den sozialen Strukturen jener Kulturkreise, in denen eine Religion Wurzel geschlagen hat, charakteristische Varianten hervor, ebenso wie dies auch durch einen Wandel des Weltbildes aufgrund wissenschaftlicher Forschungen geschehen kann.

Daß sich in und nach einem solchen Wandlungsprozeß immer wieder Menschen und Menschengruppen an das Alte klammern, ist ein anderes Faktum, was teilweise dadurch bedingt ist, daß diese Menschen noch im Bewußtsein einer vergangenen Zeit leben, die sie idealisieren, um der Gegenwart zu entrinnen. Ein anderer Grund aber ist der, daß Beharrungsvermögen und Trägheit in jedem Menschen sich zunächst jeglicher Veränderung entgegenstemmen, um bequem eingefahrenen Verhaltensmustern folgen zu können.

Echte Religiosität jedoch basiert auf einem aus Hingabe geborenen, sich öffnenden, religiösen Erleben, das alle Zeichen der Spontaneität besitzt und dessen Grundanliegen jenes Streben des Menschen ist, über sich selbst hinauszuwachsen. Ein religiöser Mensch ist deshalb nicht jener, der an bestimmte Dogmen glaubt oder der von der Wahrheit gewisser Lehren überzeugt ist oder der gewisse moralische Vorschriften befolgt, sondern vielmehr derjenige, der die Kraft, die Fähigkeit und den Willen zur Hingabe besitzt, womit er der dem Menschen eingeborenen natürlichen Tendenz zum Egoismus entgegenwirkt. Religion ist also kein «Mittel», sondern trägt – ebenso wie das Leben – seinen Sinn in sich selbst. Es ist eine geistige Lebensform, eine individuelle Bewußtseinsintensivierung auf einer überpersönlichen Grundlage. Denn es gehört zum Wesen der Religion, daß sie das Individuum aus seiner Vereinzelung heraushebt und zum Gemeinschaftswesen und – bei weiterem Fortschreiten – zum kosmischen Wesen macht.

Maßstäbe wie «gut» und «böse» haben nichts mit Religion als solcher zu tun. Moral ist bestenfalls ein Nebenprodukt der Religiosität, niemals aber Zweck der Religion. Moralische Menschen sind oft gänzlich unreligiös, während unmoralische Menschen vielfach erstaunlich religiös sind. So war die Gleichsetzung von Religion und Moral wohl einer der verhängnisvollsten Irrtümer der Menschheit. Sie degradierte die Religion zum Polizeibüttel, bis selbst die Besten an ihr irre wurden. Die Religionsfeindlichkeit des Westens ist zur Hauptsache auf diesen Irrtum zurückzuführen, der noch verstärkt wurde durch die zeitweilige Gleichsetzung von Sexualität mit Unmoral.

Aus dieser Einstellung erwuchs auch die Geringschätzung ursprünglicher, «primitiver» Religionen als «niedere» Formen religiösen Lebens, während doch in Wirklichkeit selbst der Fetischismus zentralafrikanischer Neger oder von moderner Zivilisation unberührter Südseeinsulaner oder der Schamanismus primitiver asiatischer Volksstämme vom Standpunkt religiöser Intensität, das heißt vom Standpunkt religiösen Erlebens und innerer Hingabe, entschieden höher zu werten sind als manche der heute bestehenden Religionsformen.

Die größte Gefahr jedoch drohte allen Religionen seit eh und je von seiten der Vertreter ihrer organisierten Glaubensgemeinschaften. Sie, deren Erleben nur ein Erleben aus zweiter Hand ist – ein Nacherleben der begrifflich fixierten Dogmen und orthodoxen Vorstellungen, gebunden an den Buchstaben «heiliger Bücher» –, sie sind es, die jeder religiösen Erfahrung einen Riegel vorschieben, wenn diese nicht mit den Glaubensgrundsätzen übereinstimmt, auf die sie fixiert sind.

Diese dogmatisch fixierten Vorstellungen hatten gewiß – historisch gesehen – einmal ihre Berechtigung, sind aber jetzt zu «Superstitionen»* herabgesunken. Durch diese Traditionalisten und Fundamentalisten schleppen alle großen Religionen in ihren überlieferten heiligen Schriften und Traditionen einen Ballast von Zeitbedingtem und geschichtlich längst Überlebtem mit sich herum, der zwar ein wesentlicher Faktor in der *Entwicklung* dieser Religion war und bleibt, aber für den religiös strebenden Menschen der Gegenwart ebenso unwichtig ist wie für einen Erwachsenen die Vorstellungen seiner frühen Kindheit.

Die Menschen des Abendlandes sind heute zum großen Teil kritischer und reifer geworden. Besonders die Jugend will sich zu einem guten Teil nicht mehr mit Glaubens- und Lehrsätzen abspeisen lassen, seien diese nun politischer, sozialer oder religiöser Art. Besonders auf religiösem Gebiet erstreben sie Wege, die ihnen ein eigenes religiöses Erleben ermöglichen. Daß sie dabei oft Scharlatanen und Fanatikern östlicher wie westlicher Herkunft in die Hände fallen und am Ende nur ein Glaubensbekenntnis gegen ein anderes eintauschen, ist eine bedauerliche Erscheinung.

* superstitio, lat. = Wahn, Aberglaube

Es ist an der Zeit, daß die Menschen wach werden und erkennen, daß sich an der Oberfläche der großen Religionen im Verlauf der Jahrhunderte vieles ansammelte, was zu bestimmten Zeitpunkten der Geschichte für diese religiösen Bewegungen bedeutungsvoll war. Wir – als Menschen unserer Zeit – sollten jedoch erkennen, daß es weder unsere Aufgabe ist, Formen vergangener Zeiten zu imitieren noch Denkmodelle unbesehen zu übernehmen, die einst zwar ihre Gültigkeit hatten, aber nun längst überholt sind. Wir sollten vielmehr darangehen, all das aus einer Lehre herauszukristallisieren, was für unsere eigene Zeit relevant ist. Es geht darum, das *Essentielle* für unsere eigene tägliche Praxis und Meditation herauszuläutern und Überlebtes als das zu erkennen, was es ist: Stufen, die in die religiöse, soziale und kulturelle Gegenwart führten.

Aber so wie sich die Tempel der Gegenwart auf den Trümmern der Tempel der Vergangenheit erheben, die ihnen als Unterlage ihrer Fundamente dienen, so müssen auch wir voranschreiten. Wir haben im Laufe unserer Entwicklung als Menschen viele Vorstellungen und Denkformen, die einmal für diese Entwicklung sehr wesentlich waren, hinter uns lassen müssen. Denn wer voranschreiten will, muß den Ballast der Vergangenheit abwerfen, auch wenn dieser für die Entwicklung zur Gegenwart hin ein wesentliches Moment war. Hier gilt in angepaßter Weise das, was der Buddha uns hinsichtlich des Dharma lehrte: der Dharma sei ein Floß, ein Hilfsmittel, um an ein anderes, besseres Ufer zu gelangen, das man dann aber hinter sich lassen müsse, ohne daran zu haften, wenn es seinen Zweck erfüllt habe.

Nachdem der Osten für fast anderthalb Jahrtausende westlichem Denken verschlossen war und seine Erkenntnisse nur mit wenigen Eingeweihten der übrigen Welt teilte, macht sich jetzt eine Bewegung bemerkbar, die dem Wesen östlicher Lehrmethodik diametral entgegengesetzt ist und die eine Verflachung des religiösen Empfindens erkennen läßt. Ich meine den Drang zur Bekehrung und zur Proselytenmacherei. Dieser Drang, der bisher nur den monotheistischen Religionen Vorderasiens eigen, der indischen wie fernöstlichen Religiosität jedoch fremd war, entsteht aus Machtstreben und oft aus geistiger Unsicherheit, die sich an der Anzahl Gleichgläubiger berauscht: Der einzelne fühlt sich in seinem Glauben um so mehr bestärkt, je mehr Menschen seinen Glauben teilen.

Wo hingegen eine Gewißheit besteht, die aus einer inneren Erfahrung resultiert, spielt es keine Rolle, wie viele Menschen sich zu ihm bekennen und wie viele ihn ablehnen. Denn wie kein Mensch Proselyten dafür machen muß, daß zwei mal zwei gleich vier ist, und wie es noch keinen Missionar für Mathematik (deren Methoden und Resultate evident sind) gegeben hat, so hielten die Weisen der Vergangenheit ihre Erkenntnisse für selbstevident und hatten es daher nicht nötig, ihre Weisheit zu propagieren. Sie teilten sie nur denjenigen mit, die sich ihrer Erkenntnis würdig erwiesen, die sie verstanden und nachvollziehen konnten und die willens waren, dafür unter Einsatz all ihrer Kräfte Opfer zu bringen. Diese Menschen mußten nicht nur einen gewissen Grad der Reife, sondern auch der Unvoreingenommenheit besitzen, das heißt, sie mußten Menschen sein, welche die nötigen Voraussetzungen mitbrachten, um sich innerlich zu öffnen, so daß sie die Wirklichkeit dieser Erkenntnisse in sich selbst erleben und verwirklichen konnten, ohne irgendwelchen indoktrinierenden Suggestionen zum Opfer zu fallen.

Diese Haltung hat auch der Buddhismus von jeher eingenommen. Der Buddha selbst zeigte seine Lehre allen und sprach all jene an, die dafür Verständnis hatten, übte aber weder körperliche noch geistige Gewalt aus, um Menschen von der Wahrheit seiner Weltanschauung und der Richtigkeit seines Weges zu überzeugen. Er legte alles offen dar, und wer kam, war willkommen. Wer weiterging und es nicht akzeptierte, wurde weder geschmäht noch herabgewürdigt, noch durch Androhung ewiger Verdammnis unter seelischen Druck gesetzt. Durch diese Grundhaltung breitete sich der Buddhismus über die damals bekannte Welt Asiens aus und erfaßte damit den größten Teil der Menschheit, die auf diesem Kontinent lebte. Wenn wir den Buddhismus für die Welt von heute, speziell für die Welt des Westens darlegen wollen, so müssen wir die gleiche innere Haltung entwickeln. Buddhismus darf niemals ein Machtinstrument in der Hand hoher Kirchenfürsten oder Geistlicher werden, so verehrungswürdig diese auch sein mögen, sondern soll allen die schlichte Weisheit und Wahrheit des Erleuchteten wie all jener Großen aufzeigen, die seinen Weg nacherlebend gingen und verwirklichten, um ihn dann für ihre Zeit neu zu interpretieren.

Als im Auftrag unseres ersten Patriarchen, des ehrwürdigen Tomo Geshe Rinpoche Ngawang Kalzang, vor mehr als fünfzig Jahren der Orden Ārya Maitreya Maṇḍala gegründet wurde, war es diese Grundhaltung, die wir zu seiner Basis machten. Er war keine Organisation zur Bekehrung Andersgläubiger, sondern eine Bruderschaft des Geistes und des Herzens, bereit, denen zu helfen, die von den Lehren des Buddha inspiriert worden waren und sie als Menschen unserer Zeit verwirklichen wollten.

Als der Orden dann zwanzig Jahre später im Westen Form annahm, war es ein spontanes Entstehen aus einem inneren Bedürfnis, nicht das Ergebnis propagandistischer Betätigung. Ziel unseres Ordens war es von Anfang an, die lebendige Tradition des Buddhismus, wie sie von Guru zu Cela durch die Jahrtausende weitergegeben wurde, zu erhalten, indem wir sie in unserem täglichen Leben ständig neu verwirklichen. Dabei waren wir uns von Anfang an im klaren, daß dies einerseits nur im Einklang mit den Erfordernissen unserer Zeit geschehen kann, und zwar im Rahmen der sozialen und gesellschaftlichen Bedingungen, unter denen wir zu leben haben, und andererseits in Gemeinschaft mit all jenen, die den Bodhisattva-Weg gehen wollen und die in die Lehren und Meditationspraktiken des «direkten Pfades» des Vajrayāna initiiert sind.

Bis zum Zeitpunkt, als das Ārya Maitreya Maṇḍala im Westen auftrat, waren – von ganz wenigen Ausnahmen abgesehen – die meisten buddhistischen Gesellschaften im Abendland Vereine, deren Hauptziel darin bestand, die Menschen intellektuell von der Vernünftigkeit der Buddhalehre zu überzeugen. Ein solches Vorgehen war zweifellos als erster Schritt zum Verständnis des Buddhismus notwendig. Doch nur wenige gingen darüber hinaus. Wir waren und sind der Überzeugung, daß der zweite Schritt unbedingt dem ersten folgen muß, da nur so der Buddhismus als jene lebendige geistige Kraft erkannt wird, die imstande ist, den menschlichen Geist und die Welt, die dieser um sich herum geschaffen hat, zu *verwandeln*.

Um dies zu erreichen, ist es nicht genug, unseren Intellekt von einer Formulierung, die wir als «Wahrheit» definieren, zu überzeugen, sondern es ist notwendig, unmittelbar auf das innere Zentrum aller Kräfte einzuwirken, um es zum vollen Bewußtsein der Wirklichkeit zu erwecken. Diese Erweckung kann aber nur durch eine Umkehr unserer Aufmerksamkeit bewerkstelligt werden. Dazu müssen wir unseren Geist nach innen auf die Quelle aller Inspiration richten, wobei wir gewisser Meditationspraktiken und ritueller Vorbereitung bedürfen, wie beispielsweise der Ausübung der Pūjā, die selbst eine Art dramatisierter Meditation ist und dazu dient, das abstrakte Denken durch intuitive Schauung und unmittelbares Erleben über seine Grenzen hinauszuführen und zu ersetzen. Denn nur Schauung und Erleben haben die Kraft, uns zu verwandeln. Als Vor- und Leitbild stehen deshalb die Erleuchteten der Vergangenheit, Gegenwart und Zukunft im Mittelpunkt unseres Interesses, nicht aber Organisation noch Macht und Glanz und am allerwenigsten die Zahl unserer Ordensangehörigen oder die Wirksamkeit einer Propaganda.

Wir haben in der Vergangenheit nie danach gestrebt – und werden auch in Zukunft nie danach streben –, die Invasion jener sich zu Lehrern und Gurus aufwerfenden Weltverbesserer und Propagandisten zu vermehren, die ihren Anhängern Himmel und Erde versprechen und die ihnen leichte Wege zum Heil zu weisen vorgeben. Wir wissen, daß wir nur durch harte Arbeit an uns selbst uns befreien und anderen helfen können. Nur durch eine die Tiefen unserer gesamten Persönlichkeit erschütternde Einsicht können wir jene wandelnde Kraft erfahren, die uns vom Leid befreit. Diese Einsicht jedoch kann niemand erringen, der nicht den Weg geht, der zu eben dieser Einsicht – gewonnen in innerem Erleben – führt. Haben wir diesen Durchbruch einmal erfahren, dann wird es unsere höchste Verpflichtung als Menschen sein, durch das eigene Beispiel anderen diesen Weg zu weisen und sie mit Hoffnung und Inspiration zu erfüllen.

Indem wir jedoch so durch unser Vorbild anderen helfen, den Weg zu gehen, zu verstehen und zu erleben, erfüllen wir unsere Verpflichtung und gewinnen selbst Freiheit. Darin besteht der Bodhisattva-Wandel. Und jedem, der diesen Weg geht, ob er sich nun zum «kleinen» oder «großen» Fahrzeug bekennt oder sich dem diamantenen Wege anvertraut hat, gebührt unsere Verehrung und Liebe. So sind denn auch all die Großen der verschiedenen Geistesrichtungen, die den Weg der Verwirklichung gegangen sind, unsere Lehrer.

In der Reihe der Lehrer des Ārya Maitreya Maṇḍala waren Buddhisten *aller* Schulen vertreten, wobei wir besonderen Dank unseren Gurus unter den Theravādins und den tibetischen Gelugpas, Sakyapas, Kargyütpas und Nyingmapas schulden. Sie alle haben den einen oder den anderen Aspekt des Dharma besonders herausgearbeitet und verwirklicht und uns auf diese Weise ihr vertieftes Wissen um bestimmte Aspekte des Weges des Erhabenen vermittelt. Doch auch die abendländische Kultur, in der wir wurzeln, hat zu unserem geistigen Entwicklungsweg beigetragen wie auch die brahmanische Tradition und die großen Weisen des Ostens. Ihnen allen, auf deren Schultern wir stehen, gilt unser Dank und unsere Verehrung. Denn kein Wesen entwickelt Erkenntnis aus dem Nichts: Was immer entsteht, entwickelt sich in Abhängigkeit von Vorausgegangenem. So bauen wir in unserem Geiste immer erneut die Welt des

Saṃsāra in abhängig-bedingtem Entstehen auf und gewinnen andererseits durch Erkennen und Durchschauen der universellen Bedingtheit allen Werdens den Durchbruch zur Freiheit von Gier, Haß und Ich-Wahn, das heißt Nirvāṇa.

Diese Erkenntnis und dieses Wissen um unser Eingebundensein in größere Zusammenhänge besagt nun aber nicht, daß wir einem hemmungslosen Synkretismus huldigen. Unser Weg ist der Weg, den uns der Erhabene, der Buddha, gewiesen hat. Je klarer wir diesen Weg zu sehen beginnen, desto tiefer und wirklichkeitsnäher wird er und macht uns mit jedem Schritt glücklicher und freier.

Wenn wir den Dharma des Erhabenen im Westen heimisch machen wollen, so müssen wir uns immer erneut auf das Wesentliche besinnen, auf das, was der Buddha den Menschen vermitteln wollte, ohne den Trend der Zeit mitzumachen, aber auch ohne uns an irgendeine der historischen Schulen zu binden. Die Schulen der Vergangenheit hatten ihre Berechtigung zu ihrer Zeit und unter den Bedingungen bestimmter sozialer Strukturen. Doch alles ist dem Wandel unterworfen, auch die Formen einer Lehrdarlegung und meditativen Annäherung. Das Ārya Maitreya Maṇḍala bejaht die gesamtbuddhistische Tradition, die in zahlreichen Facetten das Spektrum des Dharma widerspiegelt – jede in ihrer Weise. Uns sollte es darum gehen, zumindest ahnend die Fülle zu erfassen, um dann unbeirrt als Menschen unserer Zeit unseren eigenen Weg in der uns vom Buddha gewiesenen Richtung zu gehen.

Wir nennen uns einen Vajrayāna-Sangha. Das Vajrayāna war die letzte Entwicklung des Buddhismus auf indischem Boden, die alle vorangegangenen Schulen in sich integrierte, und zwar in einer Weise, daß sie das Überlieferte in immer erneuten Anläufen neu- und umgestaltete. So muß auch ein jeder von uns diesen Akt der Integration auf individuelle Weise nachvollziehen. Wir haben es daher den Kandidaten und Ordensmitgliedern zur Aufgabe gemacht, zunächst die verschiedenen Strömungen des Dharma zu studieren und ihre wesentlichsten meditativen Methoden unter Anleitung selbst zu erfahren. Nur so kann der einzelne in sich selbst nachvollziehen, wie verschiedene Schulen des Buddhismus spezifische Aspekte des Dharma entwickelt haben, wodurch sie zur Gesamtentwicklung des Buddhismus beitrugen. Er selber aber durchläuft in abgekürzter Form diese ganze Entwicklung als Mensch der Gegenwart, lernt das Wesentliche vom Zeitbedingten und Überlebten zu unterscheiden und reift zu einem Menschen, der anderen Hilfe auf ihrem Wege sein kann.

In diesem Zusammenhang möchte ich den Buddhismus mit einem riesigen lebenden Baum vergleichen, der nur als Ganzes lebensfähig ist: Man kann nicht nur den Stamm haben wollen oder nur die Blätter oder nur die Blüten oder die Samen! Man muß Wurzeln, Stamm, Äste, Zweige, Blätter, Blüten und Samen als Einheit erfahren. Man muß erkennen, daß dieser Baum einmal aus einem Samenkorn hervorgegangen und gewachsen ist und weiterwachsen wird nach dem ihm innewohnenden Gesetz. Es wäre töricht, wollte man die Entwicklung des Baumes aus dem Samen und seine immer reichere Entfaltung leugnen: Wer das Wachstum des Baumes auf ein bestimmtes Stadium fixieren möchte, würde ihm das Leben nehmen. Genauso töricht aber wäre es auch, wenn man nur einen bestimmten Teil des Baumes nutzen wollte in dem Glauben, man habe damit das Wesen des ganzen Baumes erfaßt. Aber gerade das machen heute viele, die den Buddhismus propagieren wollen: Sie sehen alles nur von ihrem eigenen, engbegrenzten Standpunkt und meinen, daß dies das Ganze sei.

Bei unserer Arbeit im Westen haben wir heute die große Chance eines Neubeginns. Wir sind nicht an irgendeine nationale Tradition des Buddhismus gebunden, noch müssen wir die Last eines überlebten Erbes mit uns herumschleppen. Wir können mit «Anfängergeist» an den Buddhismus herantreten und haben aufgrund der Freiheit, die uns westliche Wissenschaft und die freiheitliche Entwicklung des Denkens der letzten Jahrhunderte gegeben haben, die Möglichkeit, unvoreingenommen die lebendige Dynamik buddhistischer Entwicklung über die Jahrtausende hinweg zu betrachten. Auf diese Weise gewinnen wir einen Überblick über die Fülle der Formen, die sich bereits früh in Indien entwickelten und die sich später über Süd-, Zentral- und Ostasien ausbreiteten und sich dort entfalteten. Jede einzelne der so entstandenen Formen ist eine großartige, einmalige Schöpfung, die auf ihre Weise die Aspekte des Buddha-Dharma akzentuiert und herausarbeitet, so daß sie nicht nur für ihre Zeit und ihre Kultur von Bedeutung ist, sondern auch für die weitere Gesamtentwicklung des Dharma.

An uns ist es nun, diese Fülle zu einer Ganzheit zu integrieren, ohne uns an irgendeine bestimmte Lehrart zu klammern. Wir respektieren die verschiedenen Traditionen in ihrem Sosein, sollten aber nicht danach streben, sie einfach zu imitieren. Denn wenn wir irgendeine bestimmte Tradition nachahmen würden, so würden wir uns an etwas binden, was einer vergangenen Zeit und einer anderen Kultur angehörte. Wir würden dabei unsere eigene Überlieferung lediglich gegen eine andere austauschen, und das ist – auf lange Sicht gesehen – sinnlos. Wir wollen daher unsere Mitglieder nicht zu kleinen Indern, Tibetern, Japanern oder Chinesen machen, sondern uns vielmehr darum bemühen, zunächst einmal das Wesen unserer eigenen, abendländischen Tradition und Kultur in ihrer ganzen Entwicklung zu begreifen,* um davon ausgehend die Traditionen anderer Kulturen zu studieren und sie verstehend achten zu lernen.

Wir leben heute in einer Welt, die mehr und mehr zusammenrückt. Westliche Technologie und Wissenschaft gelangen heute – nicht immer zum Segen – zu allen Völkern des Ostens.

---

* Das Studium der Kulturgeschichte des Abendlandes läßt deutlich erkennen, daß diese keineswegs als eine nur «christliche» Kultur zu bezeichnen ist. Das Christentum wurde mit seinem Vordringen in Europa vielmehr von den vorchristlichen Kulturen des Abendlandes sowie den alten Kulturen des Vorderen Orients und des aufkommenden Islam mitgeformt und geprägt, und zwar im positiven wie im negativen Sinn.

Östliche Weisheit – oft mißverstanden – strömt zunehmend nach dem Westen und bietet dem Menschen des Abendlandes ein Gegengewicht der Besinnung und Ruhe in seiner ständigen Unrast. So sind wir auf dem Wege zu *einer* Welt. Es bleibt zu hoffen, daß die nächsten Jahrhunderte diesen Prozeß der Einschmelzung zunehmend fördern werden, so daß alle Menschen sich als Bürger dieser einen Welt empfinden können und nicht nur als Angehörige einer bestimmten Nation oder Rasse. An diesem Werk einer globalen Integration mitzuwirken, ist der buddhistische Sangha – so wie wir ihn verstehen – aufgerufen. Um dieser Aufgabe jedoch gerecht zu werden, muß der Sangha seinen Standort in einer sich wandelnden Welt immer wieder neu bestimmen, so wie dies in der 2500jährigen Geschichte des Buddhismus immer wieder geschehen ist und worin sich die Dynamik des Dharma durch alle Zeiten manifestierte.

Zu Lebzeiten des Buddha bestand der Sangha aus den Catur-Vargas, den «vier Gemeinschaften» der Bhikṣus, Bhikṣunīs, Upāsakas und Upāsikās,* die alle als «edle Jünger des Erhabe-

---

* Bhikṣus (Pali: Bhikkhus) und Bhikṣunīs (Pali: Bhikkhunīs) = Bettler sind die vollordinierten Mitglieder des Mönchs-Sangha, die die ca. 250 Regeln des Mönchsordens mit der Upasaṃpadā auf sich genommen haben, wobei die Bhikṣunīs verschärften und zusätzlichen Verpflichtungen unterworfen sind. Zum Mönchs-Sangha gehören auch die Mönchs- und Nonnennovizen (Skrt.: Śrāmaṇera/i, Pali: Samanero/i), die mit der Pravrajya-(Pali: Pabajja-)Zeremonie – dem «Verlassen der Welt» – die Zehn Śīlas gelobten. Die Upāsakas und die Upāsikās (= «Nahesitzende», weil der Buddha, wenn er im Hause seiner Weltjünger Belehrungen nach dem Mahl gab, den Hausherrn und die Hausfrau neben sich sitzen ließ) sind die im Hausleben verbliebenen Jünger, die die Fünf Śīlas auf sich nehmen. Der Begriff «Laie» oder «Laienanhänger» ist falsch, weil es von Anfang an hochgelehrte, meditationserfahrene Upāsakas und Upāsikās (Paṇḍitas) und andererseits auch ungebildete Mönche gab.
In diesen vier Ständen finden wir die Ārya-Śrāvakas (Pali: Ariya Śāvakas), d. h. die «edlen Jünger», die auf dem höheren Pfade (Skrt.: Pratipadā, Pali: Paṭipadā) schreiten. Aber nicht jeder Bhikṣu noch jeder Upāsaka ist ein Ārya-Śrāvaka (identisch mit Pali: Ariya Puggala): Er ist es nur, wenn er den «Stromeintritt» (Pali: Sotāpatti) vollzogen hat und dem edlen Pfade uneingeschränkt folgt. Tut er es nicht, so ist er – gleich ob Bhikṣu oder

nen» betrachtet wurden und von denen die in der Welt lebenden Jünger (die Upāsakas und Upāsikās) genauso das hohe Ziel – das Todlose – erreichen konnten und erreichten wie die im Mönchsstand lebenden Bhikṣus und Bhikṣuṇīs (vergl. *Anguttara-Nikāya*). Der Mönchs-Sangha hatte in diesen frühen Tagen des Buddhismus vor allem die Funktion, die buddhistische Lehre zu erhalten und zu verbreiten. Denn in einer Zeit, in der Bücher unbekannt beziehungsweise später nur das Privileg weniger Schriftkundiger waren, hing der Fortbestand des Dharma ausschließlich vom Wirken einer Mönchsgemeinde ab, deren Aufgabe es war, das heilige Wort von Generation zu Generation im Gedächtnis lebendig zu erhalten und weiterzugeben. Als Bewahrer des Wortes des Buddha gewann der Mönchs-Sangha bald ein großes Übergewicht, und die im Haushälterstand lebenden Upāsakas und Upāsikās wurden zu bloßen Almosengebern degradiert.

Den Mitgliedern des Mönchs-Sangha wurde dadurch andererseits die Gelegenheit geboten, ein von weltlichen Sorgen freies Leben zu führen, um der Gemeinde der in der Welt lebenden Jünger besser dienen zu können. Doch statt dessen kapselte man sich in einigen orthodoxen Kreisen ab – ja, man trug gewisse Sūtras, die meditative und psychologische Themen betrafen, nur noch im Kreise der Mönche vor, so daß der Grundsatz des Buddha, «nichts in der geschlossenen Faust zurückzuhalten», verlassen wurde.

Dieser drohenden Erstarrung und Entartung traten jene unbekannten Männer und Frauen entgegen, die das Bodhisattva-Ideal zum Leitbild einer neuen Bewegung innerhalb des Buddhismus erhoben. Es bewirkte eine bewußte Abwendung von dem rein monastischen Lebensstil vergangener Jahrhunderte und zugleich eine vermehrte mitmenschliche Zuwendung bei erneuter Gleichstellung der Mönche und Weltjünger, was sei-

---

Upāsaka – ein Pṛthagjana (Pali: Puthujjana), d. h. ein Weltling: ein Wesen, das weder von den Fesseln Gier, Haß und Wahn befreit noch auf dem Wege ist, sich davon zu befreien (*Puggala Paññatti* 1,9).

nen Niederschlag im *Ārya Vimalakīrti-Nirdeśa Nāma Ma-hāyāna-Sūtram* fand: Entscheidend war nicht mehr der Stand, sondern allein der Grad der Verwirklichung auf dem Wege zur Erleuchtung. Als dann in den nachfolgenden Jahrhunderten eine überspitzte Scholastik intellektuell meditative Erfahrungen vorangegangener Generationen systematisierte und, sich an Theorien berauschend, das spontane meditative Erleben zurückdrängte, bewies sich die Dynamik des Dharma erneut in der paradoxen Dialektik der *Prajñāpāramitā-Sūtras* und der schockierend-kritischen Denküberschreitung in Nāgārjunas Mādhyamaka. Über sie erfolgte eine Rückbesinnung auf die meditative Wurzel des Buddhismus, wodurch die Schulen der Versenkung, des frühen Reinen Landes und des frühen Mantra- bzw. Vajrayāna ins Dasein traten. In der Begegnung von Buddhismus und Taoismus entstand das Ch'an, das dann später eine Verbindung mit dem kriegerischen Geist der Samurai in Japan einging und diesen zum Zen sublimierte.

Als das Vajrayāna dann in Indien nach seiner ersten schöpferischen Phase zu erstarren drohte und sich formaler Moralismus ausbreitete, kam durch die Siddhas eine erneute dynamisierende Bewegung in den buddhistischen Dharma, die sich bis ins elfte Jahrhundert hin auswirkte und den Buddhismus in Tibet weitgehend inspirierte. Nachdem der Buddhismus etwa seit dem 15. Jahrhundert in fast allen asiatischen Ländern eine gewisse Erstarrung und Fixierung an die Vergangenheit und deren Denkweisen erfuhr, und das bei teilweiser Entartung der Meditation in formale Abläufe und Vollzüge, zeigten sich seit dem vorigen Jahrhundert erneut Ansätze zu einem neuen Aufbruch, wobei die Rolle der theosophischen Bewegung – wie immer man sonst von ihr denken mag – herausgestellt werden muß. Sie machte nicht nur den Buddhisten Asiens Mut, sondern trug auch wesentlich dazu bei, daß der Dharma im Westen bekannt wurde. Damit aber wurde dem Buddhismus die große Chance einer neuen, der heutigen Zeit adäquaten Entwicklung eröffnet, an deren Anfang wir stehen.

In unserer heutigen Zeit, in der die Lehre des Erhabenen durch Bücher jedem Wissensdurstigen zugänglich ist und wo auch ein gewisses Maß an Allgemeinbildung das Verständnis dieser Texte ermöglicht, muß ein buddhistischer Sangha sich nicht mehr auf einen von der Gemeinde unterstützten Orden von Mönchen und Nonnen gründen, sondern sollte in erster Linie demonstrieren, daß die Verwirklichung der buddhistischen Lehre auch *inmitten des täglichen Lebens möglich ist*.

Der Sangha sollte daher heute nicht einen Ausnahmezustand menschlicher Existenz darstellen, sondern muß zu einem Wegbereiter werden, der sich um die Ausbreitung von Methoden zur praktischen Verwirklichung des Dharma bemüht, die *jedem* Menschen zugänglich sind und den Lebensverhältnissen unserer Zeit entsprechen. Der Begriff des Sangha kann darum heute nicht mehr mit dem Mönchstum gleichgesetzt werden, sondern hat sich auf die Idee des buddhistischen Lebensweges zu gründen, der den Menschen zu einer neuen Lebensform führt, die alle menschlichen Funktionen und Fähigkeiten miteinbezieht. Darüber hinaus sollten wir aus der Geschichte lernen, daß die Überakzentuierung des Mönchs-Sangha, bei gleichzeitiger Entmündigung oder Herabsetzung der Upāsakas, den Buddhismus wiederholt in die Situation brachte, daß er in bestimmten Ländern, in denen er vorher eine große Blüte erreicht hatte, fast völlig vernichtet werden konnte, wenn der Mönchssangha ausgerottet wurde.

Allein die Tatsache, daß der Buddha noch bis in seine letzte Verkörperung ein erfülltes Weltleben führte, Weib und Kind hatte und dennoch in diesem selben Leben die Erleuchtung erlangte, sollte jeden von uns lehren, uns nicht durch gewaltsame Unterdrückung normaler menschlicher Funktionen und Eigenschaften den Weg zu verbauen. Nur aus der Fülle des Erlebens und der Erfahrung eines *vollen* Menschseins können wir zu innerer Einkehr und Umkehr gelangen, aus der allein das spontane Erlebnis der Erleuchtung hervorzubrechen vermag.

Hier aber stellt sich wie von selbst die Frage: Wie bewahren wir uns die Spontaneität des Geistes, die Lebendigkeit, die Unvoreingenommenheit und Aufnahmefähigkeit unseres Gemütes oder – anders ausgedrückt – jenen «Anfängergeist», der den Buddhisten auszeichnen sollte? Sicherlich nicht in der Geborgenheit und Sorglosigkeit eines Klosters, eingespannt in eine bis ins letzte geordnete, problemlose Lebensweise, die zur gewohnheitsmäßigen Routine verflacht, wenn sie zum Dauerzustand wird.

Die vom Buddha gegründete Ordensgemeinschaft war eine Gemeinschaft von Wahrheitsuchern, die als Wandermönche (Skrt.: Parivrājaka) ohne Heim und Haus durch das Land zogen, unbeschwert von Besitz in ständigem Kontakt mit Menschen, an deren Nöten und Problemen sie Anteil nahmen – allerdings ohne selbst darin verstrickt zu sein. Sie ermahnte der Buddha mit den berühmten Worten des *Mahāvagga* im Vinayapiṭaka: «Gehet hin, ihr Mönche, und wandert hinaus in die Welt, vielen zum Gewinn, vielen zur Wohlfahrt, aus Mitleiden mit der Welt, zum Guten, zum Heile, zum Wohle der Götter und Menschen. Verkündet, o ihr Mönche, die glorreiche Lehre und ein Leben der Heiligkeit, das vollkommen und rein ist.» Und in der oft wiederholten Beschreibung des idealen Wandermönches heißt es: «Voll Anteilnahme hegt er zu allen Wesen Liebe und Mitleid.» Die Pilgerschaft aber wird im Gegensatz zum «Gefängnis der Häuslichkeit» als der «freie Himmelsraum» bezeichnet. Erst als der Orden zu einer geregelten Institution mit festen Wohnsitzen in Form geräumiger Klosterbauten geworden war, entstand die Notwendigkeit eines bis ins kleinste geordneten Sittenkodex. Der Buddha machte noch vor seinem Hinscheiden den Versuch, den Orden aus der Verklammerung dieser alle Spontaneität und alle lebendige Intuition unterdrückenden Regeln zu befreien. Eingedenk der Zeiten, in denen diese Regeln weder bestanden noch notwendig waren, in denen ein einfaches «Komm!» genügte, um die Aufnahme in die Gemeinschaft der Jünger zu vollziehen, gab der Buddha der Gemeinde die Möglichkeit, zur Einfachheit des Anfangs zurückzukehren oder zumindest einen guten Teil des Ballastes, der sich im Laufe der Jahre wie eine Kruste angesetzt hatte, abzustoßen. Und so sagte der Erhabene: «Wenn es gewünscht wird, so mag die Gemeinde die geringeren Regeln ändern oder aufheben.» («Akankha māno saṃgho khuddanukhuddakāni sikkapadāni sammanneyātha.» *Mahāparinibbāna-Sutta*)

In diesem Zusammenhang können wir auch auf eine im Vinaya berichtete Geschichte hinweisen, in der ein Bhikkhu den Wunsch äußerte, den Orden zu verlassen, weil er an den allzu vielen Regeln des Vinaya verzweifelte. Der Buddha fragte ihn daraufhin, ob er wenigstens drei Regeln zu befolgen imstande sei. Der Mönch bejahte dies, woraufhin der Buddha sagte: «Die erste Regel ist: Halte deinen Körper unter Kontrolle. Die zweite Regel ist: Halte deine Rede unter Kontrolle. Die dritte Regel ist: Halte deinen Geist unter Kontrolle.» In diesen drei Regeln liegt der ganze Vinaya beschlossen, der für jeden Buddhisten verbindlich ist.

Als der Buddha vor seinem Hinscheiden die oben zitierten Worte an die versammelten Mönche richtete, schwiegen die in Gewohnheiten erstarrten Ältesten in der Meinung, daß selbst der Buddha sie nichts mehr zu lehren habe. So war die große Gelegenheit verpaßt, und es brauchte fast ein halbes Jahrtausend, bis der lebendige Geist wieder aus der erstarrten Tradition hervorbrach und Nachfolger des Erleuchteten das *Ideal der Buddhaschaft* als einzig erstrebenswertes Ziel des edelsten Menschentums erkannten.

Als nach einem weiteren halben Jahrtausend auch dieses Ideal in scholastischer Gelehrsamkeit zu ersticken drohte, zogen die ernstesten Wahrheitssucher wieder in die Hauslosigkeit jenseits der Klöster und der religiösen Institutionen und entdeckten, daß die Erleuchtung nicht nur durch Mönchstum und in der Abgeschlossenheit der Klöster zu erringen war, sondern vor allem in der Bereitschaft, das menschliche Dasein mit allen seinen Leiden und Unzulänglichkeiten anzunehmen und zu verwandeln, indem wir die flüchtigen Elemente unseres Daseins zu Organen einer höheren, universellen Wirklichkeit machen. Auf diesem Wege werden die Elemente (Skrt.: Skandha) der menschlichen Persönlichkeit zu Vehikeln der Befreiung, ja, dieselben fünf Skandhas, die den Unerleuchteten an den Saṃsāra fesseln, dienen dem auf dem Wege zur Erleuchtung Befindlichen als Mittel der Verwirklichung des höchsten Zieles. Sie werden im Erleuchteten schließlich zu Qualitäten der Buddhaschaft, wie sie in meditativer Schauung in Gestalt der Dhyāni-Buddhas erlebt und vergegenwärtigt werden.

Mit anderen Worten: Die Prinzipien der Körperlichkeit, der Empfindungen oder Gefühle, der Wahrnehmung, des Wollens oder der Bildkräfte und des Bewußtseins verwandeln sich im Geschehen der Erleuchtung zu Qualitäten, die der Natur eines Buddha entsprechen. Diese Qualitäten sind nicht mehr ichbezogen und somit nicht mehr von der Vorstellung eines Ich begrenzt, sondern allumfassend, das heißt im wahrsten Sinne universal. So wird das ganze Universum zum «Körper» des Erleuchteten, sein Gefühl zum Ausdruck des allumfassenden Mitfühlens, seine Wahrnehmung zur Klarsicht unterscheidender Weisheit, sein Wille zum selbstlosen Wollen der alles vollendenden Tat und sein Bewußtsein zum universellen Erleuchtungsbewußtsein.

Von dieser Warte aus weitet sich der Begriff des Sangha über eine bloße Mönchsgemeinschaft (beziehungsweise über eine Gemeinschaft, die auf dem Wege zur Erleuchtung ist) hinaus zur Gemeinschaft der Erleuchteten, der Heiligen, der Ganzgewordenen in Vergangenheit, Gegenwart und Zukunft. Dies kommt auch in der tibetischen Tradition zum Ausdruck, wie zum Beispiel in mKhas Grub rjes: *Grundlagen der tibetischen Tantras*», wo sich der folgende Vers findet:

Ich verehre den Sangha derer,
Die, nachdem sie die Befreiung erlangt haben,
Den Pfad der Befreiung lehren,
Die wohlgefestigt sind in der heiligen Lehre,
Die guten Eigenschaften des heiligen Bereiches besitzen.

Wenn wir darum Zuflucht zum Sangha nehmen, so nehmen wir Zuflucht zur Gemeinschaft der Erleuchteten und all derer, welche die Befreiung verwirklicht haben.

Reden wir jedoch vom Sangha als einer Gemeinschaft der zur Erleuchtung Strebenden, also derer, die auf dem Pfade der Bodhisattvaschaft wandeln, so gehören alle diejenigen zum Sangha, die ihr Leben und Denken den Erleuchteten gewidmet und sie im Erlebnis der initiatorischen Weihe in ihr tiefstes Bewußtsein aufgenommen haben, um sie in meditativer Schauung zur wirkenden und somit zur verwirklichenden Kraft ihres Lebens zu machen. Ein solcher Sangha aber setzt weder ein Mönchs- noch ein Nonnentum voraus (obwohl er weder Mönche noch Nonnen ausschließt), sondern ist eine Gemeinschaft des Geistes und des inneren Weges, auf dem sich die Ganz- und Heilwerdung des Menschen vollzieht. Es ist der Weg des spontanen Erlebens und der Intuition, der einem Geöffnetsein für das Heilige und Erhabene entspringt.

An dieser Stelle muß aber auf eine Gefahr hingewiesen werden, die dann entsteht, wenn jemand ohne oder unter falscher Führung seinen spontanen Einfällen, die er «Intuitionen» nennt, folgt. Denn wie kann man wissen, ob das, was wir als «Intuition» empfinden, richtig oder falsch ist? Es ist gut, Intuitionen zu haben, aber wir müssen sie durch klares Denken und Verstehen absichern. Nur dann können wir im Laufe der Zeit ein Gefühl dafür entwickeln, ob unsere Intuition mit der Wirklichkeit übereinstimmt. Denn wenn man ein vages Gefühl oder eine «Intuition» hatte, die sich nicht an der Wirklichkeit beziehungsweise im menschlichen Erfahrungsbereich verifizieren läßt, so hatte man wahrscheinlich nur einen Tagtraum. Steht jedoch unsere Intuition in keinem Widerspruch zu den Fakten des Lebens, dann kann man zumindest annehmen, daß sie für uns von Nutzen sein könnte. Handelt man anders, so spaltet man die Welt in zwei voneinander getrennte Erlebnissphären, die sich konträr gegenüberstehen und den Menschen in schizoide Zustände versetzen.

Es gibt heute viele philosophische, religiöse und mystische Systeme, die das Denken vernachlässigen und ihre ganze Aufmerksamkeit auf «Intuition» oder «Inspiration» konzentrieren. Diese Gruppen sind in gewisser Weise eine notwendige Gegenbewegung zur Überintellektualität unserer heutigen Kultur. Doch fallen diese Menschen nur von einem Extrem in ein anderes. Buddhismus ist ein mittlerer Weg, der sich mitten durch die Extreme und zugleich jenseits von ihnen bewegt.

Deshalb werden die Angehörigen des Ārya Maitreya Maṇḍala von vornherein dazu angehalten, sich zunächst einmal ein Grundwissen der drei Yānas oder Fahrzeuge des Buddhismus (Hīna-, Mahā- und Vajrayāna) zu erwerben. Auf diese Weise werden drei verschiedene Dimensionen des menschlichen Geistes erarbeitet: Die erste gründet sich vorwiegend auf Denken, die zweite basiert bei mitmenschlicher Zuwendung zu allem Lebenden auf einer dialektischen Philosophie, und die dritte bietet eine zum Erleben führende Praxis. Philosophie ohne eine solche Praxis ist sinn- und nutzlos, weil alles so bleibt, wie es ist. Doch auch der umgekehrte Weg führt zu nichts: Wenn man einer Praxis folgt, zum Beispiel einer Meditationsmethode, auf die man geistig nicht vorbereitet ist und die man folglich nicht versteht, dann verpuffen die durch die Übung aktivierten Kräfte. Es ist deshalb nötig, daß wir einerseits einen Blick für die realen Fakten des Lebens entwickeln, darüber hinaus aber eine immer erneut integrierende Schau gegen den Hintergrund eines «erlebbaren Transzendenten» erarbeiten, durch die die Richtung unseres Übens bestimmt wird.

Wer sich auf den Weg zur Freiheit begibt, muß zunächst einmal erkennen, was ihn bindet und zum Knecht macht und was ihm ein Freiwerden ermöglicht. Um diese Einsicht zu gewinnen, muß er die Welt, die ihn umgibt, einer vorurteilsfreien Betrachtung unterziehen. Dadurch lernt er begreifen, daß sein Leben nicht auf den engen Kreis seiner unmittelbaren Umgebung beschränkt ist, sondern daß er Teil eines Universums ist, dessen Grenzen er nicht erkennen kann und in das er durch ein Netzwerk zahlloser, sich gegenseitig bedingender Faktoren eingebunden ist. Erst wenn er diese Einsicht erlebnishaft gewonnen hat, kann er mit seiner Arbeit an sich selbst beginnen, an deren Anfang eine selbstgesetzte Ordnung des Handelns steht, wie sie sich beispielsweise in den Śīlas, aber auch in den Stufen des edlen achtfachen Pfades spiegelt. Sie führt zu einer Harmonisierung des Menschen mit seiner Umwelt und mit sich selbst und schafft dadurch eine unerläßliche Voraussetzung für das Fortschreiten auf dem geistigen Pfade.

Dieses Fortschreiten auf dem Wege des Dharma ist charakterisiert durch einen tiefgreifenden Wandel der menschlichen Persönlichkeit in einem heldenhaften Einsatz der gesamten psychischen Energie (Skrt.: Vīrya). Voraussetzung für eine solche grundlegende Umstrukturierung eines Individuums aber ist einerseits die Freiheit der menschlichen Entscheidung und des menschlichen Willens und andererseits die allem Gewordenen innewohnende Eigenschaft der Nicht-Dauer (Skrt.: Anitya) und damit der Fähigkeit zur Wandlung.

In seinen Lehrreden hat der Buddha immer erneut darauf hingewiesen, daß alle Dinge dieser Welt einem ständigen Wandel unterworfen sind. Er zeigte auf, daß alles, was entstanden ist, notwendigerweise von keiner Dauer ist. Diese an sich neutrale Darstellung des Buddha wurde aber bald dahingehend verstanden, daß Wechsel und Wandel an sich etwas Schlechtes seien und daß Vergänglichkeit – wie man das Wort Anitya (Pali: Anicca) interpretierte – eine allem anhaftende *negative* Eigenschaft sei. Da nun alles in dieser Welt dem großen Gesetz des Wandels und des Vergehens unterworfen ist, wurde das Leben im Hier und Jetzt negiert und verachtet und ein «Zustand» der Dauer in einem Bereich, «wo weder Kommen noch Gehen ist», konzipiert.

Eine solche beschränkte Vorstellung aber, die der Anātman-Erfahrung völlig entgegengesetzt ist, steht im Widerspruch zur

Lehre des Buddha, der uns lehrte, daß die menschliche Geburt in dieser Welt die bestmögliche sei: Sie ist die große Chance, die uns den Weg zur Befreiung eröffnet. Menschsein bietet nach der Lehre des Buddha die günstigste und glücklichste Ausgangslage, da sie uns freie Wahl und Entscheidung ermöglicht. Keine der anderen uns zugänglichen Welten, und mögen diese – wie beispielsweise die Welt der Devas* – noch so angenehm erscheinen, bieten uns die gleichen großen Entwicklungsmöglichkeiten, die uns unser Menschsein gibt. Die Lehre von den sechs Daseinsbereichen, der wir in den kanonischen Texten immer wieder begegnen, versucht dies stets neu herauszuarbeiten, um dem Hörer oder Leser eindringlich klarzumachen, was er versäumt, wenn er nicht jetzt und hier handelt.

So wird uns beispielsweise gezeigt, daß ein Wesen im Tierbereich keine Wahl hat: Es muß seinem Instinkt folgen. Wird ein Wesen aufgrund seines guten Karma im Bereich der Götter geboren, so genießt es zunächst nur reine Glückseligkeit. Da die Leiderfahrung sich nicht immer erneut in sein Bewußtsein drängt, wird dieses Wesen nur schwer die Welt der Wirklichkeit gemäß erkennen können, bevor es – nach «Verzehr des guten Karma» – das Leid in der Stunde des Dahinwelkens erfährt. So wird es leicht jene Chance übersehen, die sich ihm auf dem Pfade zur Erleuchtung eröffnet.

Während der ersten Jahrhunderte nach dem Hingang des Buddha dominierte zunächst eine streng asketische Richtung im Mönchssangha. Sie propagierte eine Weltflucht, durch die man dem Leiden entgehen wollte, indem man alle Berührung mit dem normalen Leben vermied, dessen Erscheinungsformen alle als vergänglich erkannt und als leidvoll betrachtet wurden.

Diese extrem pessimistische Weltschau forderte im Sangha eine Reaktion heraus, die etwa drei Jahrhunderte nach dem Parinirvāṇa des Buddha zunehmend an Bedeutung gewann. Unter Berufung auf den vom Buddha selbst durch sein Leben

---

* wörtl.: «Leuchtender», verklärtes Wesen, Götter

verkörperten Dharma wurde jetzt der Grundsatz entwickelt, daß man dem Leiden nicht entfliehen solle, sondern daß man es willig auf sich nehmen müsse, um auf diesem Wege zur Läuterung geführt zu werden. Es war dies jene große Bewegung, die unter dem Namen Mahāyāna bekannt wurde und die die Erleuchtung als das einzig würdige Ziel eines Nachfolgers des Buddha herausstellte. Dieses Ziel aber war allein in der Nachfolge des Buddha auf dem Wege der Bodhisattvaschaft möglich, indem man in einem Identifikationsakt mit allen leidenden Wesen das Leiden der Welt auf sich nahm. Auf diese Weise wurde die ganze Welt mit in den Prozeß der Befreiung einbezogen, und das Leiden wurde durch ein Mitleiden überwunden, das so allumfassend war, daß aller persönliche Schmerz seine Bedeutung verlor und man über dem Leid der anderen Wesen sein eigenes vergaß. Denn solange wir, in der Egozentrik befangen, nur an unser eigenes Glück denken und jedes Leid von uns abweisen, nähren wir unser Ich und versperren uns selbst den Weg zum Durchbruch. Wenn wir jedoch unsere eigene Leidenserfahrung annehmen und diese im Akt der Identifikation mit allen leidenden Wesen zum Mitleiden reifen lassen, verwandeln wir das Leiden in ein Mittel der Befreiung, in eine reinigende Kraft, die den Prozeß des geistigen Erwachens beschleunigt.

Noch im letzten vorchristlichen Jahrhundert gewinnt die Bewegung des Mahāyāna auf dem indischen Festland Anhänger und setzt anstelle eines nach eigener Erlösung strebenden Mönchsideals das Ideal der Bodhisattvaschaft. So vollzog sich mit der Entwicklung des Mahāyāna jener Schritt, der sich von der Vorstellung individueller Erlösung aus einer Welt des Elends und der Vergänglichkeit löste, daß Vergehen und Wandel alles Gewordenen in dieser Welt auch die *Verwandelbarkeit* der Welt bedeutet. Ausgehend von der Solidarität aller Wesen auf der höchsten Ebene unseres Bewußtseins, wurden jetzt die vier göttlichen Verweilungen (Skrt.: Brahmavihāras) – Liebe, Mitempfinden, Mitfreude und Gleichmut gegenüber allem, was einen selbst betrifft – zu den höchsten Tugenden des Menschseins, durch die man von aller Ich-Verhaftung und Egozentrik befreit wird.

Mit der Entstehung und Entwicklung der letzten großen Schule des Buddhismus in seinem Heimatland Indien – dem Vajrayāna (2. bis 10. Jahrhundert unserer Zeitrechnung) – wurde die meditative Arbeit (ihre Voraussetzung, ihre Möglichkeiten und ihre Praxis im Alltag) ganz in den Mittelpunkt des religiösen Lebens gestellt und ihr alles andere unter- und zugeordnet. Die philosophischen und psychologischen Arbeitshypothesen entnahm die neue Schule der Mādhyamaka-Philosophie des Nāgārjuna, mehr aber noch dem Vijñānavāda und Yogācāra-System des Maitreyanātha, Asaṅga und Vasubandhu sowie den späteren Werken der großen Siddhas des sechsten bis achten Jahrhunderts.

Ausgehend von einer dynamischen Synthese der bereits vorhandenen philosophischen Schulen des Buddhismus, die es in sich integrierte, arbeitete das Vajrayāna die psychologischen Konsequenzen der potentiellen Universalität des individuellen Bewußtseins heraus und betonte darüber hinaus die Möglichkeit, daß *jede* Eigenschaft der menschlichen Persönlichkeit in ein Mittel der Befreiung verwandelt werden kann – selbst jene Eigenschaften, die uns zunächst als Hemmnisse auf dem Pfade erscheinen. Auf diese Weise lehrt es uns, wie wir unser Leben so umgestalten können, daß all unser Denken, Fühlen, Reden und Handeln zunehmend ein Ausdruck der grundlegenden Einheit von Saṃsāra und Nirvāṇa wird, das heißt der Wechselbeziehungen von physischen und psychischen Eigenschaften, von Sinnlichem und Transzendentem, von Individuellem und Universellem. So schreiten wir von dem Erkennen der Verwandelbarkeit der Welt (beziehungsweise vom Wissen um die Relativität von Saṃsāra und Nirvāṇa als den zwei Aspekten der gleichen Wirklichkeit, die ihren Bestand nur in ihrer wechselseitigen Bedingtheit haben) fort zu einer praktischen Methode der Verwandlung, in der alle psychischen Faktoren des Menschen und vor allem die unbegrenzten Möglichkeiten seines Tiefenbewußtseins miteinbezogen werden, wodurch das Individuum seine Universalität erfährt und sich in seiner Ganzheit verwirklichen kann.

Die Entwicklung des Buddhismus auf indischem Boden weist somit drei Dimensionen des Geistes auf, wobei jede Dimension die ihr vorangegangenen nicht aufhebt, sondern deren Qualitäten einschließt und sie auf einer umfassenderen Ebene oder in weiterreichenden Beziehungen integriert. So sind die ethischen Prinzipien (Śīla) des frühen Buddhismus zusammen mit den vier edlen Wahrheiten oder Grundwirklichkeiten (Skrt.: Catvāri-Ārya-Satyāni, Pali: Cattari Āriya Saccāni) das Fundament, auf dem das Mahāyāna seine hohe Philosophie des Śūnyavāda, Vijñānavāda und so weiter errichtete, während das Vajrayāna die Anwendung der Mahāyāna-Philosophie (Prajñā) ist, die in Verbindung mit der Disziplin des frühen Buddhismus zum Prinzip der inneren Verwandlung und Einswerdung (Samādhi) durch besondere Systeme der Meditation und Yogaübung erhoben wird.

Die drei Grundprinzipien des edlen achtfachen Pfades, der zur Befreiung führt: Śīla, Prajñā und Samādhi, können daher als die Merkmale der Yānas betrachtet werden: Alle drei Prinzipien sind in jedem der drei Fahrzeuge enthalten, aber die Akzentverteilung ist entsprechend der inneren Haltung der betreffenden Schule unterschiedlich. Das führte im Laufe der Jahrhunderte dann zu unterschiedlichen Interpretationen und Bewertungen, wobei alten überlieferten Begriffen teilweise neue Bedeutungen unterlegt wurden. Unter Beibehaltung der essentiellen Lehren des Erhabenen entwickelten sich so Lehr- und Meditationsformen, die der veränderten gesellschaftlichen Struktur des ersten nachbuddhistischen Jahrtausends entsprachen: Während der frühe Buddhismus realistisch und analytisch eingestellt war, entwickelte das Mahāyāna, besonders unter dem Einfluß von Nāgārjuna und seinen Schülern, eine idealistisch-monistische Konzeption, die dann im Vajrayāna durch schöpferische Verbildlichung und innere Schauung zu einer neuen Methode ausgearbeitet wurde, durch die die gesamte menschliche Persönlichkeit eine Verwandlung und Einswerdung erfährt.

Der frühe Buddhismus lehrte uns, die Welt *yathā bhūtaṃ* zu sehen, das heißt «so wie sie ist», ohne die Frage nach der Wirklichkeit oder Nichtwirklichkeit dieser Welt zu stellen. Im Mahāyāna wird der Welt der Charakter «objektiver» Wirklichkeit abgesprochen zugunsten einer abstrakten, aller Eigenschaften und Benennungen baren transzendenten Realität, die lediglich als «Śūnyatā», das heißt als «Leerheit», umschrieben werden kann. Diese Leerheit ist zugleich unendliche Potentialität, die das Vajrayāna als Ureigenschaft des Bewußtseins erkennt und selber als letzte Instanz aller Erkenntnis und aller schöpferischen Wirklichkeit betrachtet, über die hinauszugehen weder dem Denken noch der Erfahrung möglich ist. Selbst die Erleuchtung eines Erwachten ist ein Phänomen des Bewußtseins.

Hieraus ergibt sich mit Notwendigkeit, daß Wirklichkeit nicht ein abstraktes Sosein und auch kein starres «absolutes» Prinzip ist, sondern das dynamische Wirken des Bewußtseins als einer alles hervorbringenden und umfassenden lebendigen Kraft. In dem Maße, in dem das individuelle Bewußtsein sich seiner potentiellen und urtümlichen Universalität bewußt wird, intensiviert sich sein Erleben der Wirklichkeit sowie seine kosmogonische Kraft schöpferischer Mitgestaltung, Weltverwandlung, integrierender Einschmelzung und Ganzwerdung. Dabei wird der Körper als Mikrokosmos zum Abbild des Universums, zu einem Tempel der Wandlung, in dem alle höheren Kräfte der Erweckung harren. Der Körper wird das große Maṇḍala, der «magische Kreis», in dem die große Verwandlung vor sich geht. So führt der Weg vom Leiden an der Vergänglichkeit über das Mitleiden mit allen Wesen zum Annehmen des Leidens als eines Mittels zur Läuterung und zur Befreiung von allen Schranken der Ichheit.

Wir sind uns bewußt, daß manche buddhistischen Schulen andere Standpunkte einnehmen und entwickeln werden. Wir wollen auch mit unserem Standpunkt keine Konfrontation mit anderen buddhistischen Schulen schaffen: Jeder Weg wird zu einem gangbaren Weg in dem Augenblick, wenn wir ihn gehen. Wer aber dauernd die Methoden und Schulen wechselt, wird sein Ziel nie erreichen. Es war stets ein Anliegen des Buddhismus, andere Glaubensformen und die Meinungen anderer Menschen zu achten in der Bereitschaft, andere zu verstehen, dabei aber doch unbeirrt den eigenen Weg zu gehen. Nur so war es möglich, daß im alten Indien die Anhänger unterschiedlichster buddhistischer Schulen in ein und demselben Kloster wohnten und miteinander diskutierten, ohne den anderen Standpunkt zu verdammen, wie dies in der Konfrontation monotheistischer Religionen oft geschieht.

Wir Buddhisten im Abendland müssen von den geschichtlichen Schulen des Ostens lernen, bis wir – ohne den wesentlichen Gehalt der Lehre zu verändern – den uns gemäßen Ausdruck und Weg gefunden haben. Lehrkonzeptionen im Buddhismus haben immer nur die Bedeutung eines Fingers gehabt, der den Weg weist, und zwar einen Weg, der *gegangen* werden muß. Und so wie bisher jedes Land Wertvolles zur Entfaltung des Buddhismus beitrug, so müssen auch wir im Westen, wenn die Lehre des Erhabenen hier Wurzeln schlagen soll, zu seiner weiteren Entfaltung *unseren* Beitrag liefern und ihn mit frischem Lebensblut durchdringen.

Der Dharma des Buddha ist keine Glaubensreligion. Seine Grundlage ist die ununterbrochene Arbeit an uns selbst, die uns zu seinen Quellen – dem meditativen Erleben und Erkennen – führt. So ist der Buddhismus eine Religion, die in jedem Wesen erneut wiedergeboren werden muß. Um jedoch die meditative Erfahrung nicht durch vorgegebene Suggestionen zu gefährden und das spontane Erleben und Erfahren von vornherein zu blockieren, müssen wir uns von der Herrschaft altübernommener Begriffe (die uns leicht in dogmatischer Enge erstarren lassen) befreien. Denn Begriffe – als Abstraktionen von Erfahrungen oder Erfahrbarem – haben ihr Eigenleben und sind im

Laufe der Jahrhunderte einem Wandel unterworfen, so daß sie sich oft in späterer Zeit von dem ursprünglich dahinterstehenden Grunderlebnis immer mehr entfernen. Begriffsgleichsetzungen sind daher grundsätzlich nur im zeitlich engen Rahmen eines bestimmten Kulturkreises möglich.

Ebenso aber müssen wir uns auch davor hüten, jenen anderen heute so gängigen Fehler zu machen, uns (ausgehend von der Ähnlichkeit gewisser Formulierungen im Buddhismus und bei einigen europäischen Denkern und Mystikern oder modernen Existentialisten, Wissenschaftlern und Psychologen) zu einer alles nivellierenden «Gleichsetzung» verführen zu lassen, die in ihrer Pseudowissenschaftlichkeit alles und nichts glaubt, um dann diesen wirren Synkretismus als «religiöse Toleranz» und als das «Wesen aller Religiosität» schlechthin zu erklären.

Man kann zweifellos jede echte geistige Ausdrucksform, gleichgültig, ob man sie persönlich akzeptiert oder nicht, als eine Gestaltung des vielfältigen Lebens respektieren, so wie wir etwa in einem Garten die Vielfalt der Pflanzenwelt bewundern, ohne unsere eigenen Vorlieben zum Maßstab unseres Urteils zu machen. Dabei kommt es darauf an, jene immer wache und offene Empfangsbereitschaft unseres Geistes zu erhalten, die sich keiner Erscheinungsform verschließt, aber alles Echte vom künstlich Gemachten zu unterscheiden fähig ist. Auf diese Weise wird man in der Lage sein, unbeirrt den eigenen Weg zu gehen und die Wege der anderen zu verstehen, ohne sie nachzuahmen.

Es ist keineswegs notwendig, alle Wege und Ausdrucksformen geistigen Lebens zu kennen. Denn nicht derjenige ist weise, der viele Dinge weiß, sondern der, der jederzeit bereit ist, sein Wissen dort zu erweitern, wo ihm Unbekanntes begegnet. Unwissenheit besteht in einem sich verschließenden oder sich blockierenden Geist, der zur Aufnahme von Neuem nicht bereit ist, gleichgültig, ob er viel oder wenig Tatsachenwissen angehäuft hat. *Weisheit* hingegen ist das Kennzeichen eines offenen Geistes, und Nirvāṇa – die Freiheit von Gier, Haß und

Wahn – ist zugleich auch Freiheit von allen Vorurteilen, da Gier als blindes Begehren, Haß als blinde Abweisung und Wahn als die alles verdunkelnde Ichbezogenheit das vollkommene Sich-Öffnen und die Aufnahmebereitschaft für alles, was das Leben bietet, verhindert.

So soll das Ārya Maitreya Maṇḍala keine Zufluchtsstätte für engstirnige Dogmatiker noch für müde Schöngeister werden, sondern soll der Gegenwart und Zukunft des Buddhismus dienen, die wir durch unsere allzeit wache, tätige gemeinsame Bemühung ständig neu erschaffen müssen. Denn wenn wir auch die großen Errungenschaften der Vergangenheit zu schätzen wissen, so glauben wir nicht, daß wir uns mit dem einst oder einmal Erreichten begnügen können: Wir müssen auf den Grundlagen der Vergangenheit weiterbauen, ohne uns in ständiger Wiederholung zu erschöpfen! So wie vergangene Generationen in unterschiedlichsten Kulturen dem Buddhismus ein immer neues Gesicht gegeben haben, ohne seine Grundlagen zu verändern, so müssen auch wir an dem Buddhismus unserer Zeit und Kultur arbeiten, um ihn dem Menschen unserer Zeit, der seiner bedarf, nahezubringen.

Wir zollen den in vergangenen Zeiten geschaffenen Formen unsere tiefe Ehrerbietung, und wir wissen, daß wir von ihnen lernen können. Aber wir würden unser eigenes Wachstum hemmen und den Buddhismus zum Tode verurteilen, würden wir den alten Formen verhaftet bleiben. Leben kennt keinen Stillstand, und was nicht wächst, muß sterben. Deshalb wollen wir von den Erfahrungen der Vergangenheit profitieren, ohne uns daran zu klammern, indem wir, von ihnen ausgehend, in die Zukunft bauen und das Essentielle *aller* Schulen des Buddhismus zu unserer Grundlage machen.

So bekennen wir uns zur Disziplin des frühen Buddhismus, zur Weltaufgeschlossenheit und sozialen Zuwendung des Mahāyāna, den großen Entdeckungen Nāgārjunas, Asaṅgas und Vasubandhus, der Psychologie des Vajrayāna, der Mystik der Nyingmapas, dem Geschichtsbewußtsein der Sakyapas, zu den

Meditationserfahrungen der frühen Kargyütpas, der Systematik der Gelugpas, dem Durchbrechen der Intellektualität des Ch'an und Zen ebenso wie zur tiefen Gläubigkeit der Amitābha-Verehrer: In der Einbeziehung all dieser historischen Entwicklungsformen, die von den zentralen Ideen des Buddha ausgingen, sehen wir die Grundlage für eine *Weiterentwicklung* des Buddhismus in unserer Zeit.

Wir begrüßen und bejahen daher die Bemühungen vieler tibetischer, japanischer, ceylonesischer, thailändischer und anderer buddhistischer Gelehrter und Lehrer, die die Ideen ihrer Schulen im Westen verbreiten. Sie alle werden Menschen finden, die bereit sind, ihren Weg zu gehen. Der Dharma kennt viele Wege, und wer ihn verstanden hat, kennt weder den Ehrgeiz, viele Schüler um sich zu sammeln, noch den Wahn, daß er die allein wahre Interpretation und die einzig richtige Methode der Meditation besitze.

Der Dharma des Buddha unterscheidet sich nämlich von vielen anderen Religionsformen dadurch, daß er von seinen Anhängern nicht den Glauben an etwas fordert, was außerhalb der Erfahrung des einzelnen liegt. Er läßt in uns eine neue Sicht der Wirklichkeit reifen, die aus einer Erfahrung erwächst, welche nur in harter Arbeit an uns selbst und im Dienste am Nächsten möglich ist. Die daraus resultierende, durch keine Verzerrungen und Vorurteile getrübte Wirklichkeitsschau wird die «mit dem Wissen des großen Spiegels verbundene Geistesart» *(mahādarśa-jñāna-samprayukta-citta-varga)* genannt. Aus ihr erwächst im weiteren Verlauf der meditativen Arbeit das Wissen um die Nichtverschiedenheit und Wesensgleichheit alles Lebendigen: Es reift in uns die «mit dem Wissen um Gleichheit verbundene Geistesart» *(samatā-jñāna-samprayukta-citta-varga)*, die in uns das Gefühl der Solidarität mit allem Lebendigen erweckt und die uns aus der Schau des gemeinsamen Ursprungs die individuellen Verschiedenheiten der Wesen, entstanden in Konsequenz karmischer Entwicklungen, als einmalige Manifestationen des Ganzen bejahen und achten läßt.

Dieses Wissen leuchtet auf der dritten Stufe meditativer Einsicht durch die unterscheidende (und schauende) Weisheit Amitābhas (Skrt.: Pratyavekṣaṇajñāna) in uns auf. Die sich aus ihr entwickelnde geistige Haltung, in der die Gleichheit des Ursprungs und die Verschiedenheit individueller Entwicklung (und damit Ausformung) als Ganzheit erfaßt werden, bildet die Grundlage unserer Ordensgemeinschaft. So ist das *«attā-namupānaṃkatva»*, das «Sich-selbst-anderen-Gleichsetzen» (Dhammapāda), die große frühe Forderung des Pālikanon, die den Jünger des Buddha auf den Pfad der Bodhisattvaschaft verweist, um in ihm Bodhicitta – den Erleuchtungsgeist – zu erwecken. Ist aber dieser Geist erst in ihm wach geworden, so wird sich sein ganzes Leben wandeln: In unermüdlichem Einsatz all seiner Kräfte wird er an sich selber arbeiten, um immer vollkommener zum Wohle aller lebenden Wesen wirken zu können. Seine Vollendung aber findet er in der karmafreien, alles zur Vollendung bringenden Tat *(kṛtyānuṣṭhāna-jñāna-samprayukta-citta-varga)*, die sich für den Buddhisten in den großen Bodhisattvas verkörpert und die in unserer Gemeinschaft symbolhaft in der Gestalt des Ārya Maitreya ihren Ausdruck findet.

Die gewaltigen Veränderungen, die diese erhabene Gestalt des Ārya Maitreya im Laufe der Jahrtausende in der Entwicklung des Buddhismus hervorgebracht hat, ist ein Beweis ihrer Lebendigkeit und Entwicklungsfähigkeit. Sie wirkt heute weit über die Grenzen des traditionellen Buddhismus hinaus. Was vor zweieinhalb Jahrtausenden ein Symbol ferner Zukunft war, das von der Gegenwart eines noch auf der Erde wirkenden Erleuchteten in den Schatten gestellt wurde, nahm im Laufe weniger Jahrhunderte nach dem Parinirvāṇa des Buddha Śākyamuni immer festere Gestalt an und ist heute die lebendige Hoffnung von Millionen geistig aufgeschlossener Menschen aller Erdteile geworden, vor allem derer, die im Aufbruch aus alten Glaubensformen und -traditionen nach neuen und wirklichkeitsnäheren Werten suchen. Denn heute erwacht in der

Menschheit zum ersten Mal das Bewußtsein einer planetarischen Einheit, die uns alle schicksalhaft umfaßt und den einzelnen in eine tiefere Beziehung zum Ganzen bringt.

Aus diesem, die Grundfesten unseres Seins erschütternden Bewußtsein entspringt von neuem das Ideal der geistigen Zusammengehörigkeit, das in Maitreya, dem von Liebe erfüllten Bodhisattva, zum ersten Mal seinen symbolischen Ausdruck fand und das schließlich auf dem alles miteinbeziehenden Wege der Bodhisattvaschaft zur Neugeburt des Buddhismus führte.

So wie sich heute im Bewußtsein der Menschheit ein gewaltiger Umbruch vollzieht, der aus der wachsenden Erkenntnis menschlicher Gemeinsamkeit reift und der die engen Grenzen von Völkern, Rassen, Religionen und Kulturen sprengt, so sprengte das Bodhisattva-Ideal die Grenzen eines weltflüchtigen, monastisch orientierten Buddhismus. Es verwandelte ihn aus einer Vielzahl von Schulen, von denen jede meinte, allein die wahre Interpretation der Lehre des Buddha zu besitzen, in eine Weltreligion, in der das Heil des einzelnen hinter der hingebungsvollen Arbeit zum Heile aller Wesen zurücksteht und das Mitgefühl mit allem, was lebt, den Sieg über die Flucht vor dem eigenen Leid davonträgt.

Diese völlige Umkehr der geistigen Haltung dem Leidensproblem gegenüber wird nirgends stärker ins Licht gerückt als in der im Bodhisattva-Gelöbnis ausgedrückten Bereitschaft, lieber das Leiden der ganzen Welt auf sich zu nehmen, als um des eigenen Heiles willen der Welt den Rücken zu kehren. Daß mit dieser entschiedenen Zuwendung zum anderen tatsächlich der erste Schritt zur Überwindung des Leidens und damit zur Erleuchtung getan ist, mag zunächst als ein Paradoxon erscheinen, das aber seine Auflösung darin findet, daß die Zuwendung zum anderen die verhärtete Ich-Struktur transparent macht. Im Maße der inneren Entwicklung wächst gleichzeitig das Verantwortungsbewußtsein des Individuums, das schließlich zu einer universellen Verantwortlichkeit reift, die unter zielgerichtetem Einsatz aller Kräfte nur noch die vollkommene Erleuchtung eines Buddha zum Heile und Wohle aller Wesen erstrebt.

Es heißt immer wieder, daß ein Bodhisattva-Mahāsattva auf das Eingehen in das «endgültige» Nirvāṇa (Skrt.: Parinirvāṇa) verzichte, um allen Wesen zu helfen. Doch könnte man von einem solchen «Verzicht» des Bodhisattva nur dann sprechen, wenn Nirvāṇa im Sinne eines quietistischen Idealzustandes individueller Leidbefreiung gedeutet würde. Bleiben wir jedoch im Bereich der vom Buddha gegebenen Definition des Wortes, derzufolge Nirvāṇa «das Erlöschen von Gier, Haß und Wahn» ist (also nichts, was mit metaphysischer Spekulation zu tun hat noch mit einem Zustand quietistischen Verlangens), dann kann von einem «Verzicht auf Nirvāṇa» keine Rede sein. Denn das würde ja nichts anderes bedeuten als ein absichtliches Beibehalten *der* Unwissenheit, aus der jene drei negativen Eigenschaften immer erneut entstehen.

Doch als Weisheitswesen verzichtet der Bodhisattva keineswegs auf die vollkommene Erkenntnis. Im Gegenteil: Um der vollkommenen Erleuchtung willen verzichtet er auf eine *rein persönliche* Leidensbefreiung, so wie es ja auch der Buddha unseres Zeitalters und ebenso die Erleuchteten vergangener Zeiten taten, um alle Mitwesen an der eigenen Erleuchtung teilhaben zu lassen und um in ihnen den Funken des Erleuchtungsbewußtseins (Bodhicitta) zu entzünden. Wie Har Dayal in seinem Werk *The Bodhisattva Doctrine* bemerkt, benutzte der Buddha in seinen ersten Reden das Wort *nibbāna* überhaupt nicht (wenn man die ältesten schriftlichen Wiedergaben zugrunde legt), sondern statt dessen «die höchste vollkommene Erleuchtung» (Pali: Anuttara Sammasambodhi). Diese aber ist das Ziel, wonach jeder, der in der Nachfolge des Buddha steht, streben sollte, unbekümmert darum, ob er dieses Ziel in diesem oder erst in einem anderen Leben erreicht. Ja, selbst wenn dieses Ziel unerreichbar wäre (daß es dies nicht ist, dafür ist uns die Existenz des geschichtlichen Buddha sowie seiner vielen erleuchteten Vorgänger die sicherste Garantie), müßte es wie ein leuchtendes Fanal zum richtunggebenden Ideal unseres Lebens werden.

In dem Bodhisattva Maitreya gewinnt nun dieses Leitbild Gestalt, denn er ist – gleich uns – ein Werdender und Gegenwärtiger. Und indem wir wachsen – oder richtiger: innerlich mit ihm verwachsen, wird er zum Abbild unseres eigenen Tiefenbewußtseins. Ein jeder der Buddhas der Vergangenheit war – nach allgemein buddhistischer Anschauung – einerseits eine Verkörperung des universellen Bewußtseins, das allen Erleuchteten gemeinsam ist. Andererseits aber war auch jeder zugleich die höchste Ausdrucksform des Zeitgeistes einer spezifischen Epoche im Weltgeschehen und in der Menschheitsgeschichte. Im magischen Zeitalter, das dem Erwachen des Intellekts vorausging, zeichnete sich beispielsweise der Buddha Kassapa durch magische Kräfte aus. Buddha Gautama Śākyamuni hingegen, der vierte unseres Zeitalters, verkörperte die Energie klaren Denkens: Die Formulierung des abhängigen Entstehens in seiner kausalen wie konditionalen und gleichzeitig synchronen Verknüpfung war die größte gedanklich-schöpferische Leistung seiner Zeit. Darüber hinaus verkörperte er die willensgeprägte Zielgerichtetheit (Skrt.: Vīrya).

Maitreya, der kommende Buddha, aber löst das Zeitalter intellektueller Errungenschaften durch ein erweitertes, intensiviertes intuitives Bewußtsein ab, in welchem das Gefühl der essentiellen Einheit alles Lebens einer tätigen Nächstenliebe zu neuem Durchbruch verhelfen wird. Die tätige Nächstenliebe jedoch, die nichts mit jener sentimental-emotionalen Haltung ekstatischer und pietistischer Sekten zu tun hat, ist die praktische Auswirkung und Anwendung der unterscheidenden Weisheit Amitābhas (Skrt.: Pratyavekṣana-Jñāna), in der sich die Wärme des Gefühls mit der Klarheit innerer Schau vereinigt und die im selbstlosen und darum karmafreien Handeln Amoghasiddhis ihren Ausdruck findet. Maitreya aber ist die Verkörperung von Amoghasiddhis allesvollendender Weisheit, das heißt der spontanen, selbstlos-liebevollen Tat, die den Täter nicht bindet, sondern beglückt und befreit, weil sein Handeln aus Hingabe und nicht aus Ichbezogenheit fließt.

Diese Tatbereitschaft drückt sich in vielen Darstellungen des Maitreya darin aus, daß er im «europäischen Sitz», das heißt mit beiden Füßen den Boden berührend, gezeigt wird: also nicht in Meditation versunken, sondern bereit, sich zu erheben, um der leidenden Menschheit Trost und Hilfe zu bringen. Während seine Rechte lehrend und segnend zur Herzebene erhoben ist, trägt seine Linke, die im Schoß ruht, das Gefäß mit dem Elixier der Todlosigkeit (Skrt.: Amṛta-Kalaśa), das ihn mit Amitāyus und Avalokiteśvara verbindet, deren Funktion er in seiner irdischen Laufbahn übernimmt. In Japan sind die Statuen von Miroku (Maitreya) und Kwannon (Avalokiteśvara) oft in der gleichen Haltung dargestellt: der linke Fuß auf dem Boden, der rechte auf dem linken Knie, was die Ähnlichkeit ihrer Funktion und ihres Charakters deutlich zum Ausdruck bringt. Die Verbindung mit Śākyamuni, dessen Nachfolger auf Erden Maitreya ist, wird durch einen kleinen Stūpa angedeutet, der oft über der Stirn im Haaransatz des Maitreya zu sehen ist. Nach der Legende übergab der zukünftige Śākyamuni-Buddha vor seinem Herabstieg aus dem Tuṣita-Himmel seine Bodhisattvakrone dem Maitreya, den er auf diese Weise zu seinem Nachfolger, zum Buddha der nächsten und letzten Epoche dieses Weltzeitalters erkor.

Mit der Hinwendung zu Maitreya offenbart sich das immer stärker werdende Gegenwarts- und Zukunftsbewußtsein, das sich nicht mit einem Zurückblicken in die Vergangenheit begnügt, sondern die schöpferische Gegenwart als den wichtigsten, weil allein verwirklichungsfähigen und zukunftsformenden Zeitaspekt erkennt, in welchem das Vergangene – im gegenwärtigen Leben eingeschmolzen und zu neuem Leben erweckt – in neue Formen gegossen und verwandelt wird.

Es war diese grundlegende Konzeption, die den ersten Patriarchen unseres Ordens – den hochehrwürdigen Tomo Geshe

Rinpoche Ngawang Kalzang – veranlaßte, in Tibet und Indien seine Vision eines auf die Zukunft gerichteten Buddhismus zu verkünden. Dieser Blickwendung (weg von der bislang fast ausschließlichen Fixierung an Vergangenes) gab er symbolhaft Ausdruck, indem er Maitreya zum zentralen Leitbild einer geistigen Erneuerungsbewegung erhob. Ārya Maitreya wurde von ihm als das alle buddhistischen Schulen verbindende Band der Hoffnung auf die Kontinuität erleuchteter Weltenlehrer verkündet. In ihm sah er die lebensnah empfundene Verkörperung des Bodhisattva-Ideals in seiner sich hingebenden Menschlichkeit.

Zugleich aber sah er in Maitreya jene Brücke, die über alle Unterschiede hinweg das *Essentielle* aller Traditionen des buddhistischen Dharma mit der Gegenwart und der Zukunft verbindet. Mit anderen Worten: In dieser Gestalt offenbarte sich für ihn die lebendige Dynamik des Buddhismus, die – ohne die Werte und die Bedeutung früherer Entwicklungsformen zu mindern oder in Zweifel zu ziehen – Ernst macht mit der Nichtverhaftung an Vergangenes, wie sie dem buddhistischen Dharma zugrunde liegt. Dadurch aber wird der zum Durchbruch strebende Mensch für ein bewußtes Leben in der Gegenwart frei. Mit einem nach vorn gerichteten Blick wird es ihm in immer sich wandelnden Werdeprozessen möglich, in geistiger Offenheit zu handeln und ich-frei zu wirken.

2 DIE BEDEUTUNG VON EINSICHT, WISSEN UND WEISHEIT IM BUDDHISMUS

Im Gegensatz zu den sich auf nicht beweisbare Glaubenssätze stützenden Religionen ist die Grundlage des Buddhismus *Erkenntnis*. Diese Tatsache hat manche westliche Beobachter dazu verführt, den Buddhismus als eine bloße Vernunftlehre zu betrachten, die mit rein verstandesmäßigen Prinzipien voll auszuschöpfen sei. Erkenntnis im Buddhismus ist jedoch Einsicht in das Wesen der Wirklichkeit und immer das Produkt einer unmittelbaren Erfahrung.

Beginnend mit der Leidenserfahrung als primärem, allgemeingültigem Axiom vertritt der Buddhismus den Standpunkt, daß nur das Erlebte, nicht aber das Erdachte Wirklichkeitswert hat. Dadurch aber erweist sich der Dharma des Buddha als echte Religion, und das, obwohl er sich nicht auf unbewiesene, aus einem überirdischen Bereich empfangene Offenbarungen beruft, die Bekenner einer Glaubensreligion sonst zu akzeptieren haben.

Um die Wende dieses Jahrhunderts versuchte die indologische Forschung den Buddhismus als ein rein philosophisch-moralisches System darzustellen, das sich weitgehend auf psychologische Erwägungen gründet. Aber der Buddhismus ist mehr als eine Philosophie, da er seine Erkenntnisse nicht nur aus logischer Deduktion bezieht, obwohl er weder Vernunft noch Logik verachtet, sondern sich ihrer im Rahmen des ihnen angemessenen Bereichs bedient. Auch überschreitet er die Grenzen jedes psychologischen Systems, denn er beschränkt sich nicht auf eine Analyse und Klassifizierung erkannter psychischer Kräfte und Phänomene, sondern lehrt deren Anwendung, Verwandlung und Transzendierung. Und ebenso kann der Buddhismus auch nicht auf ein für alle Zeiten festgelegtes Moralsystem oder eine «Anleitung, Gutes zu tun», reduziert werden, denn er dringt zu einer Sphäre jenseits von Gut und Böse vor, zu einer Sphäre, die über allen Dualismus erhaben ist und die auf einem Ethos basiert, das aus tiefster Erkenntnis und innerer Schauung erwächst.

So könnte man sagen: Der Dharma des Buddha ist als Erlebnis und Weg praktischer Verwirklichung eine *Religion,* als gedankliche Formulierung dieses Erlebens *Philosophie,* als Resultat systematischer Selbstbeobachtung und Analyse *Psychologie,* wobei dem, der diesen Weg geht, eine Verhaltensnorm erwächst, die ihm nicht von außen diktiert wird, sondern die das Ergebnis eines inneren Reifungsprozesses ist und die wir, von außen gesehen, als *Moral* bezeichnen können. Doch diese Sittlichkeit des Buddhismus ist nicht – wie in vielen anderen Religionen – der Ausgangspunkt, sondern vielmehr die Folge eines religiösen Erlebens, das einen so entscheidenden Wandel in unserer Blickrichtung hervorbringt, daß wir die Welt mit neuen Augen zu sehen beginnen.

Aus diesem Grunde stellte der Buddha an den Anfang des edlen achtfachen Pfades nicht irgendwelche Änderungen unserer Lebens- und Verhaltensweisen, sondern die vorurteilsfreie Betrachtung der Welt in und um uns; denn nur so gewinnen wir eine unvoreingenommene Einsicht in die Natur des Daseins und der Dinge und erfahren durch die Änderung unserer Betrachtungsweise eine völlige Neuorientierung unseres Strebens. Diese Art des Sehens und Gewahrwerdens der Dinge heißt in Pali Sammā Diṭṭhi (Skrt.: Samyag-Dṛṣṭi), was von den Indologen immer wieder mit «rechte Anschauung» übersetzt wurde.

Sammā Diṭṭhi bedeutet jedoch mehr als eine bloße Übereinstimmung mit gewissen vorgefaßten dogmatischen oder moralischen Ideen: Sie ist eine Anschauung, die über die dualistisch konzipierten Gegensatzpaare eines einseitigen, ichbedingten Standpunktes hinausgeht. «Sammā» (Skrt.: Samyak) bedeutet das, was vollständig, ganz, das heißt weder gespalten noch einseitig ist, also etwas, das einer jeden Bewußtseinsstufe vollkommen angemessen ist.

Ein Mensch, der Sammā Diṭṭhi entwickelt hat, ist somit ein Mensch, der die Dinge nicht einseitig betrachtet, sondern unparteiisch, unvoreingenommen und der in seinen Absichten, in seinem Handeln und Reden nicht nur den eigenen, sondern auch den Standpunkt anderer sehen und berücksichtigen kann. Denn der Buddha war sich der Relativität aller begrifflichen Formulierungen bewußt. Deshalb ging es ihm nicht um die Verkündigung einer abstrakten Wahrheit, sondern um die Darlegung einer Methode, die es dem Menschen ermöglicht, selbst zur Wahrheitsschau durchzubrechen, das heißt zum Erlebnis der Wirklichkeit vorzudringen. Der Buddha verkündete daher keinen neuen Glauben, sondern versuchte vielmehr, das Denken des Menschen von Vorurteilen dogmatischer Glaubenssätze zu befreien, um ihm so eine unvoreingenommene Schau der Wirklichkeit zu ermöglichen.

Er war augenscheinlich der erste unter den großen Religionsstiftern und Denkern der Menschheit, der die Entdeckung machte, daß es nicht so sehr auf die formulierten Endresultate menschlichen Denkens ankommt, also auf unser begriffliches Wissen in Form von Ideen, religiösen Bekenntnissen und «ewigen Wahrheiten» oder in Form wissenschaftlicher «Tatsachen» und Formeln, sondern auf das, was zu diesem Wissen führt: auf die Methode des Denkens und Handelns. Denn die Übernahme der Resultate fremden Denkens – oder bloßen sogenannten «Tatsachenmaterials» – gereicht dem menschlichen Geist, wenn unkritisch übernommen, meist zum Hindernis und selten zum Vorteil, weil es das unmittelbare Erleben blockiert und damit zu einer Gefahr werden kann. So führt eine Erziehung, die aus einer bloßen Anhäufung von Tatsachenwissen und zugeschnittenen Gedankenschablonen besteht, zu geistiger Sterilität. Wissen und Glauben, die ihren Zusammenhang mit dem Leben verloren haben, werden zu Nichtwissen und Aberglauben. Wichtig und wesentlich ist allein die Fähigkeit zur Konzentration und zum schöpferischen Denken. Statt Gelehrsamkeit anzustreben, sollten wir uns die Fähigkeit des *Lernens* bewahren und dadurch unseren Geist offen und empfänglich halten.

Andererseits hat der Buddha niemals die Bedeutung des Denkens und der Logik geleugnet. Aber er wies dem Denken und der Logik *den* Platz zu, der ihnen zukommt, und zeigte seinen Jüngern deren Relativität auf: die unauflösliche Eingebundenheit von Denken und Logik in Systeme gegenseitiger Abhängigkeit und Bedingtheit.

Es ist eine stillschweigende Übereinkunft, daß die Welt, die wir in unserem Denken aufbauen, identisch sei mit der Welt unseres Erlebens, ja, mit der Welt «als solcher». Dies aber ist eine der Hauptquellen unserer irrigen Anschauung von dem, was wir «Welt» nennen. Die Welt, die wir erleben, schließt die Welt unseres Denkens zwar ein, aber die Welt unseres Denkens kann umgekehrt nie die Welt, die wir erleben, voll umfassen, denn wir leben gleichzeitig in verschiedenen Dimensionen, von denen die des Intellekts (bzw. die Fähigkeit zu diskursivem Denken) nur *eine* ist.

Wenn wir intellektuell Erfahrungen reproduzieren, die ihrer Natur nach anderen Dimensionen angehören, so tun wir damit etwas Ähnliches wie der Maler, der den dreidimensionalen Raum im Rahmen einer zweidimensionalen Fläche darstellt: Er tut dies unter bewußtem Verzicht auf gewisse, der höheren Dimension angehörende Qualitäten durch Einführung einer neuen Ordnung von tonalen Werten, Proportionen und optischen Verkürzungen, die nur in der künstlerischen Einheit seines Bildes und von einem gewissen Gesichtspunkt aus gültig sind. Die Gesetze dieser Perspektive entsprechen im wesentlichen den Gesetzen der Logik: Beide opfern Qualitäten einer höheren Dimension, indem sie sich willkürlich auf einen bestimmten Blickpunkt beschränken, so daß ihre Objekte jeweils nur von einer Seite und in einer diesem Blickpunkt entsprechenden Verkürzung und Proportion gesehen werden.

Doch während der Künstler bewußt seine Eindrücke von der einen Dimension auf die andere überträgt und nicht die Absicht hat, eine objektive Wirklichkeit nachzuahmen oder zu reproduzieren, sondern vielmehr seine *Reaktion* auf diese «Wirklichkeit» zum Ausdruck bringen will, fällt der Denker für gewöhnlich der Illusion anheim, im eigenen Denken die Wirklichkeit erfaßt zu haben, indem er die «verkürzende» Perspektive seiner einseitigen Logik für ein universelles Gesetz hält.

Der Gebrauch der Logik ist für den denkerischen Prozeß zweifellos ebenso notwendig und berechtigt wie der Gebrauch der Perspektive in der Malerei, jedoch nur als ein Ausdrucksmittel und nicht als ein Kriterium der Wirklichkeit. In diesem Sinne machte der Buddha in allen seinen Lehrreden vom Denken Gebrauch, aber er beachtete sehr wohl dessen Grenzen und lehrte darum auch, was darüber hinausging: die unmittelbare Anschauung (Sammā Diṭṭhi).

Der Buddha wollte keine blinden Nachfolger, die unbesehen seine Anweisungen ausführten, ohne deren Grund oder Notwendigkeit zu erkennen. Denn für ihn lag der Wert des menschlichen Handelns nicht in der äußeren Wirkung, sondern im *Beweggrund*, in der Haltung des Bewußtseins, dem es entsprang. Er wollte, daß seine Jünger ihm aus *eigener* Einsicht in die seinen Lehren zugrunde liegende Wirklichkeit folgten, nicht aber aus bloßem Glauben an die Überlegenheit seiner Weisheit oder seiner Person. Den einzigen Glauben, den er von seinen Schülern erwartete, war der Glaube an ihre eigenen inneren Kräfte. Was er in ihnen förderte, war daher nicht die Betonung eines kalten, einseitigen Rationalismus, sondern das harmonische Zusammenwirken aller Kräfte der menschlichen Psyche, unter denen die Vernunft das unterscheidende und richtungweisende Prinzip ist.

Die Lehre des Buddha beginnt mit der Darlegung der Vier Edlen Wahrheiten. Doch infolge der begrenzten Reichweite des individuellen Bewußtseins kann deren Bedeutung beim Betreten des Pfades nicht voll durchschaut werden. Könnten wir dies, so würde ja die Befreiung unmittelbar verwirklicht und die verbleibenden Stufen des Pfades wären überflüssig. Doch die einfache Tatsache des Leidens und seiner unmittelbaren Ursachen erfahren wir augenfällig in jeder Lebensphase, so daß ein bloßes Beobachten und Analysieren der eigenen, wenn auch noch so beschränkten Erfahrung genügt, um einen denkenden Menschen von der Vernünftigkeit und Annehmbarkeit der vom Buddha aufgestellten These zu überzeugen. Wenn er also seinen Pfad mit der Forderung nach «vollkommener Anschauung» beginnen läßt, so bedeutet dies hier nicht die Annahme eines bestimmten, für alle Zeiten festgelegten Dogmas noch die eines Lehrsatzes oder Glaubensartikels, sondern die unvoreingenommene unparteiische Einsicht in die Natur der Dinge und allen Geschehens, *so wie sie sind.*

Sammā Diṭṭhi ist also keine bloße gläubige Übereinstimmung mit gewissen vorgefaßten religiösen oder moralischen Ideen. Sammā Diṭṭhi bedeutet vielmehr ein sich zunehmend vervollkommnendes, nicht einseitiges Betrachten der Dinge. Denn entsteht nicht so viel Unheil in der Welt vornehmlich dadurch, daß jeder die Dinge nur von seiner eigenen Warte aus sieht? Sollten wir nicht, statt unsere Sinne vor allem Unerfreulichen und Leidvollen zu schließen, der Tatsache des Leidens ins Auge blicken und so seine Ursache entdecken, die in uns selber liegt und folglich auch nur von uns selber überwunden werden kann?

Verfahren wir in dieser Weise, so entwickelt sich in uns das Wissen vom hohen Ziel: von der Erleuchtung und der Befreiung und auch dem Weg, der zu deren Verwirklichung führt. Sammā Diṭṭhi ist also das *Erlebnis* und nicht bloß die intellektuelle Anerkennung der Vier Edlen Wahrheiten des Buddha. Allein aus einer solchen Geisteshaltung kann der vollkommene, den ganzen Menschen erfassende Entschluß (Pali: Sammā Sankappa) geboren werden, der den Einsatz des ganzen Menschen in Gedanken, Worten und Taten fordert und der durch vollkommene Verinnerlichung und Vertiefung zur völligen Erleuchtung führt.

Wie bereits oben bemerkt, kann die volle Bedeutung der Vier Edlen Wahrheiten beim Betreten des Pfades noch nicht völlig durchschaut werden. In diesem Sinne ist die Lehre des Buddha in gewisser Weise auch Metaphysik und fordert als solche von dem, der sich von ihr angesprochen fühlt, zunächst Vertrauen (Skrt.: Śraddhā, Pali: Saddhā) in die Richtigkeit dessen, was der, der diesen Pfad betritt, noch nicht erfahren haben kann. Mit anderen Worten: Auch der Buddhismus muß von seinen Jüngern zunächst ein vertrauensvolles Annehmen bestimmter Lehren fordern, die jenseits der Erfahrungen eines Anfängers liegen, wie es auch jede Wissenschaft und in noch höherem Maße jede Religion tun muß.

Allerdings besteht ein Unterschied zwischen den Offenbarungsreligionen und der Wissenschaft einerseits und dem Buddhismus andererseits, der in das Gebiet der Psychologie gehört: Die beiden ersteren legen den Schwerpunkt in einen Bereich, der außerhalb des Individuums liegt, indem sie von der Autorität der Tradition oder des Experiments sowie deren stillschweigenden Voraussetzungen abhängen. Der Buddhismus dagegen verlagert den Schwerpunkt in das Innere des Individuums, wo eigenes Erleben die Wahrheit des zunächst vertrauensvoll Angenommenen erweisen muß. Hier macht nicht der Glaube selig (im Sinne der Anerkennung eines unbewiesenen Dogmas), sondern das Bewußtwerden jener Wirklichkeit, die für uns nur so lange Metaphysik ist, wie wir sie noch nicht erlebt haben.

Buddhismus ist daher von außen gesehen unter anderem auch ein System der Metaphysik, von innen her gesehen aber – als Ausdrucksform des Erlebens – Empirie. Der Buddha hat Metaphysisches, das auf dem Wege innerer Erfahrung erschlossen werden kann, nie abgelehnt, hingegen aber jegliche philosophisch-metaphysische Spekulation verworfen. Er überwand die spekulative Metaphysik und ihre Problematik jedoch nicht durch Ablehnung, sondern auf positive Weise durch Verschiebung der Erfahrungsgrenzen: durch Training, Erweiterung sowie Intensivierung des Bewußtseins, wodurch Metaphysisches zu Empirischem wird.

Die Schulung des Bewußtseins ist daher eine unerläßliche Voraussetzung zu höherer Erkenntnis. Bewußtsein ist das Gefäß, von dem die Aufnahmefähigkeit des Individuums abhängt, wobei vorausgegangene Erkenntnisse wiederum die Auswahl des aufzunehmenden Stoffes und den Richtungsablauf seiner Durchdringung bestimmen. Helle Wachheit, Achtsamkeit und Besonnenheit (Skrt.: Smṛti, Pali: Sati) sind dabei eine unerläßliche Voraussetzung, um nicht in Bereiche eigener oder fremder Suggestion zu geraten.

Darüber hinaus ist das Vorhandensein einer Tradition erforderlich, in der die Erfahrungen und die Erkenntnisse früherer Generationen formuliert sind, da sonst jeder einzelne gezwungen wäre, alle seelischen Erlebnismöglichkeiten und geistigen Erfahrungen neu zu gewinnen, wodurch nur wenige Begabte zum Ziel der Erleuchtung gelangen könnten. Doch die Kenntnis oder die intellektuelle Verarbeitung der als Philosophie niedergelegten Resultate jener vorangegangenen Wahrheitssucher allein ist unzureichend. So hat selbst die vollkommene Formulierung der Lehre durch den Buddha seine Nachfolger nicht der Notwendigkeit neuer Formulierungen enthoben. Denn obwohl er seine Lehre vollkommen formuliert hatte, waren doch die Menschen, denen er diese Lehre verkündete, nicht vollkommen, und so entsprach das, was sie auffassen und weitergeben konnten, ihrem geistigen Niveau.

Auch dürfen wir nicht vergessen, daß der Buddha gezwungen war, sich der Sprache und der volkstümlichen Ideen seiner Zeit zu bedienen, um sich verständlich zu machen. Und selbst wenn alle, die das Buddhawort hörten und bewahrten, vollkommene Heilige gewesen wären, wie es die Tradition will, so würde das nichts an der Tatsache ändern, daß die gedankliche und sprachliche Form, in der sie die Lehre weitergaben, zeitlich bedingt war. So konnten sie die Probleme, die damals noch nicht existierten, auch nicht vorwegnehmen. Und selbst dann, wenn sie diese hätten voraussehen können, so war die Sprache, in der sowohl die Probleme als auch deren Lösung hätten ausgedrückt werden müssen, noch nicht entwickelt und wäre auch nicht verstanden worden, selbst wenn sie spontan erfunden worden wäre.

Der Buddha hätte zweifellos seine Lehre anders formuliert, wenn er, statt im 6. Jahrhundert vor, im 20. Jahrhundert nach unserer Zeitrechnung gelebt hätte, und zwar nicht, weil die zu verkündende Wahrheit (der Dharma) eine andere geworden wäre. Vielmehr hat die Menschheit, der er heute seine Lehre verkünden würde, ihrem Bewußtsein zweieinhalb Jahrtausende historischer, praktischer und geistiger Erfahrung hinzugefügt. Sie verfügt daher nicht nur über einen reicheren Schatz an Begriffen und Ausdrucksmöglichkeiten, sondern besitzt auch eine ganz anders geartete Geisteshaltung, mit anderen Perspektiven und Problemen und mit neuen, dieser Mentalität angepaßten Lösungsmöglichkeiten.

Diejenigen, die blind an Worte glauben, ebenso wie jene, denen historische Antiquität oder Heiligkeit der Überlieferung wichtiger sind als Wahrheit, sträuben sich begreiflicherweise gegen eine solche Erkenntnis, die ihre sauber abgegrenzte und für den Hausgebrauch fertig zugeschnittene Weltanschauung ihrer absoluten Gültigkeit und Eindeutigkeit beraubt. Sie glauben daher, daß spätere buddhistische Schulen die Lehre des Buddha verändert hätten, indem sie selbstherrlich deren Grenzen sprengten.

In Wahrheit aber ließen diese Nachfolger des Buddha nur die begrenzten, zeitbedingten Begriffe der zeitgenössischen Jünger des Buddha hinter sich, die seine Lehre ein für allemal zu fixieren suchten. Denn Geistiges kann ebensowenig fixiert werden wie das Leben selbst. Wo Wachstum aufhört, bleibt nur die tote Form. Was uns bleibt, ist eine mumifizierte historische Kuriosität, nicht aber das Leben, das die Form einst erfüllte. Diejenigen, die die Authentizität der Form in den Vordergrund rükken, sollten sich fragen, ob man Formen vergangener Jahrtausende unbeschadet mit Rumpf und Stumpf in die heutige Zeit übernehmen kann. Wird doch auch Nahrung, wenn sie allzulange aufbewahrt wird, zum Gift. Das gleiche gilt für geistige Nahrung: da verwandelt sich dann Wahrheit in Dogma und Glauben in Aberglauben. Beide sind tot, werden zu Hindernissen des Denkens und Erlebens und darum zu einem tödlichen Gift.

Wahrheiten können nicht übernommen werden: Sie müssen ständig wiederentdeckt und neu geformt werden, wenn sie ihren geistigen Gehalt, ihre Lebendigkeit oder geistige Nährfähigkeit beibehalten sollen. Es ist ein Gesetz geistigen Wachstums, daß dieselben Wahrheiten in immer neuer Form erlebt und durchdacht werden müssen. Dabei kommt es nicht so sehr auf die Resultate an, die vergangene Jahrtausende erarbeiteten, als vielmehr auf die zugrunde liegenden Methoden, durch die wir immer erneut zur Erkenntnis gelangen: *sie* müssen wir pflegen und weitergeben.

Dadurch, daß jeder einzelne diesen Wachstumsprozeß neu durchlebt, wird er selbst zu einem Bindeglied zwischen Vergangenheit und Gegenwart, vollendet das Vergangene im gegenwärtigen Erleben und bereitet die schöpferischen Keime der Zukunft. Nur durch eine solche Einstellung bekommt Historisches Gegenwartswert, wird Teil unseres eigenen Wesens und bleibt nicht ein bloßes Studienobjekt, das, losgelöst von dem organischen Zusammenhang des Werdens, seinen Wirklichkeitsgehalt verliert.

Sobald wir diesen organischen Gang des Werdens begreifen, hören wir auf, seine einzelnen Phasen als «richtig» oder «falsch», «wertvoll» oder «wertlos» zu beurteilen. Wir werden vielmehr finden, daß die Variationen desselben Themas durch die Stärke der Kontraste in Betonung und Modulation das ihnen zugrunde liegende Gemeinsame oder Wesentliche herausarbeiten und uns so zu einem Verständnis führen, das uns nicht zur Verengung und Intoleranz, sondern zum Über-den-Gegen-sätzen-Stehen und damit zu geistiger Öffnung und zur Toleranz anregt.

Das schließt jedoch nicht aus, daß wir uns individuell von der einen oder anderen Strömung innerhalb der buddhistischen Geistesentwicklung stärker angezogen fühlen und daß uns bestimmte Züge der einen Schule mehr ansprechen als die einer anderen – ganz entsprechend unserem Temperament, unserer Veranlagung, unserem Verständnis und unserer augenblicklichen Entwicklungsstufe. Aber eine solche Bevorzugung der einen oder anderen Schule sollte uns nie dazu veranlassen, das zu verurteilen, was nicht in unser persönliches Schema paßt; und noch weniger haben wir das Recht, die Tradition der von uns bevorzugten Schule als die einzig echte und wahre zu erklären.

Die Aufgabe des Ārya Maitreya Maṇḍala als einer lebendigen Tradition in der Gegenwart sollte es daher sein, ein Verständnis der gesamten buddhistischen Entwicklung zu erarbeiten, die als ein Ganzes das organische Wachstum jener grundlegenden Ideen erkennen läßt, die der Buddha einst als Keime in die Herzen seiner Jünger pflanzte. Unter den Bedingungen der verschiedenartigsten Kulturen und klimatischen Verhältnisse und entsprechend dem Geist der unterschiedlichen Rassen und Zivilisationen entfalteten sie sich in mannigfachen Formen, ohne jedoch dabei den Wesensgehalt der Buddhaschaft aufzugeben und ohne dabei ihren ureigensten «Geschmack» zu verlieren: den der Befreiung, der Erleuchtung und der Universalität.

Noch auf indischem Boden entstanden im ersten buddhistischen Jahrtausend drei große buddhistische Schulen, von denen jede einen dieser drei vorgenannten Aspekte besonders akzentuiert herausarbeitete. So entstand unter dem Aspekt «Befreiung vom Leiden» jene Richtung, die die Welt als unbeständig verwirft. Dieser Standpunkt führte zu einer gewissen Weltflucht. Man trachtete dem Leiden zu entgehen, indem man alle Berührung mit dem normalen Leben vermied. Auf dieses Konzept gründet sich die Institution des Mönchstums.

Eine andere Richtung betonte den zweiten Aspekt des Dharma: Die Erleuchtung als einzig würdiges Ziel eines Nachfolgers des Erhabenen, auch dann, wenn wir das Leiden der ganzen Welt auf uns nehmen müßten, indem wir uns mit dem Leiden aller Wesen identifizieren. Auf diese Weise wurde die ganze Welt mit in den Prozeß der Befreiung einbezogen, und das Leiden wurde durch ein Mitleid überwunden, das so allumfassend ist, daß aller persönliche Schmerz seine Bedeutung verliert, es sei denn, er wird zum Antrieb auf dem Wege zum höchsten Ziel.

Dieses große Mitempfinden (Skrt.: Mahākaruṇā) ist unmittelbarer Ausdruck des sich in einem Menschen entfaltenden Erleuchtungsgeistes (Bodhicitta). Ihm liegt keine flüchtige Gefühlsaufwallung zugrunde, vielmehr eine aus Liebe (Maitrī) und Weisheit (Prajñā) reifende Zuwendung zu allen Wesen, deren Leid als das eigene empfunden wird: Die Liebe ermöglicht uns ein spontanes «Sich-dem-anderen-Gleichsetzen», ohne daß dabei Gefühle einer moralischen oder geistigen Überlegenheit aufkommen. Die Weisheit aber läßt uns das bedingte Entstehen aller Erscheinungen in gegenseitiger Abhängigkeit erschauen, läßt uns die «Ichlosigkeit» (Anātman) aller Elemente der Wirklichkeit erfahren, führt uns zur Erkenntnis der Leerheit, zum Erleben des Ineinander-Verwobenseins aller Wesen und eröffnet uns so den Pfad der Bodhisattvaschaft, der unabhängig von einer bestimmten Lebensform in gleicher Weise von Haushältern wie von Mönchen verwirklicht werden kann.

Der dritte Aspekt des Buddhismus – der der Universalität – betont die psychologischen Konsequenzen, die sich aus der potentiellen und grundlegenden Universalität des individuellen Bewußtseins ergeben. Darüber hinaus zeigt er die Möglichkeit auf, jede Eigenschaft der menschlichen Persönlichkeit in ein Mittel zur Befreiung zu verwandeln, einschließlich jener Eigenschaften, die zunächst als Hemmnisse auf dem Pfade erscheinen. Auf diese Weise wird jede Lebensäußerung ein Ausdruck der grundlegenden Einheit von Saṃsāra und Nirvāṇa und läßt die Wechselbeziehung von physischen und geistigen Eigenschaften, des Sinnlichen und des Transzendenten, des Individuellen und des Universellen deutlich werden.

Diese drei Aspekte des Buddhismus, die im Laufe seiner historischen Entwicklung unterschiedlich akzentuiert in Erscheinung traten, entsprechen den drei traditionellen «Fahrzeugen» (Yānas), die zur Befreiung führen und die in die Geschichte des Buddhismus als das «kleine» (Hīnayāna), das «große» (Mahāyāna) und das «diamantene Fahrzeug» (Vajrayāna) eingegangen sind.

Der Schritt vom kleinen zum großen Fahrzeug vollzog sich durch jenen Wandel der inneren Einstellung, durch die das Verlangen nach individueller Erlösung aus einer Welt der Vergänglichkeit – aufgrund der Erkenntnis von der essentiellen Gleichheit aller Wesen auf der höchsten Ebene des Bewußtseins – von der Vorstellung einer verwandelbaren Welt abgelöst wurde. Der Schritt vom «großen Fahrzeug» zum «diamantenen Fahrzeug» aber ist die Konsequenz, die sich aus dem Erkennen der Wandelbarkeit der Welt und dem Wissen um die Relativität von Saṃsāra und Nirvāṇa als den zwei Aspekten der gleichen Wirklichkeit ergibt. Sie führte zur Verfeinerung und Differenzierung praktischer Methoden der Verwandlung, die alle psychischen Faktoren des Menschen – vor allem die unbegrenzten Möglichkeiten seines Bewußtseins – miteinbeziehen, durch die das Individuum sich seiner Universalität bewußt werden kann und seine übergreifende Ganzheit verwirklicht.

Hīnayāna, Mahāyāna und Vajrayāna stellen somit drei Dimensionen des Geistes dar, worin jede nachfolgende Dimension die vorhergehende nicht aufhebt, sondern deren Qualitäten miteinschließt und sie auf einer höheren Ebene – oder in weiterreichenden Beziehungen – integriert. Auf diese Weise sind die ethischen Prinzipien (Śīla) des kleinen Fahrzeuges zusammen mit den Grundwahrheiten des Buddhismus (Pali: Cattari Ariya Saccāni, Skrt.: Catvāri-Ārya-Satyāni) das Fundament, auf dem das Mahāyāna seine hohe Philosophie errichtete

(Prajñāpāramitāvāda, Śūnyavāda, Vijñānavāda, etc.). Das Vajrayāna hingegen integrierte die Mahāyāna-Philosophie (Prajñā) und die Hīnayāna-Disziplin und -Ethik (Śīla) und machte sie zur Grundlage seiner spezifischen Systeme der Meditations- und Yogaübungen, um so die innere Verwandlung und Einswerdung (Samādhi) zu erreichen.

Śīla, Prajñā und Samādhi – die drei Prinzipien des edlen achtfachen Pfades der Befreiung – können daher als Merkmale der drei Fahrzeuge – des Hīnayāna, des Mahāyāna und des Vajrayāna – betrachtet werden. Jedes dieser drei Fahrzeuge enthält alle drei Prinzipien, jedoch unterscheidet sich eines vom anderen dadurch, daß es dem einen oder anderen dieser Prinzipien den Vorrang einräumt und diesem betonten Prinzip, je nach der geistigen Haltung der betreffenden Schule, eine besondere Bedeutung und eine neue Interpretation gibt. So könnte man verallgemeinernd sagen, daß die Einstellung des kleinen Fahrzeugs realistisch und analytisch, die des großen Fahrzeugs idealistisch und monistisch ist, während das diamantene Fahrzeug ein integrales System psychokosmischer Beziehungen entwickelte und von dieser Grundlage ausgehend meditative Praktiken entwickelte, die durch Einwirkung auf die Tiefenschichten der Psyche eine grundlegende Wandlung der menschlichen Persönlichkeit bewirken.

Das Hīnayāna lehrt uns, die Welt zu sehen, wie sie ist (Yathā-Bhūtaṃ), ohne die Frage nach einer objektiven Wirklichkeit und Substantialität der Welt zu stellen. Andererseits lehrt es uns, daß die Welt in der Form, in der wir sie erleben, «in diesem sechs Fuß hohen Körper beschlossen ist». Der Körper aber wie die Welt werden als leidvoll und vergänglich erlebt. Im Mahāyāna wird der Welt der Realitätscharakter abgesprochen zugunsten einer abstrakten, aller Eigenschaften und Benennungen baren transzendenten Gegebenheit, die nur als Śūnyatā, d. h. als rational nicht erfaßbare «Leerheit», die zugleich unendliche Potentialität ist, umschrieben werden kann. Im Vajrayāna wird nun der analytische Realismus des Hīnayāna und der abstrakt-metaphysische Idealismus der Mahāyāna-Philosophie ausgeglichen durch schöpferische Verbildlichung und innere Schauung, durch welche die gesamte menschliche Persönlichkeit in einem Prozeß fortschreitender Integration verwandelt wird.

Das Vajrayāna ist die letzte Entwicklungsphase des Buddhismus in seinem Heimatland Indien. Es stellt gewissermaßen die Integration aller vorangegangenen Entwicklungen des Buddhismus dar. So wird hier Śūnyatā– die große Leerheit von allen Bestimmungen – als die Ureigenschaft des Bewußtseins erkannt, das selber letzte Instanz aller Erkenntnis und schöpferischer Verwirklichung ist. Weder dem Denken noch der Erfahrung ist es möglich, über das Bewußtsein hinauszugehen, so daß selbst das, was wir mit der Chiffre «Erleuchtung» bezeichnen, ein Phänomen des Bewußtseins ist. Hieraus aber wird deutlich, daß «Wirklichkeit» weder ein abstraktes Sosein noch ein starres, absolutes Prinzip ist, sondern vielmehr das Wirken des Bewußtseins als einer alles hervorbringenden und alles umfassenden, lebendigen Kraft. Nur in dem Maße, in dem das individuelle Bewußtsein sich seiner potentiellen und urtümlichen Universalität bewußt wird, erweitert sich seine Wirklichkeitserfahrung, die Intensität seines Erlebens, die kosmogonische Kraft schöpferischer Weltgestaltung, Weltverwandlung, integrierender Einschmelzung und Ganzwerdung.

Während die frühen Hīnayāna-Schulen den Körper als ein unvermeidliches Übel betrachteten – einer Wunde gleich, die man mit Achtsamkeit behandelt, um sie so schnell wie möglich loszuwerden –, zeigt uns das Vajrayāna den Körper als Mikrokosmos, als Abbild des Universums und als das Gefäß der Wandlung, in dem alle höheren Kräfte der Erweckung harren. Er ist das große Maṇḍala, der «magische Kreis», in dem die große Verwandlung vor sich geht.

So lehrt uns das Hīnayāna, den ständigen Wechsel und Wandel in der Erscheinungswelt zu sehen. Das Mahāyāna führt uns an die Erkenntnis der Verwandelbarkeit der Erscheinungswelt heran, und das Vajrayāna lehrt uns die Praxis der Verwandlung in und aus der Fülle des Lebens. So führt uns der Weg durch die großen Schulen des Buddhismus vom Leiden an der Vergänglichkeit über das Mitleiden mit allen Wesen zur Annahme des Leidens als eines Mittels zur Läuterung und Befreiung von den Schranken der Ichheit. Um diese Ganzheit des Buddhismus in und an sich selbst zu erfahren, sollte jeder, der den Weg des Buddha gehen will, durch ernstes Selbststudium die Phasen dieser Entwicklung verstehend und erlebend verwirklichen, wobei eine solche Schulung unter der anteilnehmenden Leitung eines verstehenden Freundes sowohl die intellektuellen wie auch die emotionalen Kräfte des Menschen umfassen muß.

Auf die Gefahr, in reiner Historizität, Orthodoxie und Intellektualität steckenzubleiben, wurde bereits hingewiesen. Allein durch die Entwicklung vollkommener Anschauung (Samyag-Dṛṣṭi) können wir diese Gefahren vermeiden, wobei es hier nicht um «richtige» oder «falsche» Ansichten oder Meinungen im intellektuellen Sinne geht, sondern um eine unmittelbare, intuitive Einsicht in die wahre Natur der Dinge und ganz besonders in die Natur dessen, was wir unser «Ich» nennen. Doch wenn solche Intuition keine entsprechende Ausformung in unserem Denken findet, so wird sie nie einen wirklichen Einfluß auf unser Leben haben, denn keine Kraft kann wirksam werden, es sei denn, sie ist gestaltet und zielgerichtet.

Auf der anderen Seite müssen Gedanken und Wahrnehmungen, die einseitig auf der intellektuellen Ebene entwickelt wurden, durch unmittelbare Erfahrung bestätigt werden, wenn sie die Kraft und die Fähigkeit haben sollen, unser Leben und unser innerstes Wesen zu verwandeln. Wer ausschließlich im Bereich des Denkens verweilt, bleibt ein Gefangener seines Denkens, ebenso wie der ein Gefangener seiner augenblicklichen Stimmungen und Gemütsbewegungen wird, der seinen mehr oder weniger vagen Intuitionen oder Gefühlsanwandlungen verhaftet bleibt. So gilt es, Gedanken und Emotionen zu harmonisieren und zu koordinieren. Nur der, dem dies gelingt, genießt die Freiheit des intuitiven Geistes und kann ungehindert von vorgefaßten Meinungen und Vorurteilen wirken. Nur er vermag in schöpferischer Freude und Genugtuung aus den Elementen seines intuitiven Erlebens eine allumfassende Weltanschauung aufzubauen, stetig zu entwickeln und zu erweitern, bis er den Durchbruch zu völliger Erleuchtung findet.

So besteht keine Notwendigkeit, unseren Intellekt zu negieren oder den freien Fluß unserer Gedanken sowie die Fähigkeit vernunftgemäßer Betrachtung (Vitarka-Vicāra) zu unterdrükken, solange wir uns der Grenzen unseres diskursiven Denkens bewußt sind und unseren Intellekt innerhalb des ihm zukommenden Bereiches anwenden. In diesem Rahmen ist die Fähigkeit zu folgerichtigem Denken ein wertvolles Werkzeug des menschlichen Geistes. Ohne seine richtungweisenden, klärenden und stabilisierenden Eigenschaften würde sich unser Leben in einen chaotischen Alptraum verwandeln. Verselbständigt es sich jedoch, so schafft es eine Scheinwelt, die uns alle Tore der Erfahrung versperrt und jeden Weg geistiger Entfaltung blokkiert.

Wenn man mit dem Studium des buddhistischen Dharma beginnt, so sollte man sich daran erinnern, daß diese Lehre auf Erfahrung und Erlebnis beruht. Sie hat allein den Sinn, jeden, der mit ihr in Berührung kommt, zum Eigenerleben zu stimulieren. Denn während der Denker die Welt indirekt und mittelbar in Abhängigkeit von Denksystemen durch Begriffe und logische Folgerungen zu ergründen vermag, gewährt das Erlebnis unmittelbaren Zugang zu intuitiver, ganzheitlicher Wahrnehmung, welche der Erlebende dann unter Zuhilfenahme der Logik beschreibt.

Die abendländische Logik arbeitet weitgehend mit abstrakten Begriffen, ohne daß man sich dabei bewußt ist, daß die Logik der Sprache nur *eine* unter vielen Möglichkeiten logischen und folgerichtigen Denkens ist. Man operiert mit Worten und Begriffen, als seien sie direkter Ausdruck der Wirklichkeit. Aus einem solchen falschen Denkansatz heraus war es dann möglich, daß Kant das «Ding an sich» postulieren konnte, das wie jedes Absolutum allein im Denken als Abstraktion jener Wirklichkeit existiert, die sich unseren Sinnen darbietet.

Das «Ding an sich» ist somit ein Grenzwert logisch-analytischen Denkens und etwas, das in Wirklichkeit (d. h. außerhalb des Denkenden) nicht existiert. Denn es gibt kein «Ding», das «an sich» existiert. Jedes Ding ent- und besteht vielmehr nur in abhängiger Beziehung zu anderen Dingen, eingebettet in wechselnde Relationen. Und nur in diesem Sinne sprechen wir im Buddhismus von «Relativität», wobei der Begriff «relativ» hier nicht mit «nur scheinbar» gleichgesetzt werden darf, sondern auf das Wesen aller Erscheinungsformen hindeutet, die in abhängiger Bedingtheit und gegenseitiger Bezogenheit entstehen, wirken und vergehen.

So ist beispielsweise die Relativität der Zeit keineswegs der Beweis ihrer Unwirklichkeit, sondern vielmehr der ihrer Vielfältigkeit. So erscheint das gleiche Ding, von unterschiedlichen Standpunkten aus betrachtet, verschieden. Und deshalb existiert auch kein Ding «an sich», sondern nur in Zusammenhang und Abhängigkeit von anderen Dingen, das heißt in einem kontinuierlich sich wandelnden Feld ständig wechselnder Beziehungen zu unterschiedlichsten Erscheinungsformen.

Vom buddhistischen Standpunkt aus ist die Konzeption einer «reinen Vernunft» abzulehnen, da sie in einem gewissen Widerspruch zur erfahrenen Wirklichkeit steht, und ebenso auch eine abstrakte Logik, der man eine allgemeine Gültigkeit zuspricht. Im Laufe der Geschichte wurden verschiedene logische Systeme entwickelt, beispielsweise eine abendländische, indische, chinesische und japanische Logik. Jede dieser Formen der Logik ist konsequent in ihrer Eigenart, und von welcher wir auch immer ausgehen mögen: Solange unsere Systematik folgerichtig bleibt, können wir unser Vorgehen logisch nennen.

Die westliche Logik hat als Grundlage die Dualität, das heißt sie ist binär und zweidimensional, was im «Satz vom Widerspruch» zum Ausdruck kommt. Die indische Logik basiert auf einer vierfachen Aussage: «Es ist», «es ist nicht», «es ist nicht, und doch ist es», «es ist, und doch ist es nicht». Die chinesische Logik hingegen ist nicht an Worte gebunden, sondern an Bilder beziehungsweise an Symbole, die als Chiffren für Bedeutungskomplexe stehen. Die japanische Logik andererseits geht von einer starken Naturverbundenheit aus und bedient sich entsprechender Analogien.

Innerhalb gleicher Kulturkreise hat es aber immer schon Menschen unterschiedlichen Denkens und Welterfassens gegeben. Während die Denker des Abendlandes vorwiegend in einer Welt abstrakter Begriffe lebten oder sich in einer Welt «reiner Ideen» bewegten, ging es den wirklich großen Naturwissenschaftlern und Künstlern darum, die Lebensprozesse durch anschauendes Denken ganzheitlich zu verstehen. Verstehen aber heißt, sich mit dem anderen identifizieren, sich in das andere hineinversetzen, mit anderen Worten: Verwandlungsfähigkeit besitzen.

Die Welt erscheint uns als ein Spannungsfeld von Polaritäten, die uns zunächst als Gegensätzlichkeiten erscheinen, wie zum Beispiel Licht und Dunkel, Nähe und Ferne, Kälte und Wärme, Lärm und Stille, gut und schlecht, die man nicht einfach wegdiskutieren kann. Auch sollte man das eine nicht durch das andere verdrängen wollen noch versuchen, die Welt als Ganzes zu dem einen oder anderen Extrem zu bekehren. Vielmehr geht es darum, die schöpferische Mitte in diesem Spannungsfeld zu gewinnen, um so das Zusammenwirken der Gegensätze zu bewerkstelligen, das sich aus ihrer von vornherein bestehenden, gegenseitig einander bedingenden Beziehung und Abhängigkeit ergibt.

Vergegenwärtigen wir uns dies an einem Beispiel: Eine Saite verbindet zwei sich gegenüberliegende Fixpunkte. Wird sie zu straff gespannt, so erhalten wir einen schrillen Ton, der einem Schrei gleicht. Ist sie aber zu lose gespannt, so kommt überhaupt kein Ton zustande. Wird jedoch die richtige Spannung zwischen den Fixpunkten hergestellt, so daß die Saite weder zu straff noch zu lose gespannt ist, werden wir einen reinen, harmonischen Ton erhalten. So gilt es auch im geistigen Bereich das richtige Spannungsverhältnis unter Vermeidung der Extreme von Schlaffheit und übergroßer Anspannung zu finden.

Die Dynamik des Universums beruht weitgehend auf dem Wechselspiel der Kräfte von Bindung und Freiheit. Bindung erscheint in Form von Widerstand gegen den Wandel und kann sowohl als «Beständigkeit» wie auch als «Trägheitsmoment» definiert werden. Darüber hinaus wirkt Bindung als zentripetale Kraft in Form von Anziehung, und das sowohl im Mikro- wie im Makrokosmos. Freiheit dagegen erscheint als Tendenz zur Fortbewegung, zur Veränderung von Positionen oder Bedingungen, was wir als Unbeständigkeit, ständigen Wechsel oder Wandel empfinden und als Zentrifugalkraft im Mikro- wie im Makrokosmos erkennen. Das Ergebnis von Bindung und Freiheit im Universum ist eine Bewegung, die Wandlungsfähigkeit mit Beständigkeit verbindet, das heißt eine kreisförmige oder spiralige Bewegung, die zum Ausgangspunkt zurückkehrt, eine Bewegung, die vorausbestimmbar ist und nicht der Willkür unterliegt. Sie weist Beständigkeit in ihrem Wandel auf und bedeutet damit nicht Zerstörung, sondern Transformation, das heißt Wandel gemäß dem ihr innewohnenden Gesetz.

So drehen sich alle himmlischen Körper um ihre eigene Achse und folgen einer elliptischen Bahn. Niemals jedoch bewegen sie sich auf einer geraden Linie. Geradlinige Verläufe sind bloße Unterstellungen abstrakten Denkens. Nur das abstrakte Denken konnte das «Unwandelbare», das «Ewige» erfinden und es zu einem Ideal erheben. Doch in eben diesem abstrakten Denken haben mehr oder weniger alle Religionen ihren Ursprung: Sie gründen sich auf einem Wunschdenken, täuschen die Menschen mit falschen Versprechen, die im Gegensatz zur Natur und den Fakten stehen, die wir beobachten. Das Schlimmste von allem jedoch ist, daß sie den Menschen glauben machen, er allein sei von den Gesetzen der Natur ausgenommen und mit einer «ewigen» Seele begabt, die allen

Wechsel und jede Transformation überdauere, aber allen anderen Lebewesen fehle.

Indisches Denken betrachtete dagegen jedes Wesen und Ding als einen einmaligen Ausdruck der Ganzheit, in die es durch eine Vielzahl von Relationen eingebunden ist. Es ist diese Art von «Relativität», von der der Buddha sprach. Das außerhalb dieser Relationen Postulierte, Beziehungslose ist unwirklich, denn es existiert nur als etwas Erdachtes und hat keinen Bezug zur Wirklichkeit. Deshalb ist es wider alle Vernunft, von einem «Absoluten» zu reden, das eine rein abstrakte Spekulation ist und nur von jenen benutzt wird, die einer Definition ausweichen wollen, weil sie keine wirkliche Aussage machen können.

Nāgārjuna war daher nur konsequent, als er die grundlegende Erkenntnis des Buddha, daß alle Dharmas (alle Elemente der Wirklichkeit) «Nicht-Selbst» (Anātman) seien, auf alles Gegenständliche anwandte. Das aber war keine «Rehinduisierung» des Buddhismus (wie einige moderne indische Autoren aus der Schule Radhakrishnans behaupteten), sondern lediglich eine Argumentation gegen die Sarvāstivāda-Idee, die den Dharmas «Seins-Charakter» zuerkennt (*sarva asti* = «alles ist»), was der Lehre des Buddha (*sabbe dhammā anattā* = «alle Elemente der Wirklichkeit sind Nicht-Selbst») zu widersprechen schien. Ich sage: «schien», denn alles, was wir wahrnehmen, existiert lediglich als Wahrnehmung, weil ihm keine Substanzhaftigkeit zugrunde liegt. Es existiert, so verstanden, als ständig sich wiederholende Erscheinungsform. Gehen wir jedoch von einem Substanzbegriff aus, dann müssen wir folgerichtig feststellen, daß nichts im «absoluten Sinne» (d. h. außerhalb unseres Wahrnehmungsbereiches) existiert und daß daher alles von seiner Natur her śūnya, das heißt leer von einer bleibenden monadenhaften Selbst-Natur im Sinne der hinduistischen Ātman-Lehre ist.

Daß der Hinduismus sich später eines abgewandelten Śūnyavāda bediente und Nāgārjunas Philosophie zur Grundlage seines Advaita-Systems machte, indem er Śūnyatā zum Absolutum erhob, ist nicht Nāgārjuna anzulasten, sondern vielmehr Śaṅkarācārya, der Nāgārjunas Lehre zur Advaita-Philosophie umbog, um sie dann auf die Veden anzuwenden, ohne einzugestehen, daß er von Nāgārjunas Śūnyavāda mißbräuchlich ein Plagiat geschaffen hatte. Um das Ganze zu vertuschen, verleumdete er den Buddhismus und verunglimpfte den Buddha auf gröbste Weise, womit er sich außerhalb der im indischen Sprachraum immer geübten Toleranz stellte. Zweifellos war Śaṅkarācārya ein großer Gelehrter, aber er war ein noch größerer Plagiator. Wer Nāgārjuna zu einem quasi «rehinduisierenden Verfälscher der Buddhalehre» macht und Nāgārjunas Śūnyatā* als ein Absolutum deutet, hat den Unterschied zwischen der buddhistischen Advaya-Lehre und dem hinduistischen Advaita nicht verstanden.

Mit dem Ausdruck Śūnyatā wollte Nāgārjuna die Nichtanwendbarkeit aller Begriffe und die philosophische Nichtfaßbarkeit der höchsten Wirklichkeit demonstrieren, da diese nur im Erlebnis der Ganzheit und der in ihr geschauten unbegrenzten Beziehungen besteht, weshalb Śūnyatā frei ist von jeder begrifflichen Bestimmung und Allbezogenheit einschließt.

Der Schlüssel zum Verständnis von Nāgārjunas Mādhyamaka-Śūnyavāda-Lehre, das heißt seiner Lehre vom Weg der Mitte und der Leerheit von allen Bestimmungen, ist der Pratītyasamutpāda, also jene Formel der bedingten und gleichzeitigen Entstehung, der fortwirkenden Tat sowie der Verknüpfung und Verwobenheit aller Dinge und Zustände. Diese Grundhaltung schließt jeden Glauben an ein Absolutum wie auch alle Spekulation aus, die sich ja stets außerhalb des Bereiches der Erfahrung bewegt, und macht deutlich, daß der Buddhismus ein vom Erleben geprägtes System ist, das sich allein mit dem Wirklichen im Sinne des *Wirkenden*, nicht aber mit spekulativ Erdachtem befaßt. Dieser selbst auferlegte Verzicht auf gedank-

---

* Nāgārjuna kennt den Begriff Śūnyatā immer nur als «Leerheit von ...», wobei der Begriff Śūnyatā selbst als leer erkannt werden muß *(śūnyatā-śūnyatā)*.

liche Spekulation gibt dem Buddhismus Allgemeingültigkeit und Freiheit von theologischer Dogmatik, die auf bloßem Für-wahrhalten und wunschbedingtem Glauben beruht.

Der Buddhismus hat niemals die Möglichkeit höherer Be-wußtseinsstufen oder höherer geistiger Lebensformen geleug-net. Er beschäftigt sich jedoch nur mit dem, was uns erreichbar ist und nicht mit rein spekulativen Theorien über Götter oder über einen allmächtigen Herrscher und Schöpfer des Weltalls, der nur ein Wunschbild unserer ins Grenzenlose gesteigerten eigenen Persönlichkeit ist. Andererseits hat der Buddha niemals etwas gegen den Glauben an einen oder viele Götter einzuwen-den gehabt, wenn er den, der daran glaubte, zu einem besseren Menschen machte. Auch stritt er nie über theologische Pro-bleme. Er war weder atheistisch im Sinne des Nihilismus oder des Materialismus, noch war er monotheistisch. Auch huldigte er keinem idealistischen oder materialistischen Monismus, son-dern ließ jedem seine eigene Überzeugung; denn er hatte er-kannt, daß es unwichtig ist, was Menschen glauben: Ihr Tun allein ist entscheidend. Dabei aber muß das, was sie tun, im Einklang mit ihrer Überzeugung stehen, das heißt mit dem, was sie lehren und leben.

Doch was versteht der Buddhist unter Tat? Der Buddha selbst gab uns die Definition. Danach ist Tat nicht dasselbe wie äußere Handlung, sondern stets das, was wir absichtlich und mit vollem Bewußtsein tun. Was die Tat von der äußeren Hand-lung unterscheidet, ist der Wille, der hinter ihr steht. Nur ein solches bewußtes Tun ist die wirkende Tat, ist Karma, getragen von Cetanā, dem willentlichen Entschluß, der das Motiv einer Handlung ist. Nur so ist es zu verstehen, wenn in den *Fragen des Milinda* Nāgasena erklärt, daß ein Mensch, der absichtslos ein Wesen tötet, kein Mörder ist, daß aber jemand, der einen Bienenkorb mit einem Schwert durchbohrt in der Meinung, daß es ein Mensch sei, sich durch diese Absicht karmisch des Mordes schuldig macht. So ist es die Absicht, welche eine Handlung karmisch neutral, heilsam oder unheilsam macht.

Die Weltanschauung des Buddha gründet sich auf die Erkenntnis, daß alles Dasein ständiger Veränderung unterworfen ist und daß sich diese Veränderung nach einer in allem waltenden Gesetzmäßigkeit vollzieht. Diese Gesetzmäßigkeit der Verwandlung wird offenbar im Pratītyasamutpāda, in den Lehren von Karma und Wiedergeburt, in der moralischen Verantwortung des Menschen und der damit konzipierten Freiheit individueller Entscheidung.

Der Pali-Begriff *anicca* (Skrt.: *anitya*), den wir hier mit «Veränderung» übersetzen, wird im allgemeinen mit «Vergänglichkeit» gleichgesetzt. Seine wirkliche Bedeutung ist «Nicht-Dauer» beziehungsweise «nicht-ewig». Er beinhaltet daher nicht nur den negativen Begriff der Vergänglichkeit, sondern auch das in die Zukunft weisende, schöpferische Prinzip des Werdens beziehungsweise des Neu-und-anders-Werdens. Wenn sich daraus als Folge unseres Bestrebens zu verharren, anzuhaften und festhalten zu wollen, was uns entgleitet, Leiden ergibt, ist dies nicht der Fehler der Welt, sondern eine Folge unserer eigenen, aus Selbstsucht entstehenden falschen Einstellung zu den gegebenen Tatsachen. Das Bestreben des Buddha war es, diese uns vorgegebene Wirklichkeit aufzudecken, so daß wir sie erkennen und akzeptieren können. Deshalb verwirft er jegliches Fürwahrhalten, das sich auf bloße Wunschvorstellungen gründet und nicht der Wirklichkeit unvoreingenommener Erfahrung entspricht.

Die Wirklichkeit ist – wie wir sahen – ein Prozeß dauernder Wandlung und Umwandlung. Nichts kann sich diesem Wandel entziehen, auch nicht das, was wir unser «Ich» oder unsere «Seele» oder unser «Selbst» nennen. Es ist daher absurd, im Buddhismus von «Seelenwanderung» zu sprechen. Wenn man sich dafür unbedingt eines Ausdrucks bedienen will, so kann man höchstens von einer «Seelenwandlung» sprechen. «Seele» aber bedeutet in diesem Zusammenhang keine unsterbliche, ewige, unwandelbare Monade, sondern die Summe oder – richtiger – die Ganzheit psychischer Impulse, wie sie die buddhistische Psychologie seit Jahrtausenden darstellt und wie sie heute auch von der modernen Psychologie verstanden wird.

Was den Dharma des Buddha aus der Fülle des geistigen Lebens seiner Zeit heraushob, war die Erkenntnis vom dynamischen Wesen der Wirklichkeit, die er durch das Erlebnis der Erleuchtung gewonnen hatte. Rückblickend sah er jetzt die Welt (wenn wir vom Standpunkt des Durchschnittsmenschen ausgehen) aus einer umgekehrten Perspektive, nämlich aus der des «Nicht-Selbst», aus der heraus die Welt sich in einem Strom werdender und entwerdender Daseinselemente (Dharmas) auflöst, auf die Begriffe wie «Sein» und «Nicht-Sein» nicht mehr zutreffen. Wenn der Buddha die Anātman-Idee in den Mittelpunkt seiner Lehre stellte, so tat er damit den Schritt von einer statischen (den Upanischaden entsprechenden) zu einer dynamischen Weltauffassung, also von einer Betonung des Seins (Skrt.: Sat) zu einer Betonung des Werdens (Skrt.: Bhāva), vom Begriff eines dauerhaften «Selbst» zur Erkenntnis der gegenseitigen Bezogenheit alles Daseienden im Prozeß eines bedingten Entstehens aller Lebenserscheinungen, von einer rein mechanisch ablaufenden Entwicklung zur Fähigkeit des Individuums, über sich selbst hinauszuwachsen.

So wird hier aus dem upanischadischen Glauben an eine Seelenwanderung die erfahrene Gewißheit einer Seelenwandlung. Doch gerade hier haben viele abendländische Buddhisten ihre Schwierigkeit: Man möchte von einer «Wiedergeburt ohne Seele» reden. Doch das ist ebenso unlogisch, wie von einer «Psychologie ohne Psyche» zu sprechen. Befreien wir uns endlich von dem Vorurteil der frühen europäischen Buddhisten, die die «Seele» mit dem Begriff eines separaten, unveränderlichen Ich oder Selbst gleichsetzten und die uns dadurch eines ebenso schönen wie tiefen Wortes beraubten, das – wie das griechische «Psyche» – die Gesamtheit und die organische Ganzheit aller in uns wirkenden und wachsenden Geisteskräfte bezeichnet.

Es wird oft behauptet, daß die Mehrzahl der westlichen Buddhisten die Wiedergeburtsidee nur als eine Arbeitshypothese betrachten. Dabei wird verkannt, daß die meisten von ihnen zum Buddhismus kamen, weil sie von dem Faktum Wiedergeburt und der ihr zugrunde liegenden Gesetzmäßigkeit (Karma) innerlich überzeugt waren. Denn ohne diese Überzeugung wird die buddhistische Lehre sinnlos, weil der Tod dann automatisch die völlige Auslöschung und Vernichtung bedeuten würde, wodurch alles strebende Bemühen zwecklos wäre.

Im Buddhismus nimmt der Terminus *anātman* eine zentrale Stellung ein. Anātman bedeutet im Buddhismus die Nicht-Absolutheit, die Nicht-Ichheit aller Elemente der Wirklichkeit und Erscheinungsformen und daher auch deren Nicht-Begrenztheit und Allbezogenheit sowie Verwandelbarkeit. Denn Wandlungsfähigkeit und Wandelbarkeit allein ist Leben, Beharrung und Starrheit dagegen Tod. Je mehr wir in unserem «Eigensein» beharren wollen, desto sicherer liefern wir uns dem Tode aus. Denn was wir «Sein» nennen, ist ein beständiges, bedingtes Werden und Entwerden, ist ein Vorgang der Verwandlung, in dem es weder ein Gleichbleiben noch eine Verschiedenheit gibt, weder ein Entstehen im Sinne eines ersten Anfangs noch ein Vergehen im Sinne einer absoluten Vernichtung.

Der Buddhismus zeigt Relativität auf im Sinne unendlicher Relationen und Bezugsmöglichkeiten, nicht aber Relativität im Sinne von Relativierung und damit Herabminderung eines bestehenden Wertes oder einer Erscheinungsform. Die Formel des abhängigen und gleichzeitigen Entstehens, die sowohl zeitlich als auch räumlich, das heißt sowohl kausal als auch jenseits aller zeitlich-räumlichen Beziehungen – und damit synchronistisch – aufgefaßt werden kann, wurde in der Vergangenheit oft von Fachgelehrten, die nicht in die Tiefe vordrangen, sowie von Interpreten aller Schattierungen, die im Oberflächlichen steckenblieben, als «Kausalformel» präsentiert. Dadurch glaubte man, dem Buddhismus eine «wissenschaftliche» Grundlage zu geben. Es kam ihnen nicht in den Sinn, daß Kausalität und

Synchronizität sich nicht notwendigerweise ausschließen müssen, worauf schon der Buddha hinwies, als er erklärte, daß der Pratītyasamutpāda in einem viel tieferen Sinne zu verstehen sei und nicht als bloße Abfolge raumzeitlicher Kausalität: nämlich als innere Abhängigkeit einer jeden Erscheinungsform von jeder anderen. Als Ānanda einmal erklärte, daß die Formel des bedingten Entstehens leicht begreiflich und intellektuell befriedigend sei, indem er sie rein zeitlich-kausal interpretierte, rügte ihn der Buddha, indem er auf ihren tiefen, nur schwer erfahrbaren Sinn verwies.

Der Pratītyasamutpāda wurde zu allen Zeiten als eine der zentralen Lehren des Buddhismus betrachtet. Nāgārjuna machte ihn, wie wir aus seinen einleitenden Kārikās ersehen können, zur Grundlage seiner Mādhyamaka-Philosophie, indem er die Formel des abhängigen Entstehens von einer einseitig zeit- und raumbedingten Interpretation loslöste und so die tiefere Bedeutung der Worte *sam-utpāda** in des Buddhas ursprünglicher Sinngebung wiederherstellte. So verstanden kann die Formel sowohl kausal wie synchronistisch-konditional aufgefaßt werden. Das aber erklärt, warum der Buddha die strikte Aufeinanderfolge der Kette vom ersten bis zum letzten Glied der zwölffachen Form des Pratītyasamutpāda nicht durchgehend aufrechterhielt, wodurch er die Relativität der zeitlichen Aufeinanderfolge deutlich machte. So konnte Nāgārjuna mit Recht sagen:

Ohne Entstehen und ohne Vergehen,
Nicht ewig und nicht abgeschnitten,
Weder identisch noch verschieden,
Ohne Gehen und Kommen:
Wer so das abhängige und gleichzeitige Entstehen lehrt,
Das stille Erlöschen aller Argumente,

* *samutpāda* (Skrt.), *samuppāda* (Pali) = Entstehen, Ursprung; *sam* = Präfix, das die Ganzheit und Vereinigung zum Ausdruck bringt; *utpāda* = sich erheben, in Erscheinung treten.

Vor dem Erleuchteten, dem besten aller Lehrer, verneige ich mich.*

Wenn wir diese Voraussetzungen erkannt haben und von ihnen ausgehen, so haben wir einen guten, gefahrlosen Ausgangspunkt für unsere Studien. Wir werden das Wesen des Buddha-Dharma erfassen und unbeirrt unseren Weg meditativer Erfahrung gehen. Der Buddhismus hat das Denken stets als unseren sechsten Sinn betrachtet und seinen rechten Gebrauch gelehrt. Das Denken des Menschen von heute hat sich aber weitgehend verselbständigt: Unser Denken ist ein «Denken des Denkens» geworden, ein Denken aus zweiter Hand – wenn nicht gar aus dritter oder vierter. Es hat seine Unmittelbarkeit verloren und damit seine Fähigkeit, mit den im Leben unmittelbar gegebenen Symbolen zu arbeiten.

So müssen wir nun wieder lernen, die Möglichkeiten unseres Denkens voll auszuschöpfen, indem wir es richtig einsetzen, denn der Intellekt, der auf halbem Wege stehenbleibt, ist das größte Hindernis geistigen Fortschritts. Erst dann, wenn es uns gelingt, mit dem Denken die Grenzen des Denkens zu überschreiten, wenn sich der Intellekt selbstkritisch gegenübersteht, wird er eine wertvolle Hilfe im geistigen Leben. Er ist dann wie das Steuer eines Schiffes, das nur wirken kann, solange das Schiff sich bewegt, und machtlos wird, wenn die Antriebskraft fehlt. So sind Intellekt und Denken nur dann von Wert, wenn eine aus innerem Erleben gespeiste seelische Triebkraft hinter ihnen steht, das heißt, solange das Individuum geistig fortschreitet und über sich selbst und seinen jeweiligen geistigen Standpunkt hinausstrebt. Nur wo solche Bewegung besteht, kann das Denken seine legitimen Funktionen erfüllen, nämlich zu ordnen, zu scheiden, kritisch auszuwählen und die gewählte Richtung beizubehalten.

* Anirodham anutpādam
Anucchedam aśaś vataṃ
Anekārtam anānārtham
Anāgamam anirgamaṃ

Yah pratītyasamutpādaṃ
Prapancopaśamaṃ śivaṃ
Deśayāmāsa sambuddhas
Taṃ vande vadatāṃ varaṃ.

Ein Mensch, der nur von seinen Gefühlen getrieben wird, ist wie ein steuerloses Schiff. Wer aber nur dem Denken verhaftet ist, ist wie ein Schiff ohne Antrieb, dessen Steuer keine Angriffsfläche findet und sich in einer Hin-und-Her-Bewegung erschöpft, die man nur mit «geistigem Leerlauf» bezeichnen kann. Und jener, dessen Denken auf halbem Wege stehenbleibt, ist – um in unserem Gleichnis zu bleiben – einem Steuermann zu vergleichen, der sein Steuerrad nur nach einer Seite dreht und dessen Schiff sich daher ständig im Kreise bewegt. Aber gerade in einer solchen Weise benutzt der Durchschnittsmensch sein Denkvermögen. Wollen wir diesen Zustand überwinden, so dürfen wir das Denken nicht über Bord werfen, sondern müssen einen vollkommeneren, das heißt weniger einseitigen Gebrauch davon machen, indem wir das Denken aus den Gleisen der Gewohnheit befreien und die Grenzen seiner Möglichkeiten voll ausschöpfen lernen. Nur so können wir die Monotonie des tödlichen Kreislaufs durchbrechen und uns in Beziehung setzen zu allem Daseienden, um schließlich den Mut zu finden, an der Grenze des Denk- und Vorstellbaren den Sprung in die Ganzheit unseres eigenen Wesens zu wagen.

Wenn wir unsere begrenzte intellektuelle Haltung überwinden wollen, so müssen wir zunächst einmal unsere Denkfähigkeit und unser Unterscheidungsvermögen voll entwickeln; denn man kann einen Intellekt nicht überwinden, den man nie besessen oder nie beherrscht hat. Denken ist ebenso notwendig für die Überwindung bloßer Gefühlsschwelgerei und geistiger Verworrenheit, wie die Intuition notwendig ist für die Überwindung intellektueller Begrenzungen und begrifflicher Verhaftungen.

Es erscheint paradox, daß das Zen – jene meditative Richtung im Buddhismus des Fernen Ostens, die die Irrationalität so betont in den Vordergrund stellt – mehr Intellektuelle als Nicht-Intellektuelle anspricht. Das Zen hat jedoch – wie alle buddhistischen Schulen – eine vernunftgemäße Grundlage: Es ist weder vom Glauben noch von erstarrten Lehrmeinungen abhängig, sondern allein von direkter Erfahrung und unvoreingenommener Beobachtung. Dennoch basiert Zen als *buddhistische* Schule auf den *allen* buddhistischen Schulen gemeinsamen Einsichten, ohne die Zen kein «Zen» wäre. Diese gemeinsame Grundlage gründet sich auf Erfahrung, also auf jenes Gebiet, auf dem sich Wissenschaft und Mystik begegnen. Der einzige Unterschied zwischen diesen beiden Erfahrungsbereichen besteht darin, daß die Wahrheit der Wissenschaft – da äußeren Objekten zugewandt – «objektiv» beweisbar, oder richtiger, nachweisbar ist, während die der Mystik – auf das Subjekt gerichtet – auf «subjektivem» Erleben beruht.

Wie alle buddhistischen Schulen hält sich auch Zen fern von vorgefaßten Anschauungen, Dogmen und Glaubenssätzen sowie von all dem, was gewöhnlich unter dem Namen «Religion» verstanden wird. Diese Einstellung beeindruckte jene Menschen unserer Zeit, die zu einer wissenschaftlichen, antireligiösen Haltung neigen. Der extreme Individualismus der Zen-Methode, der stärker als in irgendeiner anderen buddhistischen Schule ausgeprägt ist, imponierte dem Intellektuellen ebenso wie die Tatsache, daß Zen Schönheit und Natursinn kultiviert, ein Faktum, das den modernen Ästhetiker anspricht. Aber gerade weil Zen dem modernen Geschmack auf halbem Wege entgegenkommt, besteht die Gefahr einer oberflächlichen Beurteilung und bloßen Übernahme äußerer Ausdrucksformen, die dem inneren Gehalt nicht gerecht wird.

Schon relativ früh hatte man im Buddhismus versucht, die Grenzen des Denkens durch Paradoxa zu durchbrechen. Die ganze Mahāyāna-Literatur ist voll davon, so beispielsweise die Prajñāpāramitā-Sūtras, die Geschichten von den Siddhas und viele Formulierungen in den tantrischen Texten. Aber alle diese Paradoxa sollten lediglich dazu beitragen, unseren Geist aus seinen gewohnten Denkbahnen – den alten Gleisen eines konventionellen Denkens sowie dem Haften an erstarrten Dogmen – zu befreien und aufzurütteln. Allein darin liegt ihr Sinn, ihre Nützlichkeit und Heilsamkeit. Wenn jedoch das Denken in

Paradoxa zu einer Art intellektuellem Spiel wird, verfehlt es seinen Zweck und führt nur zu Zynismus und zu einer Vernichtung aller Werte.

Hier unterscheiden sich die alten buddhistischen Schulen von der modernen intellektuellen Haltung, die sich mit ihrer Freiheit von religiösen und traditionellen Werten brüstet. Alle buddhistischen Schulen (einschließlich Ch'an und Zen) haben immer die Würde und den Wert des Menschen und den aller lebenden Wesen – mögen diese auch noch so unbedeutend erscheinen – betont, da sie in jeder Lebensform einen Exponenten und einen in seiner Art einmaligen Ausdruck und Schnittpunkt aller Kraftlinien des Alls sahen. So war der Buddhismus in allen seinen Schulen weder agnostisch noch libertinistisch, wie es der moderne Mensch so oft ist, der den Glauben an sich und die Welt verloren hat. Darum muß auch ein Buddhismus der Gegenwart, der in die Zukunft weisen will, wieder und immer wieder erneut diese alten, tiefen Überzeugungen in das Bewußtsein der Menschen rücken, die aus der Erfahrung der kosmischen Ordnung (Dharma) und eines sie durchwaltenden Sinnes (nicht zu verwechseln mit dem «Zweck» eines teleologischen Systems) geboren wurden, in dem das individuelle Erleben ebenso wichtig ist wie das abstrakte Gesetz.

Es ist an der Zeit, auch im Westen endlich zu erkennen, daß das Unkonventionelle einzelner Mahāyāna-Schulen nur gegen den Hintergrund einer tiefen metaphysischen Tradition zu verstehen ist, die so lebendig war, daß sie konventionellen Begriffen entsagen konnte. Die Ablehnung religiöser Dogmen und überlieferter Formen (wie beispielsweise durch die Siddhas) entsprang weder einer skeptischen Geisteshaltung noch der Freude, andere Menschen durch libertinistische Reden oder Handlungen zu schockieren, sondern einer inneren Gewißheit, die aus einem tiefen Erlebnis der Wirklichkeit entstanden war. Denn Menschen «glauben» nur dann an bestimmte Dinge, wenn sie ihrer nicht gewiß sind. Niemand muß an die Sonne «glauben», denn er sieht sie, fühlt ihre Wärme und lebt in ihrem

Licht. In gleicher Weise wird ein Buddhist nicht an den Werten religiöser Erfahrung zweifeln, wenn auch an manchen der historisch angewandten Methoden.

So ist es eine der Aufgaben buddhistischer Schulen in unserer Zeit, dem Menschen der Gegenwart einen direkten Zugang zu jenen Werten und Kräften zu eröffnen, die der Urgrund aller Kultur, Religion und meditativen Praxis sind. Wenn jedoch Menschen, die den Zusammenhang mit diesen Kräften und Werten verloren haben, Methoden wie Ch'an, Zen und Vajrayāna in einem geistigen Vakuum anzuwenden versuchen, dann werden sie kaum über ein intellektuelles Jonglieren und Spielen sowie über einen flachen Ästhetizismus hinauskommen. Dann wird Ch'an, Zen oder die Lehre der Siddhas nur zu einer Entschuldigung, so zu leben, wie man es schon immer tat, indem man den gleichen Handlungen nur eine neue Etikette aufklebt. Da wird dann Unbeherrschtheit zur Spontaneität erhoben, Schwäche zur Gewaltlosigkeit, Trägheit zum Ideal des Nichthandelns gemacht, Mangel an Logik zu geistigem Tiefgang erklärt und als «Überwindung begrifflichen Denkens» proklamiert, wie denn Gefühlsschwärmerei und wildes Phantasieren als «Inspiration» ausgegeben werden.

Wenn wir daher – im Rahmen einer Verarbeitung der gesamten buddhistischen Tradition – auch Ch'an, Zen und die Lehren der Siddhas als essentiell mit in unsere geistige Disziplin und Methodik einbeziehen, so kann dies nur erfolgreich sein, wenn unser Vorgehen von einer echten religiösen Haltung getragen wird, die gegen den Hintergrund einer lebendigen buddhistischen Tradition richtungbestimmend den Weg zur Tiefe erschließt und damit unser Leben wandelt. Nur so werden wir über eine immer sich weitende Erfahrung Einsicht in das Wesen der Wirklichkeit gewinnen, um am Ende zu jener Vollkommenheit der Erkenntnis zu gelangen, die die transzendente Weisheit (Prajñāpāramitā) ist.

3 SITTLICHKEIT IM REIFUNGSPROZESS DER MENSCHLICHEN PERSÖNLICHKEIT

Sittliches wie ethisches Verhalten sollte der natürliche Ausdruck religiösen Erlebens und echten mitfühlenden menschlichen Empfindens sein. Nie aber darf es zum Ausgangspunkt einer religiösen Weltschau gemacht werden, da es sonst zu etwas künstlich Aufgepfropftem beziehungsweise zu etwas zwanghaft Induziertem würde. Zweifellos haben Religionen oft den Standpunkt vertreten, daß man Menschen allein durch Angst und Furcht zu einem sozial angepaßten Verhalten führen könne. Das Ergebnis war, daß viele Menschen sich aus Furcht vor einer «gottgesandten» Strafe bei Fehlverhalten «religiösadäquat» verhielten oder weil sie sich im Falle ihres Gehorsams Belohnungen erhofften, wenn nicht in dieser Welt, so zumindest in einem Himmel nach dem Tode.

Angst und Furcht aber sind keine Mittel, um echte Religiosität oder um ein wirklich ethisch-moralisches Empfinden und Handeln in einem Menschen zu erwecken. Doch haben Vorstellungen, die in uns wachgerufen werden oder die wir in uns erschaffen, eine lang anhaltende Wirkung auf unser Fühlen, Denken und Tun und damit auf unsere gesamte Charakterentwicklung: Wenn ein Mensch sich in die Angstvorstellungen von «Höllen» vertieft, so wird er mehr und mehr in Angst geraten und darüber in ein zwanghaftes, dogmengetreues Handeln. Vertieft er sich jedoch in freudevolle Stimmungen wie Liebe, Mitempfinden, Mitfreude, so wird er mehr und mehr von innerer Heiterkeit erfüllt und sich aus Mitmenschlichkeit zu einer freien und zugleich in Verantwortlichkeit sozial eingebundenen Persönlichkeit entfalten.

Die Lehre des Buddha kannte von Anfang an nur *eine* Zielsetzung: das Leid von allen fühlenden Wesen zu nehmen und sie glücklich, freudig und frei zu machen. Daher ist alles, was Menschen in Angst versetzt, was sie in Fesseln legt, sie Furcht empfinden läßt und sie an das Leiden bindet, im Widerspruch zum Dharma des Erhabenen.

Es ist nicht die Aufgabe einer Religion, bestimmte moralische Ansichten und sittliche Forderungen dogmatisch zu proklamieren. Das Religiöse ist vielmehr eine dem Menschen eingeborene psychische Gerichtetheit, eine Art geistige Zentrifugalkraft, die den zentripetalen Tendenzen des natürlichen Egoismus entgegenwirkt und diese weitgehend ausgleicht. So hat Religion – wie auch das Leben – ihren Sinn in sich selbst: Sie ist eine geistige Lebensform, eine individuelle Bewußtseinsintensivierung auf überindividueller oder gar kosmischer Grundlage, denn es gehört zu ihrem Wesen, das Individuum aus seiner Vereinzelung herauszuheben und es zum Gemeinschaftswesen und schließlich zum kosmischen Wesen zu machen. In diesem Reifungs- und Entwicklungsprozeß entfaltet sich der Mensch zu einer Individualität, deren sittliches Handeln natürlicher Ausdruck ihres Fühlens und Denkens ist, frei von irgendwelchen Zwängen.

Wie bereits erwähnt, war die Gleichsetzung von Religion und Moral der verhängnisvollste Irrtum der Menschheit, und Maßstäbe wie «gut» und «böse» haben nichts mit der Religion als solcher zu tun. So kennt denn auch die Ethik des Buddhismus keine «Du-mußt»- und «Du-sollst»-Vorschriften: Jeder wird hier als Individuum entsprechend dem Reifegrad seiner Einsicht und geistigen Entwicklung in seine volle Eigenverantwortung gestellt.

Die buddhistische Psychologie lehrt uns, daß das Verhalten eines Individuums drei Tendenzen hat: die des Begehrens, die des Zurückweisens (Widerstrebens) und diejenige, die von beiden Extremen frei ist. Begierde gehört aber (ebenso wie auch der Widerwille) in das Gebiet des Triebhaften und der Idiosynkrasien und ist daher dem freien Willen nicht unterworfen. Begierde wie Widerwille sind Ausdruck eines Zustandes der Gebundenheit und stehen im Gegensatz zur dritten Verhaltensart, die ein Zustand der Freiheit ist. Gebundenheit setzt aber voraus, daß eine Kraft wirksam ist und zugleich etwas, das diese Kraft hemmt, wodurch ein Spannungsverhältnis zwischen zwei sich polar gegenüberstehenden Systemen entsteht. Dabei ist das eine System das des «Ich-Komplexes», und das andere System stellt die Komplexität dessen dar, was wir «Welt» nennen.

Der Versuch, diese sich als Begierde manifestierende Spannung auszugleichen, besteht einerseits im Versuch, sie zu befriedigen, das heißt in dem Versuch, Teile des einen Systems dem anderen einzuverleiben, und andererseits im Bemühen, die der Befriedigung entgegenstehenden Kräfte zu vernichten, das heißt, die Kräfte des einen Systems durch die des anderen zurückzustoßen oder im Rückstoß aufzuheben. Doch solche Versuche sind in beiden Phasen von vornherein zum Mißlingen verurteilt: Jeder Stoß bewirkt einen ebenso großen Rückstoß, jeder Widerwille erzeugt wieder einen Willen und jedes Entgegenstemmen erzeugt erhöhten Widerstand. Analog finden wir in einer anderen Phase, daß Begierde im gleichen Maße wächst, wie wir ihr nachgehen und nachgeben. Jeder Befriedigungsakt ist der Keim (das heißt die fortwirkende Ursache) zu neuer Begierde. Diese aber ist wie die saugende Kraft eines Vakuums und kann durch nichts aufgehoben werden als durch die Aufhebung ihrer Ursache, das heißt durch die Aufhebung des Vakuums selbst. Ist dieses aber ebenso unbegrenzt wie das ihm gegenüberstehende Nicht-Vakuum, so ist die Aufhebung der Spannung auf dem Wege des Ausgleichs unmöglich.

Ein solches nicht abgrenzbares Vakuum ist nun das «Ich», wenn es als eine selbständige Entität konzipiert wird, denn es ist in dieser Form eine Abstraktion von allem wahrnehmbar Daseienden: ein reiner Ausfallswert, ein ideelles Vakuum, eine Illusion. Die saugende Eigenschaft dieses Vakuums äußert sich sowohl im Begehren wie in seiner Kehrseite: im Widerwillen gegen alles, das sich der Befriedigung des Begehrens entgegensetzt. Durch Hemmung jedoch entstehen im saugenden Strom «Wirbel», die um so stärker und hemmender sind, je intensiver die Saugkraft ist. Da nun die Illusion gerade darin besteht, das konzipierte Ich als «absolut» aufzufassen, so ist jeder Ausgleich von vornherein unmöglich, und wir können in diesem Fall von dem erwähnten «unbegrenzten Vakuum» sprechen. Die Unmöglichkeit des Spannungsausgleichs, die völlige Diskrepanz zwischen subjektivem Willen und objektiven Gegebenheiten, die Disharmonie zwischen Vorstellung und Wirklichkeit ist das, was wir «Leiden» nennen.

Die Überwindung dieser Disharmonie und dieser Idiosynkrasien beziehungsweise die Lösung der oben erwähnten Bindung, kurz: die Erlösung in den Zustand der inneren Freiheit geschieht *nicht* durch Bekämpfung des Willens, sondern durch Aufhebung des Vakuums, das heißt durch die Vernichtung der Illusion von einem ewigen, unveränderlichen Ich oder Selbst. Mit anderen Worten: Alles Leid in dieser Welt entsteht aus einer falschen Einstellung. Die Welt ist weder gut noch böse. Erst das Verhältnis unseres Ich zu ihr läßt sie uns als das eine oder das andere erscheinen.

Während die Religionen der Vergangenheit weitgehend von ihren Anhängern die gläubige Annahme von unbewiesenen Glaubenssätzen verlangten, wollte der Buddha auf seinem Wege keine blinden Nachfolger, die unbesehen seine Anweisungen ausführen, ohne ihren Grund oder ihre Notwendigkeit zu erkennen. Für ihn lag der Wert des menschlichen Handelns nicht in der erzielten äußeren Wirkung, sondern allein in dem Beweggrund der Tat, das heißt in der Gerichtetheit und Haltung des Bewußtseins, aus dem der entsprechende Impuls entsprang. Er wollte, wie er in seiner berühmten Rede an die Kalamer* ausführte, daß seine Jünger ihm aus eigener Einsicht in die Wahrheit des von ihm dargelegten Dharma folgten und nicht bloß aufgrund ihres Glaubens an die Überlegenheit seiner Weisheit oder seiner Person. Der einzige Glaube, den er von seinen Schülern erwartete, war der Glaube an ihre eigenen inneren Kräfte. Deshalb setzte er Samyag Dṛṣṭi (die vollkommene Anschauung und Einsicht beziehungsweise das Erlebnis der Vier Edlen Wahrheiten) an den Beginn seines Edlen Achtfachen Pfades. Erst die aus diesem Erleben erwachsende Geisteshaltung kann dann den vollkommenen Entschluß, der den ganzen Menschen erfaßt, reifen lassen, durch den unsere gesamte menschliche Persönlichkeit einen Wandel in Gedanken, Worten und Taten erfährt, der im weiteren Verlauf durch vollkommene Verinnerlichung und Vertiefung zur völligen Erleuchtung führt.

Begehren und Ablehnung oder – in allgemein üblicher buddhistischer Terminologie – Gier (Lobha) und Haß (Doṣa) werden hier als Haupthindernisse auf dem Wege erkannt. Der Geist muß sich von diesen ihn hemmenden Eigenschaften durch Entwicklung fördernder Gegenkräfte befreien, nämlich durch Freigebigkeit (Dāna) und Nächstenliebe (Maitrī), welche die genauen Entsprechungen von Nicht-Gier und Nicht-Haß sind.

Hat ein Mensch dies erst einmal in seinem tiefsten Innern, in Herz und Geist erkannt und hat er dann nur noch den einen Wunsch, Erleuchtung zum Heile aller Wesen zu erlangen, so ergibt sich für ihn wie von selbst das, was auf diesem Wege «heilsam» (kuśala) und «nicht-heilsam» (akuśala) ist. So wird er, der die Wahrheit sucht, nicht lügen, und da er das Wohl aller Wesen im Auge hat, wird er von übler Nachrede und verletzender Sprechweise wie von allem eitlen und dummen Geschwätz abstehen.

Dieses Aufgeben negativ wirkender Verhaltensweisen wirkt sich in einem ihn selbst und andere Wesen fördernden positiven Sinne aus. So heißt es im *Anguttara-Nikāya* 4, 198, 209: «Er

---

* *Anguttara-Nikāya* 3,66

spricht die Wahrheit, ist der Wahrheit zugetan, zuverlässig, vertrauenswürdig. Er spricht nie wissentlich eine Lüge, weder zu seinem eigenen Vorteil, noch zum Vorteil eines anderen oder aufgrund irgendeines anderen Vorteils, was immer dieser auch sein mag. Was er hier gehört hat, wiederholt er nicht an anderem Ort, um Unfrieden zu stiften, vielmehr schafft er Eintracht unter denen, die entzweit waren, und diejenigen, die vereint waren, ermutigt er. Eintracht erfreut ihn; er ist beglückt und begeistert über Eintracht, und es ist Eintracht, was er durch seine Worte erschafft. Er vermeidet grobe Rede und spricht Worte, die sanft und angenehm dem Ohre sind, dabei besänftigend, liebevoll, zu Herzen gehend, höflich, gewinnend und vielen zur Freude. Er vermeidet eitle Rede und spricht zur rechten Zeit den Tatsachen gemäß. Er spricht, was förderlich ist, er spricht über den Dharma und die Disziplinierung des Geistes. Seine Rede ist wie ein kostbarer Schatz: Er spricht im richtigen Augenblick, alles, was er sagt, begründend, im Ausdruck gemäßigt und den Sinn für einen jeden klar herausarbeitend. Dies nennt man vollkommene Rede.»

Auch der nächste Schritt auf dem Edlen Achtfachen Pfade – die Vollkommenheit des Handelns (Skrt.: Samyak-Karmānta) – wird zunächst negativ dargestellt als ein Abstehen vom Töten und Stehlen sowie von geschlechtlicher Besessenheit. Auch ein solches Tun und Handeln kann nur dann vollkommen (Samyak) genannt werden, wenn es nicht einer unter sozialem Druck oder aus egoistischen Gründen auf sich genommenen Disziplinierung entspringt, sondern einer Haltung, die aus vollkommener Einsicht innerlich reifte und mit dem aus diesem Erleben geborenen vollkommenen Entschluß harmonisch übereinstimmt. Dann erst nämlich werden wir in der Lage sein, «ohne Stock und ohne Schwert (ohne Anwendung von äußerer Gewalt oder Zwang) gewissenhaft und voller Mitgefühl auf das Wohlsein aller Mitwesen bedacht zu sein.»*

* *Digha-Nikāya* 2.

Daß ein solcher Mensch keinen Beruf wählen und keiner Beschäftigung nachgehen wird, die dem Wohlsein anderer Wesen abträglich ist, wie beispielsweise Waffenhandwerk, Handel mit Waffen, mit Lebewesen, mit Fleisch, mit berauschenden Getränken und mit lebensgefährdenden Giften (wie beispielsweise Drogen), und daß er keine Berufe ausübt, die mit Töten, Quälen, Betrug, Verrat, Hinterhältigkeit, Wucherei, Bestechlichkeit oder Wahrsagerei zu tun haben, ist eine Selbstverständlichkeit; nach einem so entscheidenden Wandel der Persönlichkeit wäre ihm das auch nicht mehr möglich. Auf diese Weise vervollkommnet er seine Lebensführung, die in den Augen der anderen als ein Leben der Reinheit, der Gerechtigkeit und des Wirkens für die Gemeinschaft erscheint: Sie erweist sich als heilsam für ihn selbst wie für andere, dient beider körperlicher und geistiger Wohlfahrt und ist ganz in den Dienst aller Wesen gestellt, ohne daß es der Lockungen eines Schöpfergottes mit himmlischen Belohnungen oder der Androhung höllischer Strafen bedarf.

Ist ein Mensch aufgrund seines inneren Erlebens soweit gereift, so wird das, was ihn auf seinem Wege hemmen könnte und für ihn nicht heilsam wäre, kaum noch in seinem Geiste entstehen. Wo es aufgrund alter Gewohnheiten vielleicht noch einmal auftaucht, wird er es zurückweisen und die positiven heilsamen Kräfte, die ihn mit sich selbst und der Umwelt in Harmonie bringen, bewußt hervorbringen und pflegen. Dadurch entwickelt und kultiviert er jene sieben Faktoren, die in ihrer Komplexität und gegenseitigen Bezogenheit den Durchbruch zur Erleuchtung vorbereiten. Diese «Sieben Glieder der Erleuchtung» (Skrt.: Sapta-Sambodhyaṅga, Pali: Satta Sambojjhanga) sind: Vergegenwärtigung in klarer Bewußtheit (Skrt.: Smṛti, Pali: Sati), Wahrheitserforschung (Skrt.: Dharmavicaya), heldischer Einsatz und Tatkraft (Skrt.: Vīrya), Inspiration und Begeisterung (Skrt.: Prīti), innere Gelöstheit und heitere Ruhe (Skrt.: Praśrabdhi), Verinnerlichung und Integration (Skrt.: Samādhi) sowie von allen Begrenzungen freie Zuwendung zu allen Wesen, die zugleich Gleichmut allem gegenüber entstehen läßt, was uns selbst betrifft (Skrt.: Upekṣā).

Durch die ständige Arbeit an sich selbst und die Kultivierung der sieben Erleuchtungsfaktoren wird er dann eines Tages in der Lage sein, den siebenten Schritt auf dem Edlen Achtfachen Pfade zu verwirklichen: die vollkommene Vergegenwärtigung (Samyak-Smṛti). Durch das klare, vollbewußte Gegenwärtigsein erfahren wir unmittelbar die dynamischen Abläufe des Körperlichen, der Empfindungen, des Geistes und der Geistobjekte. Dieses aus der Unmittelbarkeit gewonnene vertiefte Erleben aber führt zu einer weiteren Beschleunigung des Wandels unserer Persönlichkeit, die schließlich zu Samyak-Samādhi, der Verdichtung und Intensivierung des Bewußtseins selbst führt, das heißt zu einer Transformation des Bewußtseins, in dem die Spannung zwischen Subjekt und Objekt, die durch begriffliche Unterscheidung geschaffen wird, durch die integrierende Kraft reinen Erlebens aufgehoben ist. «Rein» nennen wir dieses Erleben deshalb, weil es weder durch das Medium des Denkens noch durch irgendwelche vorgefaßten Ideen reflektiert oder gefärbt wird und somit frei ist von Verblendung und ihren Begleiterscheinungen, nämlich Begehren und Aversion, Angezogensein und Sich-Abgestoßenfühlen. Wenn dieses Erleben nun tief genug ist, um unser ganzes Bewußtsein bis in unsere tiefsten Wurzeln (Skrt.: Saṃskāras) zu durchdringen unter Aufdeckung unserer ursprünglichsten Motive (Hetu), dann wird Nirvāṇa verwirklicht.

Selbst wenn solches Erleben von geringerer Intensität ist und nur einen zeitlichen und begrenzten Einfluß auf unseren Geist ausübt, wird es dennoch dazu beitragen, unseren Horizont zu erweitern, unser Vertrauen zu stärken, unsere Einsicht zu vertiefen, unsere Vorurteile abzuschwächen und unsere Bestrebungen zu läutern.

Fassen wir das bisher Gesagte noch einmal zusammen: Der Anfang auf dem Wege zur höchsten Erkenntnis, das heißt auf dem Wege zur vollkommenen Erleuchtung, liegt im ehrlichen

Wahrheitsstreben und in der unvoreingenommenen Anerkennung der Lebensgesetze, soweit sie im Bereich der normalen menschlichen Erfahrung liegen. Dies ist mit Samyag-Dṛṣṭi als dem ersten Schritt auf dem Edlen Achtfachen Pfade gemeint. Es ist bedeutsam für die geistige Haltung des Buddhismus, daß er Erkenntnis und Einsicht als den ersten Schritt auf dem Erlösungspfad betrachtet und nicht die Befolgung eines durch Überlieferung oder religiöse Gebote festgelegten Moralgesetzes. Für den Buddhisten ist Sittlichkeit der praktische Ausdruck seines Erkenntnisniveaus. Denn würde er nur deshalb gewisse Sittenregeln befolgen, weil er Strafe fürchtet oder Belohnung erwartet, so würde seine sogenannte Moral jedes ethischen Wertes entbehren.

Vom buddhistischen Standpunkt aus ist Sittlichkeit nicht Ursache, sondern Auswirkung unserer geistigen Haltung. Die Harmonie zwischen dieser Haltung und unserem Handeln, das heißt unsere innere Wahrhaftigkeit, ist die wirkliche Bedeutung von Śīla, dessen wörtliche Übersetzung «Übung» ist. Aus diesem Grunde ist auch Samādhi – die innere Integration und Ganzwerdung – nicht möglich ohne Śīla, denn Sammlung und Einswerdung können nicht ohne innere Harmonie verwirklicht werden. Und so wie Śīla das Ergebnis der Harmonie zwischen unseren Überzeugungen und unseren Handlungen ist, so entsteht Weisheit (Prajñā) aus der Harmonie zwischen unserem Geist und den Gesetzen der Wirklichkeit und Samādhi aus der Harmonie zwischen unserem Gefühl, unserem Wissen und unserem Wollen, ist also der Einklang aller unserer schöpferischen Kräfte im Erlebnis einer höheren Wirklichkeit.

In seinem Erleuchtungserlebnis hatte der Buddha die drei Wurzelursachen (Hetu) erkannt, die uns immer wieder in leidhafte Existenzen verstricken und die im Grunde nichts anderes sind als die drei Erscheinungsformen des Nichtwissens (Avidyā), zu deren Überwindung das ganze Gebäude der buddhistischen Heilslehre geschaffen wurde. Die Überwindung der drei unheilsamen Wurzelursachen – Gier, Haß und Wahn – erfolgt durch Begierdelosigkeit, Haßlosigkeit und Wahnlosigkeit, was eine Umwertung aller bisherigen Werte mit sich bringt, wobei Begierdelosigkeit der inneren Freiheit gleichzusetzen ist, Haßlosigkeit der Sympathie und Wahnlosigkeit der Einsicht und dem Wissen.

Diese Methode, durch negative Ausdrücke und Definitionen positive Ziele und Ideen auszudrücken, zeigt den Wirklichkeitssinn des Buddhismus. Positive Begriffe sind da, um etwas greifbar zu machen beziehungsweise zu begrenzen: Wenn man feststellt, etwas sei grün, so schließt man alle anderen Farben aus außer dem Grün; sagt man jedoch, etwas sei nicht grün, so läßt man alle Farben bis auf das Grün zu. Die Wirklichkeit unserer Erfahrung kennt keine Grenzen und Abgrenzungen, da alles im Fluß ist. Wenn es nun unser Ziel ist, das Gegenteil der Wirklichkeit, nämlich die Verblendung – deren Synonym «Nichtwissen» ist – aufzuheben, dann können nur negative Begriffe zureichend sein, weil es sich nicht um etwas Neues oder nie Dagewesenes handelt, was der Wirklichkeit entgegensteht. Hier geht es vielmehr darum, das aus dem Wege zu räumen, was uns an der Erkenntnis der Wirklichkeit hindert. Menschen, die nicht einsehen, was dadurch gewonnen werden kann, mag dies als eine rein negative Beschäftigung erscheinen. Aber ist nicht alles wahrhaft Schöpferische im Grunde Überwindung unserer Hemmungen, und könnte man Genie nicht, wie Dahlke es einmal formulierte, in gewissem Sinne als «erhaltene Unbefangenheit» charakterisieren?

Der Weise, der Heilige und mehr noch der Erleuchtete ist ein Mensch, der alle Schranken in sich niedergerissen hat, der sich aller Beschränkungen entledigte und der so zum schöpferischen Bereich durchgebrochen ist. Er ist selber der vollkommenste Ausdruck seines Wirkens geworden und somit der sich selbst Gestaltende und Entstaltende: der im Gestalten und Entstalten sich befreiende Mensch. So ist er zu einem lebendigen Brennpunkt der Wirklichkeit geworden, die weit über seine individuellen Grenzen hinausgeht. Während diejenigen, die diese Reinheit des Geistes noch nicht erreicht haben, sich durch ihre eigenen Handlungen binden, befreit der Heilige sich in seinem Werk. Er ist «jenseits von Gut und Böse», ganz abgesehen von der Relativität dieser Begriffe, deren Wertigkeit sich auf jeder Geistesstufe des buddhistischen Heilsweges verändert, so daß man fast sagen kann, daß der eine der Ausfallswert des anderen sei und daß nach völliger Überwindung des Nichtwissens alle Gegensätzlichkeit aufgehoben ist. So gereicht dem Vollendeten zur Ehre, was bei anderen Menschen als ein Manko angesehen werden könnte. Umgekehrt sind alle die Eigenschaften, die man gewöhnlich als «gut» bezeichnen würde, für den Vollendeten die einzig möglichen.

Daraus aber wird deutlich, daß ein Vollendeter sich nie vollkommen passiv verhält, obwohl er weder Gutes noch Böses tut, was beides gleichermaßen in seiner Macht läge. Und so hat er auch die «bösen» menschlichen Eigenschaften nicht in sich ausgerottet, so daß nur die «guten» übriggeblieben wären, die nun infolge der fehlenden Gegenkräfte nicht mehr als «gut» gelten oder so genannt werden könnten. Vielmehr ist seine Einstellung eine andere geworden, weil die gewohnten Vorurteile, geboren aus dem Nichtwissen, gefallen sind und damit auch jene Hemmungen, die im buddhistischen Sinne als «unheilsam» gelten, nicht mehr existieren.

So ist er im wahrsten Sinne «heil», «ganz», «vollständig», in sich eins, das heißt «gesund» geworden. Er hat die Krankheit jener durch Ich-Illusion verursachten Entzweiung überwunden, die im dauernden Zwiespalt mit der Wirklichkeit steht und welche die Ursache von «gut» und «böse» ist. Und eben deshalb geht es nicht darum, irgendeiner vitalen Eigenschaft zu entsagen, sondern vielmehr um die Behebung einer Gleichgewichtsstörung bestehender Kräfte, durch deren Wiederausbalancierung nichts vernichtet und nichts hinzugeschaffen wird. So wie man bei einer unbelasteten Waage, deren Schalen nicht ausbalanciert sind, diesen Fehler dadurch behebt, daß man den Schwerpunkt des Waagebalkens verschiebt und nicht als Ausgleich die höherstehende Schale mehr belastet, so muß auch die Disharmonie der menschlichen Psyche durch Verlegung des Schwerpunktes aus dem «Ich» in das «Nicht-Ich» behoben werden.

In diesem Zusammenhang wird der im Buddhismus immer wieder gebrauchte Ausdruck «heilsam» und «unheilsam» (kuśala und akuśala) verständlich, weil Begriffe wie «gut» und «böse» dem buddhistischen Standpunkt ebensowenig gerecht werden wie «moralisch» und «unmoralisch». Deshalb kann der Buddhist die Konzeption der Sünde ebensowenig anerkennen wie die Idee eines Gottes, der etwas verbietet oder befiehlt und gegen dessen Gebote man sich versündigen könnte. Für ihn gibt es allein Irrtum, Nichtwissen, Verblendung, und jedes Denken und Handeln, das daraus resultiert, ist für den Urheber selbst am unheilvollsten. Dementsprechend ist die Auswirkung einer Handlung oder eines Denkaktes insofern als «heilsam» oder «unheilsam» zu bezeichnen, wie diese mit der Wirklichkeit übereinstimmt oder nicht, entsprechend der Erkenntnis oder Nichterkenntnis dieser Wirklichkeit.

Daraus aber wird ersichtlich, daß weder die Überwindung der Begierde noch die des Hasses zur völligen Befreiung ausreichend sind. Die Überwindung der Begierde führt bestenfalls zur extremen Genügsamkeit eines asketisch-einfachen Lebens. Die Überwindung des Hasses führt zur Duldsamkeit oder im positiven Falle zur Nächstenliebe. Doch der Genügsame ist ebensowenig ein Vollendeter wie der Mitleidige, so hoch sie auch über dem Durchschnitt der Menschen stehen mögen. Erst die Erkenntnis, das Abwerfen der Illusion und der geistigen Beschränkung, das Über-den-Dingen-Stehen gibt der Begierdelosigkeit und der Nächstenliebe ihren Sinn und macht diese Eigenschaften zu Attributen des Vollendeten.

So wie Begierde und Widerwillen oder Haß die beiden einander entgegengesetzten Erscheinungsformen des Nichtwissens sind, welche einander so bedingen wie der positive und der negative Pol eines Magneten, von denen der eine anziehend und der andere abstoßend wirkt, so sind Begierdefreiheit und Sympathie der negative und der positive Pol der Überwindung der Ich-Illusion beziehungsweise die notwendige Auswirkung aufgehender Erkenntnis der Wirklichkeit, in der kein Platz mehr für ein «Ich» und somit weder für Egoismus in begehrender noch in gehässig zurückstoßender Form ist.

Doch forderte der Buddha nicht Askese als eine unabdingbare Voraussetzung für seinen Weg zur Erleuchtung? Bevor wir auf diese Frage eingehen können, müssen wir zunächst die Frage klären, was wir unter «Askese» und unter «Erleuchtung» zu verstehen haben. *Askese* hat viele Erscheinungsformen, die von den extremsten Arten der Selbstquälerei bis hin zu den sublimsten Formen der Selbstzucht reichen. All diesen Formen gemeinsam ist Entsagung, Enthaltsamkeit, Abstehen von Vergnügungen und Bequemlichkeiten sowie die Verleugnung von Wünschen und Neigungen. Die indische Geschichte zeigt, daß Askese um der verschiedensten Ziele willen geübt wurde. Wenn nun das Ziel einer solchen Askese die Erleuchtung ist, so können wir nur dann darüber entscheiden, ob sie das rechte Mittel zur Erreichung dieses Zieles ist, wenn wir wissen, was das Wesen der Erleuchtung ausmacht.

Erleuchtung ist – wenn wir von dem Worte ausgehen – augenscheinlich die Überwindung und Vertreibung von Dunkelheit. Da in unserem speziellen Fall die Vorstellungen von Licht und Dunkelheit in Beziehung zu unserem Bewußtsein und unseren geistigen Fähigkeiten gesetzt werden, kommt sie der Beseitigung all jener Hindernisse gleich, welche das Licht der Erkenntnis verdunkeln oder ihm den Weg versperren. Dabei ist es völlig gleichgültig, ob man annimmt, daß dieses Licht uns von außen herkommend erfüllt, oder ob das Licht eine unserem Geiste immanente Eigenschaft ist. Wichtig ist lediglich, daß wir die *Art* der Hindernisse erkennen und die Methode zu ihrer Beseitigung herausfinden.

Wie wir im vorausgegangenen sahen, erkannte der Buddha als Hindernisse Gier, Haß und Nichtwissen beziehungsweise

Ich-Wahn. Erleuchtung wird folglich erlangt durch die Überwindung dieser drei Hemmnisse. Gier und Haß sind – wie wir auch bereits feststellten – die emotionalen Extreme der Ichverhaftung in Form von Anziehung und Abstoßung, wobei Gier die hemmungslose Anziehung und Haß seine Umkehrung in hemmungslosen Widerwillen ist.

Der Grund, warum wir ein Ding begehren und ein anderes verabscheuen, liegt in unserer Gewohnheit, alle Dinge auf uns selber zu beziehen, das heißt auf unser als eine ewige, ständig sich gleichbleibende Größe konzipiertes «Ich». So ist es uns in unserer Verblendung und Egozentrik unmöglich, die Dinge unparteiisch und objektiv zu sehen, wodurch alle unsere Illusionen entstehen. Gier, Haß und Wahn können somit auf einen gemeinsamen Nenner gebracht werden: den der Illusion einer Isoliertheit unseres falsch konzipierten Ich von allem anderen Geschehen und Leben. Das aber ist nach der Lehre des Buddha die Ursache für die Entstehung unserer geistigen Blindheit und damit unseres Leidens.

Die Heilung besteht in der radikalen Aufhebung der Illusion eines gesonderten Ichseins und ihrer emotionalen Entsprechung: des Egoismus. Doch wenn wir auch verstandesmäßig die Art der Illusion begreifen, so können wir uns doch noch lange nicht gefühlsmäßig von dieser Illusion befreien, die tief in unserem Unterbewußten wurzelt und Bestandteil unserer innersten Natur geworden ist. Wir müssen deshalb den Weg der Entwicklung zurückverfolgen, der von den Symptomen zum Ursprung, das heißt zur wirklichen Ursache, zurückführt. Wenn wir darüber hinaus unser Begehren mehr und mehr einschränken, so haben wir immer weniger Ursache, uns an irgend etwas zu verhaften oder Widerwillen gegen irgend etwas zu empfinden, was unsere Wünsche durchkreuzen könnte. In dem Maße, in dem uns dies gelingt, verliert die Ich-Illusion Gewalt über uns, weil wir im Augenblick des Loslassens eine neue Freiheit und einen neuen Frieden erleben, durch den sich uns die Wahrheit von der Grenzenlosigkeit unserer Natur offenbart in einer Erfahrung, die über eine bloß verstandesmäßig gewonnene Überzeugung weit hinausgeht.

Zwar mögen uns durch Denken gewonnene Einsichten bis zu einem gewissen Punkt weiterhelfen, doch können sie ebensowenig eine echte Heilung vollbringen wie das bloße Lesen oder Verstehen einer medizinischen Verordnung: Man kann nur geheilt werden, wenn man die Anweisungen des Arztes befolgt und die Medizin regelmäßig einnimmt. Wenn wir uns also überzeugt haben, daß durch Verminderung unserer Wünsche manche der Haupthindernisse auf dem Wege zur Erleuchtung beseitigt werden können, so sollten wir diese Einsicht in die Praxis umsetzen. Und hier können nun die verschiedenen Formen der Entsagung und Selbstzucht, die für die Askese charakteristisch sind, geübt werden.

Hat man ein erhabenes und hohes Ziel vor Augen, so ist man bereit, dafür Opfer zu bringen. Für den Buddhisten ist die Erleuchtung das einzig erstrebenswerte Ziel, für das sich jedes Opfer lohnt. So ist er bereit, Geringeres um des Größeren willen aufzugeben, und handelt damit weise. Ein Narr aber wäre er, wenn er das aufgäbe, was er kennt, besitzt und schätzt, für etwas, dessen Wert fraglich ist. So ist Askese, gleich welcher Art, für sich genommen ohne jeglichen Wert. Sie gewinnt ihren Sinn erst dadurch, daß sie in angemessener Weise für ein klar umrissenes Ziel eingesetzt wird. Dabei müssen die angewandten Mittel dem eingeschlagenen Weg in Richtung auf das Ziel entsprechen, so daß jeder Schritt Wert und Richtigkeit der gewählten Methode bestätigt.

Es ist also erforderlich, die Urteils- und Unterscheidungsfähigkeit einzusetzen, um zu einer richtigen Beurteilung und dadurch zu einer adäquaten Wahl der Mittel zu kommen, andernfalls führt Askese leicht zu Exzessen der Selbstqual, zu eitlem Übertrumpfenwollen anderer und zu einer Weltverachtung, die in ihrer Negativität ein Verständnis für die Möglichkeiten, die die geschmähte Welt zu bieten hat, von vornherein unmöglich macht. Denn wenn auch die Werte dieser Welt im Vergleich zu denen, die durch die Askese erstrebt werden, gering erscheinen mögen, so sind es doch Werte, die man ohne genaue Prüfung nicht verachten sollte: Stellte doch der Buddha den Erlebniswert der menschlichen Existenz höher als den aller anderen Existenzformen, die in himmlischen Bereichen inbegriffen!

So verurteilte er jede Selbstquälerei ebenso wie die hemmungslose Befriedigung sinnlichen Begehrens: Beides zerstört die Grundlagen der körperlichen und geistigen Gesundheit, ohne die geistiger Fortschritt nicht möglich ist. Dies hatte der Buddha an sich selbst erfahren: Er hatte bis an die Grenze der Selbstabtötung härteste Askese geübt und einsehen müssen, daß dies nicht zur Erleuchtung führt. Er erkannte, daß Askese – wie auch extreme Ausschweifung – leicht zu einer Lebensflucht werden kann und dann, wie jede Form der Flucht, vom Ziel wegführt. Wahre Askese als disziplinierende Übung jedoch steht niemals abseits des Lebens. Sie besteht in der Eliminierung all jener Faktoren, die uns an der Erfüllung und Vollendung unseres Lebens hindern: am Durchbruch zur Erleuchtung. Wie Lichtstrahlen durch ein Brennglas in einem Punkt gesammelt und derart in ihrer Wirksamkeit verstärkt werden, daß sie sofort brennbares Material zur Entzündung bringen, welches ohne Benutzung eines Brennglases beliebig lange denselben Strahlen gefahrlos ausgesetzt sein könnte, in derselben Weise verstärkt jener, der Askese in der rechten Weise übt, die Wirkung seiner geistigen Kräfte, indem er seine Anstrengungen auf ein Ziel ausrichtet und alle Kräfte zielgerichtet bündelt und zusammenfaßt, wodurch er fähig wird, in der kurzen Spanne eines Lebens das zu erreichen, was andere in unzähligen Lebenszeiten nicht zu verwirklichen vermögen.

Doch wer ohne volle Einsicht in die Natur des von ihm gewählten Zieles diese konzentrierten Kräfte gebraucht, verfehlt sein Ziel. Erleuchtung setzt die Erfahrung der Ichlosigkeit voraus. Wer aber glaubt, daß Erleuchtung das Ergebnis der bloßen Abtötung all unserer Wünsche sei, zeigt, daß er noch immer der Illusion einer Selbst- und Ichheit verhaftet ist, das heißt, daß er noch im Nichtwissen befangen ist, so daß er, statt über die enge Begrenzung seines Ichs hinauszuwachsen, sich von der ihn umgebenden Welt und seinen Mitwesen absondert, wodurch er schließlich in einem geistigen Vakuum endet. Wer ohne Rücksicht auf seine Mitwesen seine «eigene» Errettung anstrebt, mag ein tugendhafter und beachtenswerter Mensch sein. Aber nichtsdestoweniger ist er ein Egoist. Die enge und unvermeidliche Intoleranz, die aus einer solchen Geisteshaltung erwächst, steht im direkten Gegensatz zu den Kennzeichen der Erleuchtung, die in Liebe, Mitempfinden, Duldsamkeit, Mildtätigkeit und Selbstlosigkeit ihren Ausdruck findet.

Diese Eigenschaften können jedoch weder durch selbstquälerische Askese noch durch bloße Gelehrsamkeit erreicht werden. Nur durch Liebe und Mitleid gegenüber allen fühlenden Wesen können wir die harte Kruste unserer Ich-Isolierung durchbrechen und die Illusion des Gesondertseins überwinden. Erst dann, wenn wir das Wissen des Herzens und das Wissen des Hirns miteinander verbinden, wandelt sich Wissen in Weisheit und die starre Selbstdisziplin der Askese in die geistige Harmonie eines Erleuchteten. Die Frage, ob Askese zur Erleuchtung führen kann, muß aufgrund der vorangegangenen Betrachtungen wie folgt beantwortet werden: Askese allein führt zu nichts. In Verbindung mit Weisheit und Mitempfinden aber vermag sie den Übenden zum Ziel der Erleuchtung und Befreiung zu führen.

Der Buddha, unser Vorbild auf dem Edlen Pfad, war ein Mensch von höchster geistiger Disziplin. Seine Lehre betonte die Disziplinierung des Tagesablaufes für Mönche und Jünger im Weltleben. Wenn heute verschiedentlich die Ansicht vertreten wird, daß man nur «ganz dasein müsse», um zur inneren Freiheit durchzubrechen, so entspricht diese Haltung nicht der Anschauung des Buddha. Trägheit und ein Sich-Dahintreiben-Lassen bedeutete ihm ebenso wie ein Sich-Ergehen in Sentimentalitäten und Phantasmen, daß sich ein solcher Mensch «auf abschüssiger Fährte» bewegte.

Askese (gr.: *askésis*) bedeutet «Übung» und ist damit ein Synonym des Sanskritwortes Śīla, das heißt jener fünf sittlichen Versprechungen, die jeder Buddhist sich täglich erneut als Aufgabe stellt. Er nimmt sie auf sich, nicht weil sie das Gebot eines Gottes sind, sondern aus eigener Einsicht. In Selbstverantwortung gelobt er, in Gedanken, Worten und Taten sich zu bemühen, Leben nicht zu verletzen, Nichtgegebenes nicht zu nehmen, ein Leben im heiligen Wandel zu führen, Lügen und grobe Worte nicht zu gebrauchen und sich weder zu berauschen noch sein Bewußtsein zu trüben. Diese fünf Übungen nennt man Pañcaśīla. Der in der Hauslosigkeit lebende Buddhist nimmt weitere fünf Übungen auf sich, die ebenso wie die ungefähr 250 Mönchsregeln sekundären Charakter haben.

Welche Einsicht aber ist es, die den Buddhisten dazu bewegt, die fünf Śīlas auf sich zu nehmen? In erster Linie ist es die Verantwortung, die daraus erwächst, daß er sich mit allen fühlenden Wesen identifiziert oder, wie es in den Texten heißt, «sich ihnen gleichsetzt». Er hat erkannt, daß er durch Handlungen, Worte und Gedanken, die diesen Regeln nicht entsprechen, anderen Wesen Leid zufügt. Dadurch aber gerät er in Disharmonie mit seiner Umwelt und wird in Rückwirkung selbst Leid erfahren und auf dem Wege seiner eigenen Entwicklung gehemmt. Deshalb heißt ein Handeln, das im Gegensatz zu den Śīlas steht, «nicht heilsam» (akuśala), weil es nicht nur anderen schweren Schaden zufügt, sondern auch einem selbst, indem die fünf Skandhas* (Pali: Khandhas), die unsere Persönlichkeit in ihrem ständigen Wandel von Augenblick zu Augenblick neu gestalten, zur unheilsamen Seite hin beeinflußt werden.

---

* Die Skandhas, auch «Daseinselemente» oder «Greifehaufen», sind die Komponenten, aus denen das leiblich-geistige Dasein des Menschen ständig neu gebildet wird. Sie sind selektiv wirksame, assimilatorische Kräfte in den fünf Bereichen der Körperlichkeit, der Empfindungen, der Wahrnehmungen und denkerischen Prozesse, der triebhaften wie willentlichen Tendenzen des Bewußtseins.

Um die Śīlas in der rechten Weise üben zu können, müssen wir Einsicht in die Bedingtheit unseres Menschseins gewinnen und erkennen, daß es in diesem Universum keine isolierte Existenz gibt, sondern alles in einem Spiel unendlicher Wechselbeziehungen miteinander verwoben ist, das sich uns im Pratītyasamutpāda – dem bedingten, abhängigen Entstehen – offenbart. Aus diesem Wissen um unser Eingebundensein in unendliche, universelle Wechselbeziehungen reift in uns das Gefühl der Solidarität mit allen lebenden Wesen, und wir erkennen unsere Verantwortung vor dem Ganzen. Das Bewußtsein für diese Zusammenhänge geweckt zu haben, ist das Verdienst des Mahāyāna.

In den Berichten einiger früher Schulen des Buddhismus werden wir wunderbar angerührt von Stimmungen und Vorbildern einer idealen sittlichen Lebensführung. Doch sind solche Stimmungen und Vorbilder ohne realen Wert, wenn sie von einer Ethik ausgehen, die um ihrer selbst willen geübt wird. Zwar kann man fordern: «Tut Gutes!» oder «Führt ein sittlich reines Leben!» oder «Tut dieses und laßt jenes!», doch selbst wenn man alle Tugenden dieser Welt üben würde, aber nicht wüßte, warum, dann wäre es besser, eine solche Tugendhaftigkeit abzutun, die oft mehr Leid als Glück verursacht und die zudem leicht einen Hochmut hervorbringt, der glauben machen will, besser zu sein als andere Menschen. Nur wer in bewußter Verantwortung vor allem, was lebt, gewisse Taten unterläßt und andere tut, ist ein ethisch heilsam handelnder Mensch. Nur er kann sich von den Fesseln egozentrischen Fühlens und Empfindens (Vedanā) befreien und in sich jenes allumfassende Mitleid erwecken, das ihn zur inneren Teilhabe an allem befähigt, was da lebt. Die Einheit allen Lebens kann nie tiefer empfunden werden als im Miterleben von Freude und Leid, von Glück und Schmerz anderer. Aus ihm erwächst der Drang zum Geben und schließlich zum Aufgeben des eigenen Ichs in der Selbsthingabe an alle Wesen auf dem Wege der Bodhisattvaschaft.

Wir leben in einer Zeit gewaltiger Umwälzungen, in einer

Zeit, in der die vom Menschen geschaffene Wissenschaft den Menschen selbst zu vernichten droht. An diesen Punkt sind wir dadurch gelangt, daß wir Kräfte ausgelöst haben, die sich zunehmend unserer Kontrolle entziehen. So wird der Mensch unter der Herrschaft des Intellekts, der dieses Wissen hervorgebracht hat, zu einem Teil jenes Mechanismus, der das Individuum vernichtet, in der er die letzten Spuren des Menschlichen und des Göttlichen – eben dessen, was uns zu Menschen macht – auslöscht. Denn Menschsein verbindet die Einmaligkeit und Einzigartigkeit des Individuums mit einem Numinosen, das es aus seiner Vereinzelung heraushebt und ihm zugleich das Erlebnis vermittelt, wie es in die Ganzheit des Universums eingewoben ist. Der Buddha lehrte, daß dieses uns transzendierende «Göttliche» durch das Wachrufen von vier unbegrenzten meditativen Verweilungen (Brahmavihāras oder Appamaññās) verwirklicht werden kann, nämlich durch Liebe (Maitrī), Mitleid oder Erbarmen (Karuṇā), Mitfreude (Muditā) und keine Unterschiede machende, grenzenlose Zuwendung zu allen Wesen, aus der ein Gleichmut all dem gegenüber erwächst, was einen selbst betrifft (Upekṣā).

Die erste unter diesen «Verweilungen im Göttlichen», Maitrī, ist der Schlüssel, der uns aus dem Kerker der Ichheit befreit und uns die Weite des Weltraumes erschließt. Trotz aller philologischen Spitzfindigkeiten und gelehrten Kontroversen ist Maitrī mehr als «Freundschaft», «Wohlwollen», «Güte», «Freundlichkeit» oder «Gutwilligkeit». Sie hat nur ein Äquivalent, das trotz seiner Vieldeutigkeit allein den Kern der Sache trifft: die sich gebende *Liebe* im reinsten und höchsten Sinne.

Die Tatsache, daß Liebe unendlich viele Abstufungen kennt und in unendlich vielen Kombinationen erscheinen kann, ändert nichts an dem, was ihr innerstes Wesen ausmacht. Liebe ist wie eine Flamme, die alles Unreine verzehrt und es in Wärme und Licht verwandelt. Wer der vom Buddha gepriesenen Maitrī diese Wärme absprechen will, hat weder das Wesen des Buddhismus noch das der Liebe erfaßt. Selbst wo Liebe eine Begleiterscheinung geschlechtlicher Lust ist, erniedrigt dies nicht die Liebe, sondern hebt das Sexuelle aus der Ebene einer animalischen Funktion zur Höhe eines seelischen Erlebens empor. Ebensowenig wie sich das Christentum scheute, die griechische *agape* im Deutschen mit «Liebe» zu übersetzen und ihr den ersten Platz einräumte – trotz aller Nebenbedeutungen und Assoziationen, denen dieser Begriff ausgesetzt ist –, sowenig gibt es auch für den Buddhisten einen Grund, vor dem Wort «Liebe» zurückzuschrecken und sich in kleinlicher Angst hinter nichtssagenden Moralbegriffen oder Prinzipien abstrakter Ethik zu verschanzen.

Wir sollten uns vielmehr darüber im klaren sein, daß ein Mensch, der in seinem persönlichen Leben zu einer leidenschaftlichen Liebe unfähig ist, sicher auch auf einer höheren Ebene geistiger Entwicklung weder echte Hingabe entfalten noch ein wirkliches Selbstopfer bringen kann. Hüten wir uns daher vor jenen falschen Propheten «klinischer Reinheit», keimfreier Moral und lebensfeindlicher Abstinenz, und geben wir unsere ganze Herzenswärme, ja, die Glut unserer tiefsten Liebe unseren Mitmenschen, ohne zu feilschen und ohne zu rechten und ohne das «Unsrige» zurückzuerwarten – und das eben um jener großen Liebe willen, die der Erhabene die «Befreiung des Herzens und des Geistes» (Pali: Ceto Vimutti) nannte, die die reinste Flamme unseres Wesens ist, in der alle Selbstsucht verbrannt wird.

So pries der Buddha vor zweitausendfünfhundert Jahren – fünfhundert Jahre vor dem Hohen Lied auf die Liebe durch den Apostel Paulus (1. Kor. 13) – die Liebe als jene Fähigkeit, die weitaus mehr als alle anderen hohen und höchsten religiösen und ethischen Taten die verhärtete Ich-Struktur beziehungsweise den Ich-Wahn aufzuweichen vermag, um so das Sich-Lösen von den Upādhis* zu bewirken und den Weg zur Befreiung und Erleuchtung zu eröffnen. Und so verkündete er:

---

* *Upadhi* = Unterlage, Hinzufügung. Darunter wird der Komplex verstanden, der aus den fünf Skandhas, der Sinnlichkeit (Kāma), den Befleckungen (Kleśa, d. h. Gier, Haß, Verblendung, Dünkel, Vorurteile, Zweifel, Starr-

Was immer man, ihr Mönche, an heilsam wirkenden Mitteln in diesem Leben* für eine gute Wiedergeburt vollbringen möge: Sie alle haben nicht den Wert eines Sechzehntels der Liebe, der Befreiung des Herzens und des Geistes: Die Liebe, die Befreiung des Herzens und des Geistes, nimmt sie alle in sich auf und leuchtet und glänzt und strahlt.

Und wie aller Sternenschein, ihr Mönche, nicht den Wert eines Sechzehntels des Mondenscheines hat, vielmehr der Mondschein ihn ganz in sich aufnimmt und leuchtet und glänzt und strahlt, so haben auch alle heilsam wirkenden Mittel in diesem Leben, die eine gute Wiedergeburt bewirken und durch die man geistigen Gewinn erlangt, nicht den Wert eines Sechzehntels der Liebe, der Befreiung des Herzens und des Geistes: Die Liebe, die Befreiung des Herzens und des Geistes, nimmt sie alle in sich auf und leuchtet und glänzt und strahlt.

Und wie im letzten Monat der Regenzeit, zur Zeit des Herbstes, ihr Mönche, die Sonne am klaren, wolkenlosen Himmel aufgehend alles Dunkel im Luftraum verscheucht und leuchtet und glänzt und strahlt, so haben auch alle heilsam wirkenden Mittel, die eine gute Wiedergeburt bewirken und durch die man geistigen Gewinn erlangt, nicht den Wert eines Sechzehntels der Liebe, der Befreiung des Herzens und des Geistes: Die Liebe, die Befreiung des Herzens und des Geistes, nimmt sie alle in sich auf und leuchtet und glänzt und strahlt.

Und wie in der Nacht gegen Morgen, ihr Mönche, der Morgenstern leuchtet und glänzt und strahlt, ebenso auch, ihr Mönche, was immer es auch an heilsam wirkenden Mitteln in diesem Leben geben möge, durch die eine gute Wiedergeburt

heit, Erregtheit, Schamlosigkeit und Gewissenlosigkeit) und Karma, dem Wirken, das zu neuer Geburt führt, gebildet wird, also die Elemente, die die Erscheinungsformen menschlicher Existenz bewirken.

* *Opadhika* = sich auf die Upādhis beziehend. Die heilsam wirkenden Mittel sind insofern opadhika, als sie in ihren heilsamen Wirkungen zwar niemals aus dem Bereich des Saṃsāra und damit aus dem Bereich der Nicht-Dauer (Pali: Anicca) herausführen, wohl aber Anlaß zu einer guten Wiedergeburt werden.

bewirkt wird und durch die man geistigen Gewinn erlangt: Sie alle zusammen haben nicht den Wert eines Sechzehntels der Liebe, der Befreiung des Herzens und des Geistes. Die Liebe, die Befreiung des Herzens und des Geistes nimmt sie alle in sich auf und leuchtet und glänzt und strahlt.

Und auch dieses sprach der Erhabene:

Wer vollbewußt unbegrenzte Liebe in sich erweckt, für diesen, der das Hinschwinden der Upādhis durchschaut, werden die Fesseln [Pali: Saṃyojana] dünn.
Und wenn einer auch nur für ein einziges Lebewesen reinen Herzens Liebe entfaltet, so gereicht ihm dies zum Heil. Der Edle aber, der für alle Wesen im Herzen Liebe hegt, bewirkt unermeßlichen geistigen Gewinn. (*Itivuttaka* 27)

Und an anderer Stelle heißt es:

Deshalb, ihr Mönche, sollt ihr so lernen: Die Liebe, die Erlösung des Herzens und des Geistes, wollen wir in uns erzeugen, steigern, fördern, uns ganz zu eigen machen, sie ausüben, immer mehr vervollkommnen und in Vollkommenheit anwenden.

Die Entfaltung einer solchen Liebe jedoch, die alle Wesen in gleicher Weise umfängt, kann nicht entwickelt werden ohne Leiderfahrung. Wer Priya* (Pali: Piya) und Maitrī (Pali: Mettā) gleichsetzend – unter dem Vorwand, «wer nichts Liebes habe, der habe auch nichts Leides» (diesem kläglichsten und egoistischsten aller Vorwände) – dem Leiden zu entfliehen versucht, beraubt sich der edelsten Frucht menschlichen Lebens. Denn aus der Leiderfahrung des liebenden Herzens wächst jene reife Erkenntnis, wächst jene höchste Weisheit, die in der Gestalt der Prajñāpāramitā verkörpert ist.
Der Weg der Entfaltung von Maitrī beginnt regelmäßig mit

---

* *Priya* = Das, was einem wert und teuer ist.

der liebevollen, umfangenden, sich öffnenden Zuwendung zu *einem* Wesen: nicht, um es zu besitzen oder um es sich hörig zu machen, noch um es nach dem eigenen Bilde zu formen, sondern um es in seine Freiheit zu stellen und um es zu stimulieren, alle in ihm schlummernden Kräfte zu entfalten. Denn Maitrī sucht nie das Ihre: Der Liebende tritt zurück und macht sich selbst zum Sprungbrett.

Durch eine solche sich hingebende Zuwendung in Maitrī zu einem Wesen erschließt sich dem Liebenden zunehmend die Liebe zu allen Wesen. Gleichsam wie dem von Liebe bewegten Govinda in Hermann Hesses *Siddhartha* die Stirn des Freundes transparent wird und er die Verwobenheit und Einheit allen Lebens erschaut – ichloses Werden im ständigen Wandel –, so erwächst uns durch Maitrī zu *einem* Wesen die Liebe zu *allem* Lebendigen, indem wir durch sie die Wesenseinheit erfahren und alle Grenzen durchbrechen lernen. Denn in diesem Akt schauender Erkenntnis geschieht uns das, was der Buddha mit *attānam upānam katva* bezeichnete, «das sich anderen Gleichsetzen». In dieser totalen Identifikation wird Maitrī zu Mahākaruṇā und Muditā, zu dem großen Mitleiden und der Mitfreude, zum Selbstvergessen im Mitfühlen des Leides und des Glückes anderer Wesen.

Es war das Mahāyāna, das dem Mitleiden (Karuṇā), gepaart mit Weisheit (Prajñā), die zentrale Stellung in der buddhistischen Ethik zuwies und in der höchsten Entfaltung und Vereinigung dieser beiden das Wesensmerkmal eines jeden Erleuchteten erkannte. Denn Weisheit allein ohne Mitleid führt leicht in einen Bereich, in dessen Kälte alles erstarrt. Mitleid ohne Weisheit bringt stets die Gefahr mit sich, in eine bloße Gefühligkeit abzugleiten: sich in Aktivitäten zu verstricken, die regelmäßig Energien sinnlos vergeuden.

Wenn wir ernsthaft darangehen wollen, anderen Wesen zu helfen, so müssen wir uns nicht von unseren Gefühlen forttragen lassen. Wir müssen vielmehr erst einmal diese Wesen verstehen lernen, ihre Situation erfassen und die ihnen zur Verfügung stehenden Kräfte und Reserven erforschen. Erst dann können wir ihnen bei der Suche nach einem ihnen adäquaten Weg behilflich sein. Doch darf solche Hilfe nie dazu führen, daß man anderen die Eigenverantwortung und Eigenleistung abnimmt: Wege kann man zwar weisen, aber man kann sie nicht für andere gehen. Liebe und wahres Mitempfinden werden immer versuchen, Schäden von anderen abzuwenden, ohne jedoch das eigene Erleben und Erfahren des anderen zu behindern oder zu beeinträchtigen.

Mitmenschliche Liebe und Mitempfinden können und sollen anderen auf den ersten Stufen ihres Weges Kraft geben, den betretenen Pfad konsequent weiterzuverfolgen, indem sie sich durch unsere Liebe und durch die Bejahung der in ihnen angelegten Fähigkeiten gestützt und ermutigt fühlen. Weisheit jedoch muß verhüten, daß ihnen Unbequemes aus dem Wege geräumt wird, muß darauf bedacht sein, daß sie Konflikte nicht umgehen, sondern durchtragen lernen, daß sie nicht Stolz, Eitelkeit, Egozentrik oder gar das Gefühl, etwas Besonderes zu sein, nähren und entwickeln, statt diese abzubauen, und daß sie lernen, an scheinbaren Ungerechtigkeiten sich selbst in Frage zu stellen, statt andere zu beschuldigen oder verantwortlich zu machen.

Das Mahāyāna war es, das schon früh symbolhafte Leitbilder entwickelte, in denen sich die höchste Verkörperung von Maitrī und Mahākaruṇā manifestierte, so in den Gestalten der Tārā, des Avalokiteśvara und des Buddha der Zukunft: Maitreya. Er, der als der große Liebende sich anschickt, in diese Welt herabzusteigen, um uns den Weg des ichfreien und deshalb karmafreien Handelns zu weisen, ist der Polarstern im Dunkel unserer Zeit. Möge sein Ruf die Herzen der Menschen erreichen, denn dort allein ist die Stätte der Erneuerung der Welt und der Wiederverkörperung eines Erleuchteten.

4 DAS BODHISATTVA-IDEAL: EIN LICHT IN DER DUNKELHEIT UNSERER ZEIT

Der Unterschied zwischen einem Ideal und einem Dogma besteht darin, daß ein Ideal keinen Anspruch auf Ausschließlichkeit erhebt. Es fördert und ermutigt die Freiheit individueller Entscheidung und bedarf daher – im Gegensatz zum Dogma – keiner Rechtfertigung durch historische Dokumente oder durch logische Beweise. Seine unmittelbare Überzeugungskraft erwächst aus der ihm innewohnenden Kraft zu immer erneuter Inspiration und schöpferischer Zukunftsgestaltung. Das macht seinen Wert in der und für die Gegenwart aus.

So bedarf auch das Bodhisattva-Ideal, das über zwei Jahrtausende buddhistisches Leben, Denken und Handeln weitgehend formte, keiner Rechtfertigung durch Scholastik, Dogmatik und Religionsgeschichte, denn es ist Ausdruck jener inneren Haltung, die sich immer erneut als die entscheidende wandelnde Kraft erwies, die den einzelnen zur Verwirklichung jenes hohen Zieles inspirierte, zu dem uns der Buddha durch sein eigenes Vorbild den Weg wies.

Dieser Weg ist weder einfach noch bequem. Wer ihn betritt, reift zu einer Verantwortlichkeit, die ständig größere Kreise einbezieht, und wird mehr und mehr aus der Geborgenheit der überschaubaren kleinen Welt persönlichen Glücks und Leids hinausgetragen in ein Wirken, das den Einsatz all seiner Kräfte zum Wohle aller Wesen fordert. Hier ist kein Platz für quietistische Weltflucht. Hier geht es um aktive *Weltüberwindung*, also nicht um ein «Aus-der-Welt-Hinausgehen», sondern um ein

«Durch-sie-hindurch-darüber-Hinausgehen». Diejenigen aber, die diesen Weg gehen, fühlen sich reich beschenkt durch jene innere Beglückung, die ihnen aus dem aufkeimenden Wissen erwächst, eins zu sein mit allem, was da lebt. So appelliert das Bodhisattva-Ideal heute wie einst an die tiefsten menschlichen Gefühle in unserem Herzen. Es erfüllt uns mit dem Feuer der Hingabe an ein großes Ziel, dem man gern jedes Opfer bringt, ohne je dabei zu empfinden, daß es ein Opfer ist.

Solange noch der Buddha als die lebendige Verkörperung dieses Ideals unter den Jüngern weilte, war es nicht nötig, darüber zu theoretisieren und bestimmte Vorstellungen und Meinungen über das Wesen der Bodhisattvaschaft zu entwickeln. Nach dem Hingang des Erhabenen aber wurde den Jüngern erst die ganze Größe des Buddha voll bewußt, so wie man die ganze Größe eines Gebirges nur erkennen kann, wenn man es aus einem gewissen Abstand betrachtet. Und so wurde mit dem zeitlichen Abstand das Bild des Buddha in den Herzen seiner Jünger immer deutlicher. Es erfuhr eine immer vollkommenere Ausformung, so daß der Erhabene schließlich als das erkannt wurde, was er immer war: der, der den Weg, den jeder wahre Jünger zu gehen hat, selbst beispielhaft vorgelebt hatte, den Weg der Bodhisattvaschaft im Dienste aller Wesen, der zum erhabenen Ziel führt – zur vollkommenen Erleuchtung, die das große Erwachen ist.

So ist das Bodhisattva-Ideal trotz der relativ späten sprachlichen Formulierung keine «Erfindung» der Jahrhunderte nach dem Parinirvāṇa des Buddha, sondern ist eine der Grundideen des frühen Buddhismus. Dies wird deutlich durch die Jātakas, die zur ältesten buddhistischen Tradition gehören und deren gewaltiger Einfluß auf die gesamte buddhistische Kultur unverkennbar durch die Jahrtausende in ganz Asien nachweisbar ist, in der Literatur genauso wie in der Malerei und in den Skulpturen Süd-, Zentral- und Ostasiens. Als Beispiel seien nur die Fresken und Skulpturen in Ajanta und die wunderbaren Reliefs des Borobudur erwähnt.

Nun ist es keineswegs so, daß ein Buddhist an diese Wiedergeburtsgeschichten glauben muß, auch wenn der Buddha selbst in seinen Lehrreden von seinen früheren Existenzen sprach. Der Buddhismus kennt auch hier kein Dogma. Doch verdeutlichen diese Erzählungen jedem auf anschauliche Weise das Ideal, das die essentiellen Grundlagen des Dharma offenbart: Selbstlosigkeit, Opferbereitschaft aus Liebe und Mitempfinden und Verzicht auf Eigennutz zum Wohle anderer. Diesen Weg wies der Buddha durch sein vorgelebtes Beispiel, so wie er ihn auch durch seine Lehrdarlegungen und seine meditativen Anweisungen den Jüngern erschloß.

Schon auf indischem Boden kam es in den ersten Jahrhunderten nach Buddha zu einer unterschiedlichen Beurteilung und Interpretation gewisser Teile seiner Lehre, bedingt durch die Verschiedenartigkeit der Temperamente und der mehr oder weniger intro- oder extravertierten Haltung der Jünger. Dadurch bildeten sich unterschiedliche Ideale heraus, die dann zur Kontroverse Arahat- gegen Bodhisattva-Ideal führten. Eine späte Entwicklung unterschob dann dem in Ceylon jahrhundertelang isolierten Theravāda (und damit der ganzen Pali-Tradition), daß er sich – wie die achtzehn heute längst erloschenen Hīnayāna-Schulen – zum Arahat-Ideal bekenne. Doch gerade in der Pali-Tradition findet man eines der ältesten Bodhisattva-Gelöbnisse:

Sīla nekkhamma paññadiṃ
pūretvā sabba pāramiṃ
pāramī sikkharaṃ patvā
Buddho hesam anuttaro.*

Durch die Ausübung aller Vollkommenheiten
wie Sittlichkeit, Weisheit und der anderen
(diese sind: Gebefreudigkeit, Tatkraft, Geduld,
    Wahrhaftigkeit,

* Zit. nach Anagarika Dhammapala, dem Begründer der Mahā-Bodhi-Society, der es in die tägliche Pūjā seiner Mönche aufnahm.

Entschlossenheit, Nächstenliebe und Gleichmut),
und durch die höchste Verwirklichung all dieser
möge ich die höchste Buddhaschaft erlangen.

Dieses Bodhisattva-Gelöbnis macht deutlich, daß der Theravāda nicht zum Hīnayāna schlechthin gezählt werden kann: Er war, als die ideologische Unterscheidung von Hīna- und Mahāyāna aufkam, bis auf eine kleine Diaspora bei Amarāvatī im Süden schon längst vom indischen Festland verschwunden. In diesem Zusammenhang sei betont, daß der Wert der Pali-Tradition von *allen* Schulen des Buddhismus anerkannt wird. Zweifellos ist sie eine der ältesten Traditionen und überlieferte uns aufgrund der isolierten Lage Ceylons den vollständigsten Kanon. Aber es wäre falsch, wollte man diesen Kanon zum «einzig authentischen Buddhawort» erklären und Pali zur Sprache des Buddha machen. Der Buddha redete in Māgadhī, einem nordindischen Dialekt. Erst später erfolgten Übersetzungen ins Sanskrit und Pali, die zunächst mündlich weitergegeben und – nach Revision auf verschiedenen Konzilien – etwa ab 90 v. d. Ztr. schriftlich niedergelegt wurden.

So ent- und bestanden die kanonischen Schriftsammlungen der verschiedenen Schulen nebeneinander. Von den meisten dieser Sammlungen blieben uns nur Bruchstücke erhalten, und zwar überwiegend in tibetischer oder chinesischer Übersetzung. Die Echtheit der Pali-Tradition und die Ehrenhaftigkeit ihrer Anhänger wurden selbst von den orthodoxesten Mahāyāna-Buddhisten nie in Zweifel gezogen. Doch konnten weder Mahāyānis noch die Anhänger der anderen Schulen den Anspruch akzeptieren, daß der Pali-Kanon die *einzige* authentische Wiedergabe des Buddhawortes sei. Denn offensichtlich haben andere, genauso ernsthafte Jünger des Erhabenen andere Aspekte derselben Lehre überliefert. Das wird durch die Theravāda-Tradition selbst bewiesen, die von dem Sthavira Purāṇa berichtet, der mit fünfhundert Mönchen im Gefolge erschien, als die Ältesten auf dem ersten Konzil gerade den Wortlaut der

Reden des Buddha festgelegt hatten. Er erklärte, nachdem man ihm alles vorgetragen und ihn aufgefordert hatte, dem zuzustimmen, daß es so gut sei, wie es die Ältesten festgelegt hätten. Doch er selber wolle die Worte des Buddha «lieber so im Gedächtnis bewahren, wie er sie selbst vom Erhabenen gehört habe». Sprach's und ging mit seinen Mönchen davon.

Diese Freiheit nahm auch der Sechste Patriarch der Ch'an-Schule Hui Neng in Anspruch, als er erklärte: «Die Sūtras und die Schriften sowohl des Mahāyāna wie des Hīnayāna sowie die zwölf Sektionen der kanonischen Schriften wurden geschaffen, um den unterschiedlichsten Bedürfnissen und Temperamenten verschiedener Menschen zu dienen.»

So versuchten jene, die Neigung zu philosophischen Abstraktionen hatten, ihr Ziel durch das Studium des Abhidharma zu verwirklichen. Andere wiederum, die weniger Neigung zur Philosophie hatten, bevorzugten die Ethik der Sūtras, während die, die mehr an einem monastischen Leben interessiert waren, sich dem Vinaya zuwandten. Diejenigen jedoch, denen die Persönlichkeit des Buddha die größte Inspiration bedeutete, machten sein Leben wie die Vollkommenheit seiner sichtbaren Erscheinung zum Hauptgegenstand ihrer Meditationen und blickten auf die Jātakas als den vollkommensten Ausdruck ihres Ideals.

Vom religionsgeschichtlichen Standpunkt ist hier anzumerken, daß das, was die verschiedenen Schulen später als dritten «Korb» – als Abhidharma-Piṭaka – ihren kanonischen Schriften einverleibten, lediglich eine Systematisierung der Lehre des Buddha ist, die erst nach dem Parinirvāṇa des Buddha geschaffen wurde. Die darin systematisch geordneten Meditationen mit den entsprechenden psychologischen Definitionen und Klassifikationen sind eine scholastische Arbeit, die sich logisch und konsequent aus den Grundlagen der Lehre des Buddha ergab.

In gleicher Weise wurde auch das Bodhisattva-Ideal nicht vom Buddha selbst formuliert und geschaffen. Das taten vielmehr jene, die die Lehren des Erhabenen weniger durch das überlieferte Wort in sich aufnahmen als vielmehr dadurch, daß sie im Buddha selbst die lebendige Verkörperung des Dharma sahen. Konsequent machten sie daher den Nachvollzug seines irdischen Lebens, seiner geistigen Entwicklung und seines aufopfernden Wirkens zum Ideal und Leitbild ihres eigenen Lebens und Strebens. Denn was konnte einem Menschen größere Gewißheit im Kreuzfeuer sich gegenseitig bekämpfender Weltanschauungen und Meinungen geben, als das Beispiel des Buddha, dem er nur zu folgen brauchte? Mochten dessen Worte im Laufe der sich wandelnden Zeiten auch unterschiedlich interpretiert worden sein: Sein lebendiges Beispiel spricht eine ewige Sprache, die zu allen Zeiten verstanden wird, solange menschliche Wesen diese Erde bevölkern. Dies erklärt beispielsweise den erstaunlichen Erfolg von Sir Edwin Arnolds *Licht Asiens*, durch das mehr Menschen zum Buddhismus kamen als durch die philologisch genauen Übersetzungen der Originaltexte oder durch religionsphilosophische Abhandlungen, so wertvoll und notwendig diese auch sein mögen.

Das aber macht deutlich, daß die Gestalt des Buddha und der tiefe Symbolismus seines geschichtlichen wie legendären Lebens (in dem seine innere Entwicklung dargestellt wird) von unendlich größerer Bedeutung für die Menschheit ist als alle auf seiner Lehre basierenden philosophischen Systeme und die abstrakten Klassifikationen des Abhidharma. Denn kann es eine großartigere und tiefergehende Darstellung der Selbstlosigkeit, der Anātman-Lehre, der Vier Edlen Wahrheiten einschließlich des Edlen Achtfachen Pfades, des Entstehens in Abhängigkeit und der vollkommenen Erleuchtung und Befreiung geben als das Leben des Buddha, das alle Höhen und Tiefen des Universums umfaßt? War sein ganzes Dasein und Wirken nicht lebendiger Ausdruck dessen, was den Kern des Bodhisattva-Gelöbnisses ausmacht: «Was immer die höchste Vollkommenheit des menschlichen Geistes auch sein mag: Möge ich sie zum Wohle aller Wesen verwirklichen!»

Wie ein Künstler die größten Meister seines Faches sich als Vorbilder wählt, unabhängig davon, ob er je fähig sein wird, ihre Vollkommenheit zu erreichen, so muß, wer immer geistigen Fortschritt erstrebt, sich dem höchsten Ideal innerhalb der Grenzen seines Verstehens zuwenden, das ihn zu immer größeren Anstrengungen und Bemühungen anspornt. Niemand kann von Anfang an sagen, wo die Grenzen der eigenen Gestaltungskraft liegen. Ja, es ist sogar wahrscheinlich, daß die Intensität unseres Strebens und die Kraft unserer Hingabe diese Grenzen bestimmt, so daß der, der das Höchste unter Einsatz all seiner seelischen Energie erstrebt, höchster Kraft teilhaftig werden wird, wobei sich seine Begrenzungen zunehmend ins Unendliche verschieben.

Für ihn, der diesen Weg gewählt hat, ist es gleichgültig, ob nur *ein* Buddha in einem Kalpa (d. h. in einem Weltzeitalter) ins Dasein treten kann oder nicht. Er wird und muß stets so handeln, als ob das Erscheinen des zukünftigen Buddha von seinen eigenen Anstrengungen abhinge. Denn weit wichtiger als die Spekulation, wie viele Buddhas innerhalb *eines* Kalpa erscheinen können, ist die von allen buddhistischen Schulen akzeptierte Konzeption von der kosmischen Periodizität des In-Erscheinungtretens von Erleuchteten. Das aber heißt, daß das Auftreten eines Samyaksambuddha zwar ein äußerst seltenes Ereignis ist, daß aber der «Keim», die potentielle Kraft und Tendenz zur Entfaltung des «Erleuchtungsbewußtseins» (Bodhicitta) dem gesamten Universum immanent ist und daß es damit in jedem Lebewesen schlummert und erweckt werden kann.

Ist dieses Grundprinzip einmal anerkannt, so ist es ohne Bedeutung, durch welche numerischen Symbole es ausgedrückt wird. So leugnen beispielsweise die Schulen des nördlichen Buddhismus (obwohl sie eine Gruppe von fünf Hauptbuddhas in einem Kalpa als idealisierte Urformen und Repräsentanten gewisser geistiger Eigenschaften annehmen) nicht die Existenz unzähliger anderer Buddhas und Bodhisattvas und betonen die Möglichkeit des Durchbruchs zur Erleuchtung für *alle* Wesen auf den verschiedensten Stufen geistiger Entwicklung. Denn in einem Universum, das weder zeitliche noch räumliche Begrenzungen kennt, können dogmatische Behauptungen und Zahlenangaben über mögliche Entwicklungen und Lebensformen keine Bedeutung haben. Positiv ausgedrückt bedeutet dies: *Geist hat keine anderen Grenzen als jene, die er selbst erschafft.*

So verstanden ist die Vielzahl der Buddhas und Bodhisattvas im Mahāyāna lediglich Ausdruck des Gedankens, daß das höchste Ziel immer und jederzeit verwirklicht werden kann und nicht abhängig ist von bestimmten zeitlichen Konstellationen, örtlichen Vorbedingungen und besonderen Umständen. Daraus folgt, daß für den Buddhismus Wunder im Sinne einer Herausforderung oder als Bruch der Weltordnung und ihrer Gesetzmäßigkeit nicht existieren. Was wir Wunder nennen, sind nur unerwartete Offenbarungen der Wirklichkeit unseres Geistes. Wunder sind keine Ausnahmezustände der Natur, sondern Ausnahmezustände des Bewußtseins. Deshalb nannte der Buddha die Wandlung unseres Geistes die «Umkehrung im innersten Sitz des Bewußtseins» – nämlich von einer ichgebundenen zu einer ichfreien Haltung –, das einzige Wunder, das diesen Namen verdient.

Dieses Wunder geschieht, wenn der Mensch sich zum erstenmal seiner Erleuchtungsfähigkeit bewußt wird, wenn zum erstenmal das Erleuchtungsbewußtsein von ihm Besitz ergreift: Dieses Aufblitzen des Bodhicitta gibt seinem Leben einen neuen Sinn und eine unerschütterliche innere Ausrichtung auf das große Ziel. Dieser grundlegende Wandel in der emotionalen und geistigen Einstellung und Haltung ist allein wichtig. Ihm gegenüber sind alle Versuche, «statistisch» zu errechnen, wieviel Prozent all derer, die innerhalb einer gegebenen Zeit nach dem höchsten Ziel streben, eine Chance haben, dieses auch zu erreichen, genauso eine spekulative Spielerei wie das Bemühen gewisser naiver «wissenschaftlicher» Kritiker des Bodhisattva-Ideals, die zu errechnen versuchten, wieviel Zeit erforderlich sei, bis eine solche Chance zum Tragen komme.

Die Unsinnigkeit eines solchen Unternehmes wurde schon im *Lankāvatāra-Sūtra* aufgezeigt, und zwar in einem tiefgründigen Dialog zwischen dem Buddha und Mahāmati, in dem der letztere (wie die meisten unserer modernen Zweifler) etwas verstört ist über das «Wie» und «Wann» seiner Befreiung und nun wissen möchte, welche Chancen der Bodhisattva habe, das Nirvāṇa zu erreichen. So fragt er: «Bitte, Erhabener, sagt uns, wie wird den Bodhisattvas Gewißheit des Nirvāṇa?» – Der Erhabene antwortet: «Mahāmati, die Gewißheit ist keine Gewißheit der Zahlen noch der Logik; es ist nicht das Denken, das hier eine Gewißheit gewinnt, sondern das Herz. Des Bodhisattvas Gewißheit kommt mit der Entfaltung der Einsicht, die dann entsteht, wenn die Hindernisse der Leidenschaften beseitigt sind, wenn die Wissenshindernisse weggeräumt sind und die Ichlosigkeit klar erkannt und geduldig angenommen wurde.»

Gerade dieser letzte Satz unseres Zitates sollte es völlig klarmachen, daß das Bodhisattva-Ideal in keinem einzigen Punkt vom Edlen Achtfachen Pfad des Buddha abweicht und daß daher kein Raum für so närrische Ideen gegeben ist wie «bewußte Beibehaltung der Leidenschaften», die den Anhängern des Bodhisattva-Ideals von ihren Gegnern angehängt wurden. Die Pflege tiefer Einsicht durch Meditation, das Überwinden der Leidenschaften durch Disziplin, die Klärung des Wissens durch Studium, die Verwirklichung der Nicht-Ichheit (Skrt.: Nairātmyā) durch Selbstlosigkeit und die Erleuchtung: dies sind die Säulen, auf denen das Bodhisattva-Ideal ruht.

Es ist eine gefährliche Halbwahrheit, wenn man denkt, man müsse sich erst selbst helfen, bevor man anderen helfen könne. Leben beweist uns ständig erneut, daß man sich selbst nicht helfen kann, ohne zugleich auch anderen zu helfen; denn es ist nicht der Erfolg oder der äußere sichtbare Effekt, der von Bedeutung ist, sondern das Motiv, die innere Einstellung, das Bedürfnis und die Bereitschaft, anderen zu helfen. Diese Bereitschaft allein befreit uns aus dem Zustand des sich Absetzens von anderen und der dadurch bedingten inneren Isolation, die so sehr Kennzeichen unserer Zeit sind, und befähigt uns, über uns selbst hinauszuwachsen.

Der vom Bodhisattva-Ideal Ergriffene wird aus seiner Bereitschaft, anderen zu helfen und sie auf ihrem Wege zu fördern, sich schon bald gezwungen sehen, anderen die Lehre – so wie er sie bis zum gegenwärtigen Augenblick verstanden hat – zu vermitteln. Und auch hier setzt oft die Kritik der Vertreter orthodoxer Lehrmeinungen ein, obwohl ihnen aus dem Pali-Kanon (*Mahāvagga* 1,23) die unmittelbare Erleuchtung des Sariputta durch die schlichte Darstellung der Buddhalehre durch Assaji geläufig sein sollte, der selbst erst kurz vorher Schüler des Buddha geworden war. Und ist es nicht so, daß der, der selbst noch ein Lernender ist, oft ein besserer Lehrer für die ist, die mit Anfangsschwierigkeiten zu kämpfen haben, als jener, der da glaubt, alles gelernt zu haben, und deshalb unfähig wurde, Neues aufzunehmen und zu assimilieren? Wer am Anfang steht, ist sich meist der Begrenztheit seines Wissens bewußt und wird daher bei der Weitergabe sich auf das beschränken, was er klar erkannt hat oder sich durch eigenes Erleben und durch eigene Erfahrung erwarb: Das Glück und die Freude, die er so gewann, will er mit anderen ohne Hochmut und Eitelkeit teilen.

Ein solches Teilen aus Freude im Bewußtsein der Beschränktheit des eigenen Wissens ist aber sehr wohl zu trennen von dem Übereifer und der Bekehrungswut jener, die die ganze Welt mit ihren neuen Ideen «beglücken» möchten. Hier ist die Mahnung zur Mäßigung und Bescheidung wichtig. Vergessen wir darum nie, daß wir nur dann anderen Wesen in zunehmendem Maße dienen können, wenn wir in jedem Augenblick hart an uns arbeiten, um Körper, Rede und Geist integrierend zu einem immer vollkommeneren Instrument des Wirkens zum Wohle aller Wesen zu machen und um Buddhaschaft «zum Heile der im Leid befangenen Wesen» zu erlangen.

Doch um dieses hohe Ziel zu verwirklichen, ist die Übung der Pāramitās*, das heißt der «höchsten Vollkommenheiten»,

---

* Pāramitās = Vollkommenheiten. Sie werden unterschiedlich im Pali-Kanon und im Mahāyāna aufgeführt.

ein unerläßliches Erfordernis auf dem Bodhisattvapfad. Diese Pāramitās bestehen nicht nur im Vermeiden von Üblem und Unheilsamem und im Kultivieren dessen, was gut und heilsam ist, sondern vor allem in sich selbst aufopfernden Taten der Liebe und des Mitleids, geboren aus den Feuern universellen Leidens, in denen die Schmerzen anderer mit gleicher Intensität empfunden werden wie die eigenen.

Ein Bodhisattva hat nicht den Ehrgeiz, andere ständig mit Worten zu belehren. Er will vor allem durch sein eigenes Beispiel wirken. So verfolgt er seine geistige Laufbahn, ohne je das Wohl seiner Mitwesen aus den Augen zu verlieren, und reift seinem erhabenen Ziel entgegen, andere inspirierend, es ihm gleichzutun. Auf diesem Wege ist kein Opfer vergeblich, das wir um anderer Wesen willen bringen, selbst dann nicht, wenn es als solches gar nicht erkannt wird oder vielleicht sogar von denen mißbraucht wird, für deren Wohl es gebracht wurde. Jedes Opfer – als ein Akt des Verzichtes – ist ein Sieg über uns selbst und darum ein Akt der Befreiung. Unbeschadet der äußeren Wirkung bringt es uns unserem Ziel einen Schritt näher und verwandelt das theoretische Verständnis der Anātman-Idee in lebendiges Wissen und Gewißheit, die aus dem Erleben reifen. Denn je mehr wir uns von unserem Ich befreien und die Wände unseres selbstgeschaffenen Kerkers niederreißen, desto größer wird die Klarheit und Leuchtkraft unseres Wesens und mit ihr die Überzeugungskraft unseres vorgelebten Lebens. Allein durch sie können wir anderen helfen – mehr als durch philanthropische Werke und mehr als durch fromme Worte und religiöse Predigten.

Im Pali-Kanon: *dāna, sīla, nekkhamma, paññā, viriya, khanti, sacca, adhiṭṭhāna, mettā, upekkhā* (d. h. Gebefreudigkeit, Sittlichkeit, Entsagung, Weisheit, Tatkraft, Geduld, Wahrhaftigkeit, Entschlossenheit, Nächstenliebe, Gleichmut).

Im Mahāyāna ursprünglich sechs Pāramitās, dann auf zehn ergänzt, entsprechend den Stufen des Bodhisattvaweges: *dāna, sīla, kṣānti, vīrya, dhyāna, prajñā und upāya, praṇidhāna, bala, jñāna* (d. h. Gebefreudigkeit, Sittlichkeit, Geduld, Energie, Meditation, Weisheit und rechter Gebrauch rechter Mittel, Gelöbnis, Kraft und erleuchtetes, intuitives Erkennen).

Wer aber meint, durch Weltflucht schneller zum Ziele zu gelangen, indem er sich von jeglichem Kontakt mit dem Leben fernhält, beraubt sich der Gelegenheit, Opfer zu bringen, Selbstverleugnung zu üben, auf mühsam erworbenen Gewinn zu verzichten und das aufzugeben, was einem lieb ist, oder von dem Abstand zu nehmen, was einem begehrenswert erscheint. Denn Weltflucht ist ein Standpunkt, der von Menschen vertreten wird, die persönlich am Dasein leiden und die an ihr eigenes Leid so fixiert sind, daß sie das oft viel größere Leid anderer Wesen nicht wahrnehmen können und deshalb nur auf die eigene Leidbefreiung bedacht sind. Andere hingegen sehen das Leid der Wesen, die sie umgeben, empfinden dieses Leid mit ihnen und sind bereit, alle Mühsal und Schwierigkeiten auf sich zu nehmen, um diesen Wesen Linderung zu verschaffen.

Die Menschen der ersten Art – also die, die nur ihr eigenes Leid sehen und ihre eigene Leiderlösung erstreben – verstricken und verhaften sich in einer Egozentrik und Ichverhärtung, die nach der Lehre des Buddha Ursache allen Leidens ist und die es zu überwinden gilt. Würde man hier mit rein analytischen Meditationsmethoden vorgehen, so verengte sich unter der Idee der Selbsterlösung das geistige Gesichtsfeld auf einen Punkt ichhaft-intellektueller Erkenntnis, durch die am Ende alles Geschehen in der Welt zur Bedeutungslosigkeit reduziert wird, wodurch es sich in nichts aufzulösen scheint. Doch nur, wenn die analytische Meditation durch die zur Synthese und Integration strebende Einsicht in die Natur und in das Wesen der Dinge ausgeglichen wird (oder richtiger, durch die intuitive Erkenntnis der wechselseitigen, in Abhängigkeit entstehenden Beziehungen aller Phänomene), kann sie zu einem geistigen Fortschritt führen.

Der Meditierende muß daher lernen, die Dinge von einem universellen Standpunkt aus zu betrachten, ohne ein von dem Gesamtgeschehen losgelöstes Ich einzubringen, um die universelle Verwobenheit aller Erscheinungen zu erschauen. Nur wenn dies gelingt, verliert das Ego wie von selbst seine Starrheit und wird transparent, ohne daß dabei eine besondere Anstrengung gemacht werden muß, es gewaltsam zu vernichten. Denn das würde lediglich seine illusorische «Wirklichkeit» bestärken, so wie die Verleugnung seiner relativen Existenz nur zu einer Selbsttäuschung führen würde. Denn solange all unser Handeln auf Selbsterhaltung hinausläuft und solange jeder Gedanke um unsere eigenen Interessen kreist, sind alle unsere Proteste gegen die Existenz eines Ego vollkommen sinnlos. Unter den gegebenen Umständen ist es in der Tat viel wahrhaftiger und ehrlicher zuzugeben, daß wir noch ein Ich besitzen, oder richtiger, daß wir von einem Ich besessen sind, so wie ein Denker von irgendwelchen fixen Ideen oder Illusionen besessen ist, und daß wir lediglich hoffen können, einmal davon frei zu werden.

Wenn wir aber dieses Ziel ansteuern wollen, müssen wir zunächst einmal unsere eigene Position bestimmen, das heißt, wir müssen uns selbst in einer richtigen Perspektive zur übrigen Welt sehen. Eine solche eröffnet sich uns, wenn wir uns vom Standpunkt einer übergreifenden, universellen Lehre betrachten, wie sie uns beispielsweise im Dharma des Buddha, aber auch im inspirierenden, vorgelebten Beispiel des Erleuchteten gegeben ist. Solange ein Mensch das Leben vom engen und beschränkten Standpunkt seines Alltagsbewußtseins betrachtet, erscheint es ihm ohne Sinn. Wer jedoch zur universellen Schau des Ganzen durchdringt, erfährt, wie sich das All im Geiste eines Erleuchteten spiegelt und gelangt zu einer Sinnfindung. Doch diese Erkenntnis der höchsten oder transzendenten Wirklichkeit kann in menschlicher Sprache nicht ausgedrückt werden, es sei denn, wir belegen sie mit Chiffren wie «Samyaksambodhi» oder «Nirvāṇa», das der Buddha als «Freisein von Gier, Haß und Verblendung» klar definierte im Gegensatz zur brahmanischen Interpretation, durch die dieser Begriff zu einer verschwommenen metaphysischen Größe erhoben wurde.

Im Buddhismus wurde nie die Frage gestellt, ob Leben an sich und in sich selbst einen Sinn hat oder nicht: Dies ist vom Standpunkt des Dharma ohne jegliche Bedeutung. Wichtig ist für die Praxis des Dharma jedoch, daß jeder einzelne von uns *seinem* Leben einen individuellen Sinn gibt. Denn so, wie in den Händen eines inspirierten Künstlers sich ein wertloser Lehm-klumpen in ein unschätzbares Kunstwerk verwandelt, so sollten auch wir in gleicher Weise versuchen, aus dem uns zur Verfügung stehenden «Lehm» unseres Lebens etwas Wertvolles zu gestalten, statt über die Wertlosigkeit dieses Lebens zu klagen. Unser Leben und die Welt haben soviel «Sinn», wie wir ihnen zumessen und in sie hineinlegen.

«Der Mensch ist genauso unsterblich wie sein Ideal und genauso wirklich wie die Energie, mit der er ihm dient.» Diese Worte des Grafen Keyserling deuten in die richtige Richtung: Die Probleme von Wert und Wirklichkeit hängen von unserer Haltung und von der schöpferischen Verwirklichung unserer Ideale ab und nicht von wie immer gearteter begrifflicher «Objektivität».

Wenn wir daher die Erleuchteten und das Ziel der Erleuchtung zu unserem höchsten Ideal erhoben haben, wird es für uns zu einer wirkenden Wirklichkeit in dem Maße, wie wir dem Beispiel der Erleuchteten auf dem Wege der Bodhisattvaschaft unter Einsatz all unserer Energien folgen. Dabei müssen wir uns von vornherein bewußt sein, daß es auf diesem Wege weder eine Fluchtmöglichkeit gibt noch ein Ausweichen und Davon-rennen vor Unannehmlichkeiten und Leiden. Dieser Weg erfordert den vollen und geballten Einsatz unserer gesamten seelischen Energie und die *Bereitschaft,* die Leiden *aller* Wesen auf uns zu nehmen. Doch dieses Aufsichnehmen der Leiden der Welt bedeutet nicht, daß wir Leiden suchen oder gar glorifizieren oder als eine Art Buße auf uns nehmen sollten, wie es gewisse Asketen in verschiedenen Religionen taten und noch tun. Das ist ein Extrem, das genauso vermieden werden muß wie die Überbetonung des eigenen Wohlergehens und des Sich-Verstrickens in sinnliche Befriedigung.

Hier geht es einzig und allein darum, daß wir uns mit allen lebenden Wesen identifizieren lernen. Eine solche Haltung bewahrt uns nicht nur davor, daß wir unserem eigenen Leiden zuviel Bedeutung beimessen – was lediglich unser Selbst und unsere Selbstbezogenheit stärken würde –, sondern hilft uns, die Ichbezogenheit zu überwinden und unser eigenes Leid über dem der anderen geringzuachten. In diesem Sinne führte der Buddha einst die geistig verwirrte und gestörte Kisa Gotami, die den Tod ihres einzigen Sohnes nicht begreifen konnte, dadurch zur Überwindung ihrer seelischen Not, daß er sie erfahren und erleben ließ, daß Sterben und Tod ein universelles Gesetz ist, dem alle Wesen unterworfen sind. So zeigte er ihr, daß sie mit ihrem Leiden nicht allein dastand und daß der, der dieses Leid ganz in seinem Geiste aufnimmt und annimmt, die halbe Schlacht schon gewonnen hat, wenn nicht gar die ganze.

Als der Buddha seine Lehre von der Aufhebung des Leidens verkündete, sprach er nicht vom «Vermeiden des Leidens». Hätte er dieses Ziel erstrebt, so hätte er – entsprechend der buddhistischen Tradition – den kurzen Weg zur Befreiung wählen können, der zur Zeit des Buddha Dīpaṅkara im Bereich seiner Möglichkeiten lag: Er hätte sich dann die Leiden unzähliger Wiedergeburten erspart. Doch er wußte, daß nur der, der durch die reinigenden Feuer des Leidens hindurchgeht, höchste Erleuchtung erlangen kann, um fähig zu werden, der Welt zu dienen. Nicht dem Leiden zu entfliehen war sein Weg, sondern das Leiden zu überwinden, es zu besiegen. Deshalb wurde er – wie die ihm vorangegangenen Buddhas – ein Jina, das heißt ein «Sieger», genannt.

Er und seine Vorgänger überwanden das Leiden, indem sie ihm heldisch entgegentraten. Denn für den, der auf dem Wege zur vollkommenen Erleuchtung ist, verliert das Leiden den Charakter einer persönlichen Not und besteht nicht mehr in der Sorge um das Wohlergehen der eigenen Person, sondern wird mehr und mehr universell und essentiell, das Wesen alles Daseins einbeziehend. In diesem Geiste wird das Bodhisattva-Gelöbnis von all jenen auf sich genommen, die dem heiligen Pfade der Buddhas folgen wollen: «Was ich auch an geistigem

Gewinn erlangt habe, möge ich hierdurch ein Linderer der Leiden anderer fühlender Wesen werden. Den geistigen Gewinn, den ich auf all meinen Lebenswegen durch Gedanken, Worte und Taten erworben habe: All das gebe ich fort, ohne Rücksicht auf eigenes Wohl, um die Befreiung aller lebenden Wesen zu verwirklichen. Nirvāṇa bedeutet, alles aufzugeben, und mein Herz sehnt sich nach Nirvāṇa. Da ich alles aufgeben muß, ist es da nicht besser, alles den Lebewesen zu geben? – Ich habe mich der Wohlfahrt aller Wesen geweiht: Mögen sie mich verleumden oder mit Schmutz bewerfen und mich zum Gegenstand ihres Spottes machen. Mögen sie mich töten, wenn es ihnen gefällt; ich habe ihnen meinen Leib gegeben; warum sollte ich mich also noch darum sorgen? Diejenigen, die mich schmähen, mich verletzen oder meiner spotten: Mögen sie alle zur Erleuchtung kommen!» (Śāntideva: *Bodhicaryāvatāra*)

Die Verwirklichung des Bodhisattva-Pfades setzt die Überwindung aller engen individuellen Begrenzungen voraus sowie die Anerkennung überindividueller Wirklichkeiten (und damit überindividuell wirkender Kräfte) in unserem eigenen Geiste. Damit wird von dem, der den Bodhisattva-Weg gehen will, von vornherein eine Einstellung gefordert, die – von aller Ichbezogenheit frei – universell ausgerichtet ist. Derjenige, der nur nach eigener Erlösung strebt oder das Leiden auf kürzestem Wege loswerden möchte, ohne einen Blick für die Leiden seiner Mitwesen zu haben, hat sich durch eine solche Einstellung schon der wesentlichsten Mittel zur Verwirklichung seines Zieles beraubt. Allein in der Abwendung auch von den subtilsten Formen ichhaften Strebens und in der Verwirklichung der «Vier Verweilungen im Göttlichen» (Brahmavihāras) öffnet sich uns der Weg.

Dabei steht hier nicht zur Debatte, ob es wirklich objektiv möglich ist, die ganze Welt zu befreien. Selbst der Buddha konnte dies während seines Lebens nicht vollbringen. Doch die Universalität seines Geistes war von so anhaltender Wirkung, daß seine Gegenwart bis zum heutigen Tage spürbar ist und daß der Befreiungsprozeß, den er vor 2500 Jahren in Gang setzte, weitergeht und solange dauern wird, solange Wesen seiner bedürfen. Denn in diesem Bereich ist nicht die Leistung wichtig, sondern allein die geistige Haltung, die durch das Bodhisattva-Ideal bestimmt wird und die darin ihren Ausdruck findet, daß jeder von uns nach bestem Wissen und Können seinen Teil – ohne Vorbehalt und Einschränkung – in Richtung auf das höchste Ziel beisteuert. Dabei ist er sich stets bewußt, daß jede seiner Bemühungen auf das Wohlergehen aller ausgerichtet sein muß. Und selbst dann, wenn wir den Bereich höchsten Glückes erreicht haben, werden wir nicht aufhören, für die Wohlfahrt aller zu wirken, sondern vielmehr ihre Freuden und Leiden teilen und ihnen Wege zur Freiheit weisen.

In den kanonischen Schriften des Buddhismus heißt es, daß selbst das stille Hinscheiden eines Arahat der Welt Segen bringe. Das ist gewiß wahr. Doch weshalb kehrte der Buddha vom Bodhi-Baum wieder in die Welt zurück und nahm alle Beschwerden des Lebens eines Wanderasketen auf sich, wenn die spirituelle Wirkung seiner Erleuchtung allein schon alle Möglichkeiten seines Dienstes an der Menschheit erschöpft hätte? Zeigte dieses große und höchste Opfer nicht, daß Nirvāṇa – für sich selbst genommen – nicht als das höchste Ideal des Buddhismus betrachtet werden kann?

Je mehr der Buddhismus seine eigene spirituelle Welt entfaltete, indem er den praktischen, logischen und metaphysischen Konsequenzen seiner grundlegenden Prinzipien folgte, um so mehr trat die Idee des Nirvāṇa hinter das Bodhisattva-Ideal zurück. Denn Nirvāṇa ist – geht man über die Definition, daß es das Erlöschen von Gier, Haß und Wahn ist, hinaus – eine Zielvorstellung, die der Buddhismus mit anderen indischen Heilssystemen gemein hat. Das Bodhisattva-Ideal aber verleiht dem Buddhismus jenen Charakterzug, der ihn von allen anderen indischen Richtungen unterscheidet und ihn siegreich über die Grenzen Indiens hinaustrug, so daß er eine der großen geistigen und kulturellen Kräfte der Menschheit wurde.

Diese Kraft des Bodhisattva-Ideals, das die damalige Welt Asiens in einem friedlichen Siegeszug ohnegleichen eroberte, ist vor allem darin zu suchen, daß es universelle Liebe, grenzenloses Mitempfinden mit allen Wesen und Erleuchtungsstreben in sich vereint und sich so an Herz und Geist jedes selbständig denkenden Menschen wendet. Dabei wird der Erfahrungsbereich Nirvāṇa zum Bestandteil des Weges zur vollkommenen Erleuchtung und findet seine Einordnung in die Universalität des Erleuchtungserlebnisses. Denn das Wesen der Samyaksambodhi duldet keine Ausschließlichkeit, kann weder erworben noch besessen werden und strahlt grenzenlos, ohne sich selbst zu erschöpfen, nach allen Richtungen, indem sie alle anderen an ihrem Licht und ihrer Wärme teilhaben läßt, so wie die Sonne ihr Licht und ihre Wärme ohne Einschränkung allen schenkt, die Augen haben zu sehen und die Fähigkeit besitzen, ihre Wärme zu fühlen und ihre lebenspendenden Kräfte in sich aufzunehmen.

Und so wie die Sonne, die unsere Welt unterschiedslos erleuchtet, auf die verschiedenen Wesen entsprechend der ihnen eigenen Empfänglichkeit und deren Sich-Öffnen unterschiedlich einwirkt, so ist auch das Wirken des Erleuchteten: Wenn er auch alle lebenden Wesen ohne Unterschied in seinem Geiste umfängt, so weiß er doch, daß nicht alle unmittelbar zu gleicher Zeit befreit werden können, sondern daß die Saat der Erleuchtung, die er ausstreut, bei dem einen früher und bei dem anderen später Frucht bringen wird, entsprechend der Empfänglichkeit oder Reife der einzelnen Wesen. Da jedoch im Erleuchtungserlebnis Zeit ebenso illusorisch wird wie der Raum, nimmt der Erleuchtete die Befreiung von allem, was da lebt, in der Erfahrung der Samyaksambodhi vorweg. Dies ist die Universalität der Buddhaschaft und die Erfüllung des Bodhisattva-Gelöbnisses.

Für den aber, der – eben von Bodhicitta ergriffen – dieses Gelöbnis in seinem Herzen auf sich nimmt und sich zum Bodhisattva-Ideal bekennt, wird die Gestalt des Buddha von nun an im Mittelpunkt seines religiösen Lebens stehen: Sie wird für ihn zur Verkörperung jenes hohen Zieles, dessen Verwirklichung Aufgabe jedes Jüngers des Erhabenen ist.

Nicht in der raum- und zeitlosen Enge abstrakten Denkens oder eines durch Antiquität geheiligten Dogmas wird hier der innere Gehalt des Buddhismus gesehen, sondern in seiner räumlichen und zeitlichen Weite, Entwicklung und Ausdehnung, das heißt im lebendigen Wachstum seines Denkens und Fühlens sowie seiner Auseinandersetzung mit dem Leben, kurz: in seiner Universalität. Unwesentlich wird hier, was man philosophisch-spekulativ über die Wirklichkeit oder Unwirklichkeit der Welt und über ihr Verhältnis zur geistigen Erfahrung oder über den «Zustand» der Befreiung und des «endgültigen Nirvāṇa» aussagen mag. Wesentlich für den Jünger auf diesem Pfade ist allein, daß jenes, was wir ahnend unter den Chiffren «Vollendung», «Erleuchtung» und «Buddhaschaft» zu erfassen versuchen, *einmal* von einem menschlichen Wesen verwirklicht worden ist und daß es deshalb *jedem* menschlichen Wesen möglich sein muß, eben dieses hohe Ziel auf gleichem Wege zu erreichen.

Dieser Weg jedoch ist – wie wir schon sahen – kein Weg der Weltflucht, sondern ein Weg der Weltüberwindung durch wachsende Erkenntnis und Weisheit (Prajñā), durch tätige Nächstenliebe (Maitrī), durch tiefe Anteilnahme an den Leiden und Freuden anderer (Karuṇā, Muditā) und durch Gleichmut (Upekṣā) gegenüber dem eigenen Wohl und Wehe. Leit- und Vorbild auf diesem Wege ist uns die Gestalt des Buddha. Denn wenn auch die Dogmatiker und Theoretiker der verschiedenen Schulen sich stritten und streiten: Welche größere Sicherheit konnte und kann es geben, als dem Beispiel des Erleuchteten zu folgen? Aus seinem uns vorgelebten Leben erwächst uns zunehmend innere Gewißheit, daß auch wir zur höchsten Erleuchtung berufen und befähigt sind, wenn wir die selbstgeschaffenen starren Grenzen unseres Ichs niederreißen und uns dadurch von jeder Furcht freimachen. *Furchtlosigkeit* aber ist die hervorstechendste Eigenschaft aller Bodhisattvas und all derer, die den Bodhisattvapfad wandeln. Für sie hat das Leben seine Schrecken verloren und das Leiden seinen Stachel. Statt das irdische Dasein zu schmähen oder es um seiner «Unvollkommenheit» zu verachten, erfüllen sie es mit einem neuen Sinn.

Sie haben erkannt, daß es nicht nur anmaßend, sondern auch töricht ist, das Leben als ein Übel zu verurteilen und abzutun und seine höheren Entfaltungsmöglichkeiten zu negieren, bevor man auch nur annähernd zu einem Verständnis des Ganzen vorgedrungen ist und bevor man die höchsten Fähigkeiten des Bewußtseins nicht voll entwickelt hat und jene Erleuchtung erlangte, die die Blüte, Frucht und Erfüllung allen Daseins ist. Das Tun derer, die den entgegengesetzten Weg einschlagen, ist dem Verhalten von Menschen gleichzusetzen, die in eine unreife Frucht beißen: Sie werfen sie fort und erklären dann alle Früchte dieser Art für ungenießbar, statt die Zeit der Reife abzuwarten.

Auch auf eine andere Gefahr sei hier hingewiesen. Aus der Fehlinterpretation der Anātman-Lehre wird besonders von westlichen Buddhisten die Individualität oft als hemmender Faktor auf dem Wege des Dharma betrachtet, weil die Individualitätsentwicklung mit der Ich-Verhaftung gleichgesetzt wird. Ganz abgesehen davon, daß der Buddha von seinen Zeitgenossen als «Mahāpuruṣa», das heißt als große, seine Zeitgenossen überragende, individuell unverwechselbare Persönlichkeit verehrt wurde, so waren auch viele seiner großen Schüler und Nachfolger, die die überindividuelle, universelle Ebene der Erleuchtung erreicht hatten, Menschen, die durch innere Verwirklichung zu Individualitäten gereift waren. Sie stehen vor uns als einmalige Verkörperungen eines schöpferischen Erlebens.

Auf dem Pfade der Bodhisattvaschaft gilt es, alle Extreme zu meiden und – entsprechend der Lehre des Erhabenen – dem «Edlen Mittleren Pfad» zu folgen. So werden diejenigen, die ihre Sinnestätigkeit und ihre natürlichen Lebensfunktionen unterdrücken, bevor sie auch nur den Versuch gemacht haben, von ihnen den richtigen Gebrauch zu machen, ebensowenig den Zustand der Heiligkeit erreichen wie jene, die sich ungesteuertem Genußleben hingeben. Denn so, wie diese sich in untermenschlichen Bereichen verlieren, so werden jene zu versteinerten Fossilien. Eine Heiligkeit, die nur auf negativen Tugenden beruht, also auf bloßem Meiden und Unterlassen, vermag der Menge vielleicht als ein Muster von Selbstbeherrschung und Geistesstärke zu imponieren. Sie mag auch zu einer völligen Selbstauslöschung führen, nicht aber zur Erleuchtung, da sie ein Weg des Stagnierens und des geistigen Todes ist: Es ist die Befreiung vom Leiden um den Preis des Lebens und des lebendigen Funkens des erleuchteten Geistes in uns.

Das Bewußtwerden dieses Funkens des Bodhicitta aber ist der Beginn des Bodhisattva-Pfades, der die Befreiung vom Leiden und von den Fesseln der Selbstheit nicht durch Verneinung des Lebens, sondern durch Dienst am Nächsten im Streben nach vollkommener Erleuchtung verwirklicht; denn wenn dieser Funke in den Tiefen unseres Bewußtseins aufleuchtet, leitet er den Erleuchtungsprozeß ein, indem er die latenten potentiellen Kräfte in uns in aktive, alles durchstrahlende Energien verwandelt, wodurch Dasein aufhört, ein sinnloses «Im-Kreise-Laufen» zu sein. Doch um in jenen Bereich potentieller Kräfte vordringen zu können, haben uns der Buddha und seine großen Nachfolger einen Weg erschlossen, der uns Einblicke in die Tiefe unseres Bewußtseins erschließt: Im meditativen Prozeß erkennen wir, daß unsere Weltsicht und Welterkenntnis ein Produkt unseres Bewußtseins ist. Das aber macht deutlich, daß die Welt, in der wir leben, unserem eigenen Geisteszustand entspricht, das heißt, daß wir in einer Welt leben, die wir gewissermaßen in jedem Augenblick selbst erschaffen und somit «verdient» haben.

Der Weg aus dieser Misere kann daher nicht in dem Versuch bestehen, dieser Welt zu entfliehen, sondern im Bemühen um Läuterung unseres Bewußtseins und in einer inneren Umkehr.

Das aber ist nur möglich, wenn wir die Natur unseres Geistes und die in ihm wirksam werdenden Kräfte erkennen. Dann wird uns bewußt, daß der Geist, der fähig ist, das Licht jahrmillionenferner Sternenwelten zu erkennen, nicht weniger wunderbar ist als die Natur dieses Lichtes selbst. Und wieviel größer noch ist das Wunder jenes inneren Lichtes, das in der Tiefe unseres Bewußtseins schlummert! Zu dieser Tiefe vorzudringen und diese tiefe Bewußtheit selbst in uns zu erwecken, ist das Ziel des Bodhisattvamarga – des Weges zur Verwirklichung des Erwachens, der Befreiung und der Erleuchtung: des Durchbruchs zur Buddhaschaft in uns selbst.

Wenn gewisse Kreise buddhistischer Orthodoxie auch heute noch behaupten, daß das Erreichen vollkommener Erleuchtung nur einem einzigen Individuum innerhalb von Jahrtausenden möglich sei, so daß ein Streben nach einem solchen Ziel völlig sinnlos wäre, so ist dies nichts anderes als ein Eingeständnis geistiger Armut und dogmatischer Verhärtung. Eine Religion, deren Ideal nur eine Sache der Vergangenheit oder der fernsten Zukunft ist, hat keinen lebendigen Wert für die Gegenwart. So hat man den Dharma, indem man ihn von der lebendigen Persönlichkeit des Buddha trennte, entmenschlicht und zu einem pseudowissenschaftlichen System reiner Negationen und bloßer «Ausfallwerte» gemacht. In einem solchen System wird Meditation leicht zu einer morbiden, analytisch-zersetzenden Methodik, in der alles Lebendige seziert und zerstückelt wird, bis es sich in verwesende Materie oder in die Funktionen und Komplexe eines sinnlosen Mechanismus auflöst.

Der, der auf dem Bodhisattvaweg wandelt, wird diese Gefahr umgehen und auch nicht dem anderen Extrem verfallen: Er wird der Wirklichkeit gemäß die Nichtdauer alles Entstandenen sowie dessen bedingtes Entstehen sehen und sich auch den unerfreulichen Aspekten des Daseins nicht verschließen. Er wird Alter, Krankheit und Tod als Gesetzmäßigkeiten dieses Daseins erkennen und diese Phänomene nicht aus seinem Bewußtsein verdrängen. Die großen Meister des Vajrayāna benutzten in diesem Zusammenhang mit Vorliebe Leichenstätten und Verbrennungsplätze für Meditationsübungen. Sie taten dies nicht, um sich in Abscheu zu üben, sondern um sich mit allen Aspekten des Daseins vertraut zu machen, und so auch mit dem der Vergänglichkeit als einem Prozeß, der ohne irgendwelche emotionale Wertungen als etwas Natürliches zu begreifen ist.

Außerdem suchten sie solche Orte auf, weil diese von anderen Menschen aus Grauen oder Ekel gemieden wurden, so daß sie sich hier ungestört der Versenkung widmen konnten. Für ihre Schüler waren darüber hinaus solche Plätze Orte der Übung, um Widerwillen und Furcht zu überwinden und statt dessen Gleichmut sowie einen ungetrübten Blick für die Wirklichkeit zu gewinnen. Die kanonischen Schriften berichten uns, daß selbst der Buddha in der Zeit seiner geistigen Vorbereitung sich bewußt an solche einsamen und unheimlichen Stätten begab, um – wie er selber darlegte – die Furcht zu überwinden. Das Verweilen an solchen Orten hat – ebenso wie die meditative Betrachtung von Leichen in ihren verschiedenen Zerfallsstadien und anderen grauenerregenden Dingen – nur dann einen Sinn, wenn sie den Meditierenden zu jener Furchtlosigkeit führen, die ihn befähigt, der Wirklichkeit ins Auge zu sehen und die Dinge ohne Begehren und ohne Widerwillen in ihrer wahren Natur zu erkennen.

Der Sinn solcher Betrachtungen wird aber zunichte gemacht, wenn der Betrachtende nicht imstande ist, seinen Geist von Abscheu, Widerwillen und Grauen freizuhalten. Wer Begierde durch Abscheu bekämpft, treibt den Teufel mit Beelzebub aus: Es gibt wohl kaum einen Menschen, der Abscheu vor totem Laub oder vertrockneten Blumen empfindet. Auch wird unsere Freude an Blüten und Blumen nicht dadurch gemindert, daß wir um ihre Vergänglichkeit wissen. Im Gegenteil: Das Wissen um die Vergänglichkeit dieser zarten Gewächse macht uns ihre Blüte noch kostbarer, so wie ja auch die Flüchtigkeit des Augenblicks in einem menschlichen Leben diesem einen besonderen Wert verleiht. Und eben deshalb ist es nach der Lehre des diamantenen Fahrzeugs die Aufgabe des Menschen, unseren vergänglichen Körper zur Stätte des Unvergänglichen zu machen, zu einem Tempel des Geistes.

Dieser Prozeß der Wandlung erfolgt im Vajrayāna durch das Erschaffen jener Schaubilder friedlicher und furchtbarer Erscheinungsformen, die als Mahāsattva-Bodhisattvas bekannt sind. Im Akt der Identifikation werden diese Gestalten im Dasein des Meditierenden zunehmend zu einer Quelle geistiger Entzückung. Durch schöpferische Konzentration erschafft der Sādhaka in ihnen ein Zentrum geistiger Kraft, das auch über das jeweilige Erlebnis hinaus eine Wirkung auf unsere Umwelt ausübt und den Meditierenden wandelt.

Da wir diese großen Gestalten der Bodhisattvas in der Meditation für uns zum Leben erwecken, nennen wir sie Dhyāni-Bodhisattvas.* Jeder einzelne von ihnen – so beispielsweise Avalokiteśvara, Mañjuśrī, Maitreya – ist die spezifische Verkörperung eines bestimmten Aspektes des Geistes der Bodhisattvaschaft. Denn wie menschliche Individuen mit gleichen Idealen und gleicher Prägung dennoch sehr unterschiedliche Charakterzüge aufweisen, so auch diese Bodhisattvas, die zwar alle Verkörperungen des Mitgefühls, des allumfassenden Erbarmens, der tätigen Nächstenliebe und der alles durchschauenden und durchdringenden Weisheit sind, aber dennoch diese Aspekte des erleuchteten Bewußtseins in unterschiedlicher, einmaliger Weise zum Ausdruck bringen.

Sie alle haben zwar die Einheit von Upāya und Prajñā verwirklicht (wobei Upāya das allumfassende und erbarmende Mitempfinden mit allen Wesen [Mahākaruṇā] ist), doch unterscheiden sie sich dadurch, daß der eine oder andere Aspekt stärker hervorgehoben ist. Gemeinsam ist ihnen allen das Wissen um die Wesenseinheit allen Lebens, die aus der Fähigkeit

---

* *Bodhi* = Erleuchtung; *sattva* = Essenz, Wesen; *Dhyāna* = Meditation. Bei den Dhyāni-Bodhisattvas handelt es sich also um «in der Meditation geschaute oder hervorgebrachte Essenzen der Erleuchtung», die wesenhaft verkörpert erscheinen.

des Sich-anderen-Gleichsetzens erwächst. Der, der auf dem Wege der Schaubildentfaltung und Identifizierung diesen Weg der Bodhisattvaschaft gegangen ist, ist ein Befreiter und Erlöster. Er ist einer, der nicht nur «Heiligkeit» oder «Freiheit von allen Befleckungen» im traditionellen Sinne erreichte und damit die bloße Leidensbefreiung, sondern einer, der die vollkommene Erleuchtung, die Verwirklichung des universellen Bewußtseins erlangte. Der Durchbruch zu diesem befreienden Erwachen setzt voraus, daß alle individuellen Begrenzungen überwunden und die überindividuellen Wirklichkeiten innerhalb des eigenen Geistes erfahren wurden. Da nun die Erfahrung dieses Erwachens das universellste Erlebnis ist, dessen der menschliche Geist fähig ist, erfordert sie von Anfang an eine Grundhaltung, die sich ohne Begrenzung dem Leben in seiner Universalität öffnet.

Erinnern wir uns noch einmal daran, daß der Buddha in seiner ersten Rede im Gazellenhain nahe Benares von Anuttara-Samyak-Sambodhi (der höchsten vollkommenen Erleuchtung) als dem Ziel seiner Lehre sprach und nicht von einem negativen Nirvāṇa, das sich mit der bloßen Aufhebung der Āśravas (weltliche Einflüsse, menschliche Leidenschaften) und des Leidens begnügt. Dieses wird – wo immer es hier erwähnt wird – nur als Begleiterscheinung vollkommener Erleuchtung genannt.

Bedenken wir auch, daß das, was der Buddha in Worten ausdrückte und ausdrücken konnte, nur ein Bruchteil dessen war, was er durch seine Persönlichkeit und sein Beispiel lehrte. Aber auch Lehre *und* Beispiel dieser großen Persönlichkeit spiegeln zusammen nur einen Bruchteil seines geistigen Erlebens wider. Der Buddha war sich der Unzulänglichkeit der Worte wohl bewußt, als er zunächst zögerte, seine Lehre zu verkünden und in Worte zu fassen. Denn das, was er erkannt hatte, ist nach seinen eigenen Worten «tief, schwer zu verstehen, schwer zu verwirklichen, mit dem bloßen Verstande nicht erfaßbar». Als er sich dennoch entschloß, die Wahrheit aus Mitleid für die wenigen, «deren Augen mit wenig Staub bedeckt sind», zu enthüllen, vermied er es entschieden, Aussagen über die «letzten Dinge» zu machen.

Er weigerte sich, Fragen zu beantworten, die den überweltlichen Bereich meditativ-geistiger Verwirklichung betrafen, so wie er auch über Probleme schwieg, die über die Fähigkeiten des menschlichen Intellekts hinausgehen. Allem spekulativen Denken abhold, beschränkte er sich darauf, einen gangbaren *Weg* zu zeigen, der die Möglichkeit zur Lösung aller echten Probleme bietet. Diesen Weg legte er so dar, daß das Verständnis den jeweiligen intellektuellen und emotionalen Fähigkeiten seiner Zuhörer angepaßt war. Seine Schüler leitete er an, so wie es ihrer jeweiligen Entwicklungsstufe entsprach, und gab die tieferen Aspekte des Dharma sowie die Anweisung für höhere Meditationen nur an den engen Kreis fortgeschrittener Jünger weiter.

Spätere Schulen des Buddhismus sind diesem Grundsatz treu geblieben. Sie paßten die Lehrmethoden und Übungen meditativer Verwirklichung sowohl den Bedürfnissen des Individuums als auch der geistigen oder historisch bedingten Entwicklung ihrer Zeit an. Und so wie der Buddha selbst seine Jünger entsprechend ihrer geistigen Reife unterschiedlich leitete und ihnen verschiedenartige Übungen auferlegte, so behielten auch die späteren Schulen die schwierigen Aspekte ihrer Lehren und die entsprechenden meditativen Übungen denen vor, die sich die notwendigen Vorkenntnisse und Fähigkeiten erworben hatten.

Diese fortgeschrittenen Lehren wurden dann als esoterische oder «geheime» Lehren bezeichnet. Doch beabsichtigte man mit dieser Praxis keinesfalls, irgend jemand von der Erreichung höherer Erkenntnisstufen abzuhalten. Vielmehr stand hinter dieser Methodik das Bestreben, müßiges Geschwätz und bloße Spekulation zu vermeiden, durch die Ungeschulte leicht dazu verleitet werden, höhere Bewußtseinszustände intellektuell vorwegzunehmen, ohne sich der Anstrengung zu unterziehen, diese durch eigene meditative Praxis zu erwerben. Denn intellektuelle Vorwegnahme nicht gemachter geistiger Erfahrungen verführt den Unerfahrenen leicht zu der Annahme, er habe durch begriffliches Verstehen das zu Tuende bereits getan, wodurch er den Prozeß meditativen Erlebens blockiert, der allein die Kraft zur Wandlung freisetzt.

Wer heute den Weg der Bodhisattvaschaft gehen will, muß in der Nachfolge des Vorbildes des Buddha lernen, seinen Geist in der Übung ständiger Vergegenwärtigung offenzuhalten. Er muß sich schulen, durch Studium (Vitarka-Vicāra, Dharmavicaya, Viveka, Erwerb von Jñāna und Vidyā), durch sittliches Verhalten aus Eigenverantwortung (Śīla, Pāramitās, Brahmavihāras), durch kultische Verehrung und Ritual (Pūjā) und durch Meditation (Śamatha, Vipaśyana, Smṛti, Bhāvana, Dhyāna, Samādhi) jede Einseitigkeit zu vermeiden und die innere Einswerdung und Verwandlung anzustreben, um auf diesem Wege eine Weltschau zu gewinnen, die weit genug ist, um die Gesamtheit menschlichen Wissens zunehmend zu umfassen. Er wird auf diesem Wege geistiger Vertiefung zum Wesen aller Erscheinungen vordringen, und seine Lebensführung wird ihn befähigen, jede Tätigkeit des Körpers und des Geistes als eine Hilfe auf dem Pfade zur Erleuchtung zu nutzen.

Auf den vorbereitenden Stufen dieses Weges, die sowohl die intellektuellen wie die emotionalen Kräfte des Menschen aktivieren, wird er lernen, klares Denken als ordnendes Element des Geistes und als ein sicheres Fundament zu gebrauchen, auf dem sich das intuitive Erleben entfalten kann. Seine Emotionalität wird er in Form vollkommener Hingabe an das Ziel zur Triebkraft seines Strebens machen. Er wird das Denken meistern, indem er dessen Gesetze beherrschen lernt, um dann die Grenzen allen Denkens und Erwägens zu überschreiten und sich klaren, wachen Bewußtseins den leidenden Wesen zuzuwenden. Dann mag eines Tages spontan in ihm Bodhicitta aufleuchten: Es bricht plötzlich in einem Menschen, der offensteht, als ein ganzheitliches, «totales» Ergriffensein vom Leid und der Not aller Wesen durch. Unbedeutend erscheint ihm dann alles persönliche Mißgeschick, alle Qual, aller Schmerz. Nur ein Wunsch erfüllt blitzartig sein Bewußtsein: alle diese Wesen frei und glücklich zu machen.

Das Erleben dieses vollkommenen Ergriffenseins, das keinen Platz für irgend etwas anderes läßt, bewirkt einen tiefgehenden Wandel des Betroffenen. Selbst wenn das Erlebnis längst verhallt ist wie der Ton einer nur einmal angeschlagenen Glocke und wenn die Welt längst wieder ihren Tribut fordert: Es bleibt die bestimmende richtunggebende Kraft im Leben dessen, dem es widerfuhr.

Doch zu diesem, unser Ich aufbrechenden Erleben gelangt man nicht durch Regeln oder Gelöbnisse – auch nicht durch das Aufsichnehmen von 18 Wurzel- und 44 zusätzlichen Gelübden. Denn Formeln, Fixierungen, Gelübde und Regeln sind immer das Produkt von Niedergangszeiten, wo das unmittelbare Erleben erlosch und wo man versuchte, im Netz der Formen und Zeremonien das zu fangen, was sich längst entzog. So errichtet man mit jeder Formel immer nur dickere Mauern für das aus Sicherheitsbedürfnis selbstgeschaffene Gefängnis, welches schließlich keinen Bewegungsspielraum mehr läßt.

Wenn etwas in dieser Welt Bodhicitta den Weg bahnen kann, dann ist es allein ein liebevolles, verstehendes Sich-Öffnen und Mitfühlen mit anderen Wesen, das nicht Besitz ergreift noch einen Lohn für sich erstrebt (und sei dieser noch so subtil) oder sich gar einbildet, «Verdienste zu erwerben»: Ich-freies Handeln mit wachem Bewußtsein aus Liebe, Mitleiden und Mitfreuen mit allen fühlenden Wesen ist allein der Schlüssel dazu. Und wem es gelingt, auch nur ein einziges Wesen selbstlos zu lieben, ohne zu verlangen und das Seine zu suchen, der wird durch diese Liebe zu *einem* Wesen befähigt, *alle* Wesen zu lieben und Bodhicitta in sich zu erzeugen beziehungsweise es durchbrechen zu lassen. Dann werden seine Lippen vielleicht ähnliche Worte finden, wie sie einst Śāntideva fand:

Ich nehme auf mich die Last aller Leiden.
Ich bin entschlossen, sie zu ertragen.
Ich kehre nicht um.
Ich fliehe nicht, noch zittre ich.
Ich gebe nicht nach, noch zögere ich.
Und warum? Weil die Befreiung aller Wesen
    mein Gelöbnis ist.

5 DIE BEDEUTUNG VON RITUAL, LITURGIE UND INITIATION IM BUDDHISMUS

Wiederholt hat der Buddha auf die Gefahren hingewiesen, die ein «Sich-klammern-an-Sittenregeln-und-Riten» (Pali: Sīlabbata Paramāsā) mit sich bringt. So sah er in dem Glauben, daß man Erleuchtung und Befreiung durch bloßes sittliches Handeln und den Vollzug von Riten erlangen könne, eine jener vier Anhaftungen (Pali: Upādāna)*, durch die sich der Mensch seine Befreiung zunehmend erschwere. Darüber hinaus zählte er dieses «Sich-klammern-an-Sittenregeln-und-Riten» auch zu jenen zehn Fesseln (Pali: Saṃyojana)**, durch die der gewöhnliche Mensch (Pali: Puthujjana) an die Welt des Saṃsāra gekettet ist. Ja, er hob in diesem Zusammenhang die Bedeutung des «Sich-Nicht-Verhaftens an Sittenregeln und Riten» dadurch heraus, daß er darlegte, daß es erst die Überwindung dieser Fessel in

---

* Die vier Anhaftungen: 1. sinnliches Anhaften, 2. Anhaften an Ansichten, Meinungen und Vorurteilen, 3. Anhaften an Sittenregeln und Riten, 4. Anhaften am Glauben an ein ewiges Ich.
** Die zehn Fesseln, die die Wesen im Kreislauf der Wiedergeburten festhalten, sind: 1. «Ich-Ansicht» von zweierlei Art: a) «Ewigkeitsglaube» (Pali: Sassata Diṭṭhi; die Ansicht, daß es ein ewiges, unveränderliches Ich gebe) und b) «Vernichtungsglaube» (Pali: Uccheda-Diṭṭhi; daß es eine Ichheit gebe, die von den fünf Daseinsgruppen abhängig sei und daher auch bei der Auflösung der Khandhas der Vernichtung anheimfalle), 2. Zweifelsucht, 3. Hängen an Sittenregeln und Riten, 4. sinnliches Begehren, 5. Übelwollen, 6. Begehren nach Feinkörperlichkeit, 7. Begehren nach Unkörperlichkeit, 8. Dünkel und Stolz, 9. Inneres Erregtsein, 10. Unwissenheit.

Verbindung mit dem Abtun des Irrglaubens an eine ewige, sich gleichbleibende Seele oder Persönlichkeit (Pali: Sakkāya Diṭṭhi) und der Zweifelsucht (Pali: Vicikicchā) sei, die die Voraussetzung für den «Stromeintritt» (Pali: Sotāpanna)* schaffe, wodurch ein Mensch (gleich ob er nun Bhikkhu oder Upāsaka sei) vom Weltling zum Ariya Puggala – zum edlen Jünger – werde.

Diese Aussage des Buddha besagt jedoch nicht, daß Sittlichkeit und jede Art von Ritual von vornherein ein Hemmnis auf dem Wege zur Befreiung ist, sondern weist darauf hin, daß Sittlichkeit und Ritualistik sich nur dann als heilsam erweisen können, wenn sie, von vollkommener Einsicht in das Wesen der Wirklichkeit getragen, bewußt als ein Mittel auf dem Heilsweg gebraucht werden. Verhaftet sich aber der Mensch solchen Hilfsmitteln in der Annahme, dies allein sei schon ein sicherer Weg zur Befreiung, so gerät er in eine Abhängigkeit und bläht sein Ich auf, wovon er sich nur schwer befreien kann. Gleiches widerfährt einem Menschen, wenn er sittlichen Regeln und Praktiken allein aus Gewohnheit, Tradition, Routine oder um der Befriedigung eines ästhetischen Bedürfnisses willen folgt.

Wenn wir dieses Sich-nicht-an-Sittenregeln-und-Riten-Klammern richtig verstehen wollen, so dürfen wir den Akzent nicht auf «Sittenregeln und Riten» (Pali: Sīlabbata), sondern müssen ihn auf «Sich-Klammern» (Pali: Parāmāsa) oder «Anhaften» (Pali: Upādāna) legen. Rituelle Kulthandlungen gehören seit den frühesten Tagen des Buddhismus zum Gemeindeleben. So wurde beispielsweise die dreifache Zufluchtnahme zum Buddha, Dharma und Sangha von Anfang an als etwas so Wesentliches betrachtet, daß sich jeder Buddhist diesem Ritual unterzog und auch heute noch unterzieht.

Auch im Bhikkhu-Sangha wurden von jeher Rituale hoch geschätzt. So wurde die Upasaṃpadā – das Ritual, durch das der Novize (Pali: Samanera) zum vollordinierten Bhikkhu ge-

---

* «Wer auf dem Wege ist, die drei ersten Fesseln abzulegen und damit den Stromeintritt zu vollziehen, oder wer die drei Fesseln überwunden hat, diesen Menschen bezeichnet man als Sotāpanna.» (*Puggala Paññatti* 1,47)

weiht wurde – über Jahrhunderte geheimgehalten, und kein nicht vollordinierter Mönch erhielt die Erlaubnis, bei dieser Zeremonie anwesend zu sein. Das Ritual wurde regelmäßig auf einer besonders konsekrierten Ordinationsbühne abgehalten, abseits der Bezirke, die der Öffentlichkeit zugänglich waren.

Aber auch andere Rituale wurden schon seit den frühesten Zeiten des Buddhismus geschätzt und als spezielle religiöse Feiern wie Pūjās und Paritta-Zeremonien durchgeführt, letztere zum Schutz von Körper und Geist. In gleicher Weise läßt sich schon früh das Ritual des Umwandelns religiöser Bauwerke im Uhrzeigersinn (Skrt.: Pradakṣiṇa) nachweisen, ebenso die Verehrung der Symbole des Buddha mit Lichtern, Blumen, Weihrauch und einem andächtigen Sich-davor-Verneigen sowie die rituelle Rezitation religiöser Texte, die jedem Buddhisten geläufig ist.

Die Durchführung dieser Rituale mit der ganzen Hingabe des Herzens galt im Buddhismus von jeher – genauso wie ein Leben im Geiste der Śīlas – als «heilsame» Handlungsweise auf dem edlen Pfade des Erhabenen. Doch der Buddha wußte um die Schwächen der menschlichen Natur und um die selbstgewobenen Netze, in denen sich die Menschen immer wieder verfangen. So machte er deutlich, daß selbst «Heilsames» bei falschem Gebrauch zum Verhängnis werden kann, wodurch dann das, was gemeinhin als Mittel der Befreiung erscheint, zu einer subtilen, aber schwer zu zerreißenden Fessel werden kann. Denn wir könnten vielleicht meinen, daß wir durch strenges Befolgen von Sittlichkeitsregeln oder durch die Ausführung bestimmter Rituale Verdienste erworben hätten oder auf diese Weise bessere Menschen oder gar Heilige geworden seien oder daß wir mit magischem Zwang die Weltgesetzmäßigkeit beeinflußt hätten. Wer so denkt und aus dieser Wahnvorstellung heraus handelt, verwandelt das Heilsame in ein Gift: Er baut sein Ich immer mehr auf und verhärtet seine Ich-Position gegenüber der Welt, statt diese Strukturen aufzulockern und transparent zu machen.

Die Mahnung des Buddha, man möge sich nicht an Riten und Sittenregeln verhaften, wurde nirgends ernster genommen als im chinesischen Ch'an (aus dem dann die japanische Zen-Schule hervorging) und in der aus dem Vajrayāna sich entwickelnden Siddha-Bewegung, die dann ihrerseits wiederum das späte Vajrayāna weitgehend in diesem Sinne prägte. Die überlieferten Biographien der Siddhas und der großen Vajrayānis wie Tilopa, Naropa, Marpa und Milarepa machen dies ebenso deutlich wie die legendären Berichte über die alten Ch'an- und Zen-Meister.

Dennoch spielen gerade im Zen und Vajrayāna Riten und Regeln eine große Rolle, auf deren Einhaltung besonderer Wert gelegt wurde. So wird der Zen-Mönch nach einem vorausgehenden Studium aufgefordert, alle kanonischen Schriften und alles erlernte Wissen beiseite zu lassen, um unvoreingenommen geistige Redlichkeit und Spontaneität zu entwickeln. Dabei wird ihm all dies in einer Ausdrucksweise nahegebracht, die durch ihre Überspitztheit und paradoxen Formulierungen schockierend wirkt. Andererseits aber wird der Tagesablauf des Zen-Mönchs durch minuziös festgelegte Regeln und Riten bestimmt, die ihn vom morgendlichen Aufstehen bis zum nächtlichen Niederlegen begleiten und nicht aus dem Griff lassen: Da gibt es das Ritual des Essens, des Reinigens der Eßgefäße, des Betretens der Zen-Halle, des Sich-Niedersetzens, des Sitzens, der Sūtren-Rezitation, das wiederholte Aussprechen der Gelöbnisse, die Niederwerfungen vor den Bildnissen des Buddha und des Mañjuśrī sowie die rituelle Verehrung des Meisters und die Formen der gegenseitigen Begrüßung. Mit anderen Worten, selbst die Schule des Buddhismus, von der man annehmen müßte, daß sie am wenigsten Ritualen anhänge, weist die strengsten Formen religiöser Ritualistik auf und hält ihre Anhänger zu einem Leben an, das von Regeln und Ritualen beherrscht wird. Westliche Anhänger und Bewunderer der scheinbar unorthodoxen Wege des Zen sollten sich nur eine kurze Zeit in einem japanischen Zen-Kloster aufhalten, um von ihrer falschen Vorstellung kuriert zu werden.

Die im Zen zu ästhetischer Perfektion entwickelte zeremonielle Ritualistik finden wir im Vajrayāna – allerdings in einer stärker symbolbetonten Weise, die in manchen Fällen etwas routinehaft anmuten mag – noch ausgeprägter. Angesichts dieser Tatsachen muß man sich fragen, ob solche Formen mit der buddhistischen Lebensart, wie sie uns der Erhabene gelehrt hat, überhaupt zu vereinbaren sind und ob sie, wenn wir hier im Abendland einen Neubeginn wagen, nicht besser beiseite gelassen werden sollten.

Der Mensch ist ein Wesen, das unter anderem in geschichtliche Entwicklungen und Zusammenhänge eingebunden ist, ohne die er nicht der wäre, der er ist. Und eben in diesem geschichtlichen Eingebundensein erwies es sich immer wieder, daß Regeln und Rituale sowohl für die kulturelle Entwicklung der Menschheit als auch für die individuelle geistige Entwicklung des einzelnen heilsame Kräfte entfalten können. So erfahren wir immer erneut, wie unter der Übung der fünf Śīlas unser Leben nach innen und außen eine Harmonisierung erfährt, wenn wir sie entsprechend unserer Reife und Einsicht bewußt in unserem Leben befolgen. Doch sollten wir uns dabei immer im klaren sein, daß diese Śīlas niemals zu «Geboten» herabgemindert werden dürfen, die – ganz gleich in welcher Situation – unter allen Bedingungen rigoros befolgt werden müssen. Andernfalls würden wir jenem Mönch gleichen, der in strikter Befolgung der Mönchsregel, nach der er keine Frau berühren darf, es zuließ, daß seine Mutter in einem Brunnen, in den sie gefallen war, ertrank, während er danebenstand und keinen Finger rührte.

Nur wenn wir die Gründe verstehen, warum diese und jene Regel gegeben wurde, und nur wenn wir ihr ganz zustimmen können, sollten wir sie annehmen und entsprechend handeln. Der Buddha erwartete niemals von seinen Anhängern, daß sie ihm blind folgen sollten. Er war der einzige Religionsbegründer, der Kritik nicht nur erlaubte, sondern der seine Jünger dazu auch ermutigte. Er wollte, daß nur jene ihm folgten, die dies aufgrund ihrer eigenen Erfahrung und Überzeugung taten.

So sagte er zu Ānanda, seinem Lieblingsjünger: «Wenn du dem Dharma nur aus Liebe zu mir folgst oder weil du mich achtest, würde ich dich nicht als Jünger annehmen. Aber wenn du dem Dharma folgst, weil du dessen Wahrheit selbst erfahren hast, weil du verstehst und dann entsprechend handelst: Nur unter dieser Bedingung hast du das Recht, dich einen Jünger des Erhabenen zu nennen.»

So sind nach buddhistischer Anschauung Sittenregeln wie Rituale nur dann heilsam, wenn sie im rechten Geiste ausgeführt, das heißt aus vollem Verstehen und gereifter Einsicht mit klarem Bewußtsein geübt werden. Denn wenn ein Ritual lediglich als Routine ausgeübt wird oder weil es durch Tradition oder Konvention vorgeschrieben ist, dann wird es – da es seinen Sinn verloren hat – zu einer unsinnigen Handlung und damit zu einem Hemmnis auf dem Wege wirklichen Fortschritts. Wenn jedoch ein Ritual bewußt durchgeführt wird, getragen von einem vollkommenen Verstehen seiner Bedeutung, dann wird es zu einem Akt der Meditation, die nach außen verlegt und in einen Handlungsablauf umgesetzt wurde, bei dem alle Sinnesorgane des Ausübenden einspitzig mitbeteiligt sind.

Doch sollten wir, wenn wir im Rahmen eines solchen Rituals dem Buddha Licht darbringen, nicht denken oder meinen, daß wir auf diese Weise dem Buddha eine Wohltat erweisen. Vielmehr sollten wir uns dabei bewußt sein, daß wir das von ihm empfangene Licht, das unsere Dunkelheit erhellt, hochhalten müssen, damit wir und alle Wesen, von diesem Licht erhellt, unseren Weg zum Ziele erkennen können. Auf diese Weise wird das dem Buddha geweihte Licht für den, der das Ritual ausübt, zu einem Sich-Vergegenwärtigen und Erinnern (Smṛti) des Lichtes der Erleuchtung, das in einem jeden von uns ohne erkennbaren Anfang leuchtet, wenn auch verdunkelt von den selbsterbauten Mauern unseres Ichs, die es niederzureißen gilt.

Dasselbe gilt in angepaßter Weise für die Darbringung von Weihrauch und anderen Opfergaben, durch die wir unsere Dankbarkeit zum Ausdruck bringen ebenso wie unsere Hingabe und unsere Bereitschaft, den Fußspuren des Erleuchteten im Selbstopfer zu folgen, um so die in uns schlummernden Fähigkeiten der Buddhaschaft durchbrechen zu lassen. Und wenn wir auf das Bildnis des Buddha blicken, so betrachten wir es als etwas, das uns an die potentielle Buddhaschaft in uns selbst erinnert: an das große Ideal, das der historische Buddha Śākyamuni in seinem Leben verwirklichte und zu dessen Verwirklichung auch wir in diesem Leben aufgerufen sind. Denn das Ziel der Erleuchtung ist jedem bewußten Wesen erreichbar. Töricht aber wäre es zu denken, daß wir dem Buddha einen Gefallen täten, wenn wir jenes Bild verehren. Mit dieser Verehrung stärken wir vielmehr unsere eigene Absicht, seinem Wege zu folgen und den Dharma zu verwirklichen, der nicht nur seine Lehre, sondern zugleich auch das universelle Gesetz des Makro- und Mikrokosmos ist, so wie es uns auf der menschlichen Ebene erscheint.

Der buddhistische Dharma basiert auf dem Wissen von der «Nicht-Substantialität» aller Erscheinungen: Solange wir Materie und Geist als unversöhnliche Gegensätze betrachten, zerreißen wir die Welt in zwei Hälften und verlieren den Boden unter den Füßen. Gestaltung und Formgebung ist daher die Grundlage alles Erlebens und Erkennens. Das Ritual ist *eine* der Formgebungen, durch die wir unsere tiefsten Gedanken und Gefühle zum Ausdruck bringen, und muß daher entweder das Ergebnis klaren Denkens oder eines echten spontanen Gefühls sein. Sonst werden Rituale leere Wiederholungen konventioneller Formen, begleitet von einem für den Ausübenden sinnlosen Geplapper, bei dem seine Gedanken an einem ganz anderen Ort weilen, wodurch das Ganze zu einem Hindernis auf dem Wege zur Erleuchtung wird.

Nur wenn es uns gelingt, in jedem Wort, in jeder Geste, in jeder geschauten Form und in jedem rituell gebrauchten Gegenstand ein Symbol zu erblicken, das uns zunehmend Einblicke in unser innerstes Wesen gewährt und so, durch Erleben reifend, wandelt, dann wird das Ritual zu einem wertvollen Mittel auf unserem Wege: Es stärkt die Kraft unserer Konzentration, befähigt uns zu intuitiver Einsicht und führt uns von der Bildhaftigkeit zu jener Freiheit von allen Bildern, die wir symbolhaft Mahāmudrā, «die große Geste» nennen. Auf diesem Wege werden Mantras, Mudrās und Maṇḍalas ebenso sinnvolle Hilfsmittel (Upāya) wie der Mani-Khorlo (die sogenannte Gebetsmühle) oder die Perlen eines Rosenkranzes oder der Altar, an dem wir unsere Pūjā vollziehen, oder wie der psychokosmische Ritualbau eines Stūpa, den wir im Sinn des Sonnenlaufs umwandeln.

Diese Hilfsmittel und Symbole, in ein Ritual einbezogen, das sich lebendig entwickelt hat und das bewußt ausgeübt wird, können für den, der diesen Weg geht, eine große Hilfe sein. Aber nur, wenn das Ritual mit *Hingabe* zelebriert wird, kann es unmittelbare intuitive Erkenntnisse vermitteln, die, Körper und Geist wandelnd, zu einer Entwicklungsstufe führen, die mit Worten nicht mehr erfaßbar ist.

Die Ausübung eines Pūjā-Rituals geschieht im Buddhismus auf mehreren Ebenen zugleich: Einmal ist es Ausdruck der Verehrung und Dankbarkeit gegenüber den großen Wegbereitern des Geistes: den Erleuchteten, den Buddhas und Bodhisattvas und allen, die den Weg der Heiligkeit zum Segen aller Wesen gingen. Aus dieser Verehrung und Dankbarkeit reift dann der Wunsch, diesen Weg selbst zu gehen und zu verwirklichen. Daher ist der zweite Schritt auf diesem Wege die Dedikation der eigenen Person, das Gelöbnis, sich dem Dienste der Erleuchteten und ihrer Lehre und Gemeinschaft zu weihen. Die sich daraus mit Notwendigkeit ergebende zielgerichtete Arbeit an uns selbst führt uns an die Meditation heran. Und hier erfahren wir den dritten und wichtigsten Aspekt einer Pūjā: die Möglichkeit, das Ritual als sichtbar und anschaulich gemachte, «dramatisierte» Meditation zu erleben, wobei die Kulthandlung zum Konzentrationsmittel wird, um auf dem heiligen Pfad voranzuschreiten.

Durch den Parallelismus körperlicher, seelischer und geistiger Handlungen mittels Wort, Geste, Gedanken und Gefühl wird eine Einsgerichtetheit des Bewußtseins erzielt, die nicht nur unser Oberflächenbewußtsein (das heißt unseren Intellekt und die durch die Sinne uns zugeführten Erkenntnisse und Bewußtseinsinhalte) berührt, sondern auch die tieferen Schichten unserer Psyche erfaßt. Bei regelmäßiger Ausübung eines solchen Rituals aber wird unser gesamtes Wesen langsam und stetig umgestaltet und für die Kräfte des Lichtes der Erleuchtung (Bodhicitta) empfänglich gemacht. So ist die Pūjā (und darin sind sich alle buddhistischen Schulen einig) ein möglicher Einstieg in die Meditation, die sich – da sie den ganzen Menschen einbezieht und auf ein Ziel ausrichtet – nicht nur im Sich-Erinnern und Bewußtmachen dessen erschöpft, was der Buddha uns vorlebte, noch eine bloße Erneuerung unseres Gelöbnisses ist, diesen Weg selber mit aller Kraft zu gehen, sondern darüber hinaus bereits ein Schritt zur Verwirklichung innerer Einheit und Integration.

Um diese Möglichkeit voll ausschöpfen zu können, muß man die Pūjā immer neu durchdenken und durchleben. Dabei muß die Vielschichtigkeit, ja die Unergründlichkeit ihrer Symbole immer wieder in allen Facetten erfahren werden, wodurch das Ritual zu einer Quelle immer neuer Intuitionen wird. Diese Aufgabe jedoch kann die Pūjā nur dann erfüllen, wenn wir sie immer wieder mit «Anfängergeist» vollziehen und uns nicht auf einmal gewonnene Erkenntnisse und Einsichten fixieren oder gleiche Erfahrungen erwarten. Denn damit würden wir den freien Strom schöpferischen Erlebens und die an sich unausschöpfbare Quelle innerer Gestaltung blockieren, deren freies Strömen allein den Prozeß steter Wandlung, Integration, Erleuchtung und Transparentwerdung speist.

Bei der Ausübung der Pūjā ist sich der Buddhist bewußt, daß er hier kein «magisches» Werk vollzieht. Er ist sich darüber im klaren, daß mantrische Formeln, Mudrās und symbolische Handlungen – wie das Entzünden von Lichtern, die «Wandlung» des Wassers in Amṛta (das Wasser der Todlosigkeit) ebenso wie die Darbringung von Weihrauch, Blumen und Opfergaben – ihre Wirksamkeit nur auf dem Wege über den eigenen Geist entfalten, nämlich durch das harmonische Zusammenwirken von Form (zu der auch Klang und Rhythmus gehören), Gefühl (Impuls, religiöse Hingabe) und Idee (geistige Assoziationen, entstanden aus Wissen und Erfahrung), wodurch die latenten seelischen Kräfte (von denen die dem bewußten Willen unterworfenen den kleinsten Anteil darstellen) erweckt, verstärkt und verwandelt werden.

Form ist hier unerläßlich, weil sie das Gefäß ist, das die anderen Qualitäten beinhaltet. Gefühl ist unerläßlich, weil es die Einheit schafft, der Hitze des Feuers vergleichbar, das durch das Schmelzen der verschiedenartigsten Metalle diese zu einer neuen, homogenen Einheit verbindet. Die Idee hingegen ist die «Substanz», die *prima materia*, die alle Elemente des menschlichen Geistes belebt und ihre schlafenden Kräfte weckt. Wenn wir hier den Ausdruck «Idee» benutzen, so darf dieser nicht im Sinne einer gedanklichen Abstraktion verstanden werden, sondern im ursprünglichen Sinne des griechischen Wortes *eidos* als ein schöpferisches Bild oder als eine Form lebendiger Erfahrung, in der die Wirklichkeit widergespiegelt und ständig neu erschaffen wird.

Während sich die Form einer Liturgie oder eines Rituals aus der Praxis vieler Generationen herauskristallisierte und im Verlauf der Jahrtausende einem ständigen Wandel unterworfen war, ist die Idee, welche hinter den sich wandelnden Formen steht und die sie immer erneut inspiriert, die Gabe des Buddha. Das Feuer aber, das durch die schöpferischen Eigenschaften des Geistes und des Herzens entfacht wird und jene kreativen Kräfte, die aus der Gabe des Buddha erwachsen, wachruft und sie mit Leben erfüllt, das ist der Anteil, den der Jünger beizusteuern hat. Nur wenn sein aus innerer Gewißheit erwachsender Glaube und sein Vertrauen in die Lehre rein sind, wird es ihm gelingen, die innere Einheit herzustellen. Doch wenn sein Geist nicht geschult ist, wird er unfähig bleiben, die Idee in sich aufzunehmen und zu verarbeiten. Ist er seelisch stumpf, so werden die inneren Kräfte dem Ruf nicht folgen. Und wenn es ihm an Konzentration gebricht, wird er Herz, Geist und Form nicht in Einklang bringen können.

So ist das buddhistische Ritual in allen seinen Bestandteilen keine Methode, um unangenehmen Auswirkungen des Lebens oder den Folgen unserer Handlungen zu entgehen, sondern ein Hilfsmittel auf unserem Pfade, das konsequente Bemühung und Anstrengung erfordert. Nur da, wo sein Wesen im Bewußtsein des Übenden klar erschaut wird, kann das Ritual als Ganzes und jedes einzelne seiner Teile von Nutzen sein: die Mantras, die Mudrās, die Maṇḍalas und alle rituellen Symbole und Handlungen. Wer aber die Pūjā oder ihre Bestandteile für ichbezogene Zwecke mißbrauchen will, erschafft negativ wirkende Kräfte, die auf ihn zurückfallen. So können Karma und die negativen Folgen eines Handelns nicht durch das Murmeln von Mantras oder durch irgendwelche religiösen Rituale oder magischen Kräfte aufgehoben werden. Nur durch die Reinheit des Herzens und die Aufrichtigkeit geistigen Strebens ist der Weg der Befreiung und Erleuchtung zu vollenden. Und so mahnen uns die Worte Milarepas:

> Was ist der Nutzen religiöser Riten,
> Wenn Körper, Rede, Geist dem Dharma nicht
>   entsprechen?
> Was können religiöse Riten nützen,
> Wenn Zorn nicht durch sein Gegenteil besiegt wird?
> Was ist der Nutzen, «O Barmherzigkeit!» zu rufen,
> Wenn man nicht andere mehr liebt als das eigene Ich?

Es gibt heute Lehrer östlicher wie westlicher Herkunft, die ihren Schülern Mantras geben, ohne sie in deren Richtung und Sinn einzuweihen. Ein solches sinnloses Repetieren eines Lautsymbols führt bestenfalls in einen hypnoiden Entspannungszustand. Mantras, Mudrās und Maṇḍalas sind Hilfsmittel der Meditation. Werden sie jedoch zum Gegenstand eines blinden Glaubens oder zu Mitteln, durch die man weltlichen Gewinn erzielen will, so haben sie ihren wahren Sinn verloren. Der Buddha stellte den Menschen in den Mittelpunkt seines Weltsystems – einen Menschen, der Erlösung nur durch eigene Anstrengung erlangen kann, nicht aber durch eine göttliche Intervention oder durch Magie. Werden das Ritual oder einzelne seiner Elemente dazu mißbraucht, so geht es am Sinn und Geist der Lehre des Buddha vorbei und wird zu einer Fessel statt zu einem möglichen Mittel der Befreiung.

Aber gerade diesen Vorwurf, daß die Rituale einen «magischen» Charakter besäßen, erhob die indologisch-tibetologische Forschung des Westens gegen die Liturgien des Vajrayāna Tibets wie Japans. Man interpretierte sie teilweise als theurgische und dämonologische Invokationen und verglich bestimmte Teile der Pūjā mit der Transsubstantiation in der christlichen Eucharistie.

Nun sprechen die Tantras tatsächlich von den in der Meditation hervorgebrachten und geschauten Gestalten als von Devas, also von «göttlichen Erscheinungen» oder «Göttern». Doch hat der Begriff Deva nichts mit dem Gottesbegriff der vorderasiatisch-monotheistischen Religionen zu tun. Die Devas sind für den Menschen des indischen Kulturkreises Wesenheiten, die – ebenso wie alle anderen Wesen – in den Kreislauf der Geburten eingebunden sind. Sie werden – nach den Lehren der Tantras – zum Leben erweckt, wenn wir sie anrufen, ihnen Gestalt in unserem Bewußtsein verleihen und sie verehren, selbst wenn sie vorher nie existiert hätten, und sie werden sterben, wenn sie nicht mehr angerufen werden, selbst wenn sie Tausende von Jahren im Bewußtsein der Menschen gelebt hätten. Denn Anrufung und Verehrung als Mittel der Schaubildentfaltung sind Akte geistiger Schöpfung durch Konzentration auf eine Idee, ein Bild, ein Symbol oder auch eine Emotion.

Diese Visualisation hat eine um so größere wandelnde Kraft, wenn alle diese Elemente integriert zum Tragen kommen, und wird wirkungslos, wenn die Anrufung und Verehrung zu einem mechanischen Akt oder zu einer bloßen intellektuellen Spielerei herabsinkt. Das meditativ richtig geführte Ritual hingegen ist ein Gestaltungsmittel, durch das Idee, Bild, Symbol und Emotion vereinigt, integriert und aktiviert werden. So kann das Ritual zu einem Schlüssel werden, der uns die Kraft und die Potentialität jener in der Meditation hervorgebrachten göttlichen Wesenheiten erschließt. Und hier ist der Grund dafür zu suchen, daß die Menschen vergangener Jahrhunderte, die für die Prozesse im seelischen Bereich noch ein Gespür besaßen, solche Rituale zum Schutz der Uneingeweihten geheimhielten und nur an befähigte Schüler weitergaben.

Echte Rituale werden nicht «gemacht», sondern erwachsen aus der spontanen Erfahrung hochentwickelter Individuen. Im weiteren Verlauf akkumulieren sie die Erfahrung und Praxis von Generationen und werden immer umfangreicher. Dabei kristallisieren sie sich im allgemeinen um den einfachen Kern eines Symbols oder einer einfachen symbolischen Handlung, die die spontane Antwort auf eine tiefe Empfindung oder eine wandelnde Erkenntnis war. Dieser Kern wird in Zeitaltern des Niedergangs oft unter einem Wust von Beiwerk begraben, was das Ende des Rituals bedeutet.

Im Tantra haben vornehmlich jene Rituale eine Bedeutung, die ein geistiges Bild hervorrufen. Sie besitzen gestaltende Kraft, da sie sowohl auf die bewußten wie auch auf die unterbewußten Fähigkeiten des Menschen einwirken. Diese Wirkung ist sowohl eine individuelle wie eine kollektive, eine subjektive wie objektive. Mit dieser Feststellung aber berühren wir die Frage, was «Wirklichkeit» eigentlich sei. Nach der Grundauffassung des Tantra ist es ohne Belang, ob die Götter außerhalb unseres Bewußtseins existieren oder nicht. Und auch die Problematik, ob man diese göttlichen Gestalten verstandesmäßig beweisen könne, spielt keine Rolle. Denn hier im Bereich des Psychischen ist allein das «wirklich», was als Gestaltung oder als Kraft *wirkt*. Von diesem Standpunkt aus muß ein Schaubild, ein Symbol oder ein Ritual, das von Tausenden von Gemütern Besitz ergreift und fähig ist, Menschen zu wandeln, als «wirkende Wirklichkeit» betrachtet werden.

Die durch ein Ritual angerufenen höheren Kräfte aber, die in Form von göttlichen Gestaltungen als Schaubilder in das Bewußtsein treten, sind Archetypen, die durch Jahrtausende der Verehrung im kollektiven, überindividuellen Bewußtsein fest verwurzelt sind und hier nun bereitliegen, um durch Invokation freigesetzt zu werden, damit die ihnen innewohnende, wandelnde Energie wirksam werden kann. Die Invokation hat daher im Buddhismus die gleiche Bedeutung wie das Gebet in den theistischen Religionen. Und wie das Gebet eine Kommunikation, ein Zwiegespräch mit Gott ist, so ist die buddhistische Invokation ein Anrufen der inneren Kräfte aus dem intensiven Verlangen nach dem höchsten Zustand der Vollkommenheit: der vollkommenen Erleuchtung. Sie gewinnt ihre Kraft aus der polaren Spannung, die aus dem Bewußtsein unserer Unvollkommenheit und Unvollständigkeit einerseits und unserem Ideal der Vollkommenheit und Ganzwerdung andererseits entsteht. So ist sie die erste zielstrebige Annäherung an den unermeßlichen Erfahrungsspeicher des universellen Tiefenbewußtseins.

Das Ritual wirkt jedoch nicht allein durch das Wort wandelnd auf den Ausübenden. Es erfaßt ihn ganz, *muß* ihn ganz erfassen, wenn es seine volle Kraft entfalten soll. Durch die Koordination von Geste, Wort und Gedanken, durch das Zusammenwirken von Körper, Rede und Geist wie durch die Harmonie von Fühlen, sprachlichem Ausdruck und schöpferischer Imagination in der Schaubildentfaltung gelingt uns die Integration aller Funktionen unseres bewußten Daseins. Dadurch wird nicht nur die Oberfläche unserer Persönlichkeit angesprochen, sondern ebenso die tieferen Schichten unseres Bewußtseins, so daß durch die regelmäßige Ausübung des Rituals unser ganzes Wesen zunehmend einen Wandel erfährt, der uns Stufe um Stufe tiefere Versenkungszustände erschließt, bis die letzte, die bildlose Schau verwirklicht wird.

Eine Schlüsselstellung unter den Ritualen nahmen von alters her Initiationsrituale ein. Seit den frühesten Tagen der Menschheit eröffneten sie als kraftverleihende, impulssetzende und verwandelnde Riten den Zugang zu höheren Erfahrungs- und Erlebnisweisen: Den Adoleszenten erhoben sie zum anerkannten, gleichwertigen Mitglied des Stammes oder Klans, begabten den zukünftigen Priester, Stammesfürsten oder König mit dem «Manna» beziehungsweise dem Charisma seines Amtes und versahen den Neophyten der Mysterienbünde mit Schutz und Kraft, so daß er allen Gefahren des inneren Weges begegnen konnte.

Auch im Buddhismus haben solche Initiationsrituale offensichtlich schon von Anbeginn eine Rolle gespielt. So lesen wir im *Dīgha-Nikāya* 16, 5, 30, daß ein Wanderasket zu Ānanda sagt: «Welcher Vorzug und welches Glück für euch, daß ihr vom Meister selbst mit der Schülerbesprengung besprengt worden seid!» Diese «Wasserbesprengung» (Skrt.: Abhiṣeka) wurde in vedischen Zeiten beispielsweise bei der Königsweihe vollzogen, wobei der Scheitel des zu Weihenden mit geheiligtem Wasser benetzt wurde, um so auf ihn die Macht und das Charisma des Königseins zu übertragen.

Schon früh sprach der Buddha von seinen Jüngern als den Söhnen und Töchtern des Ārya-Kula, der edlen Familie derer, die zu geistiger Herrschaft berufen waren. Sie, die «aus seinem Munde geboren» waren, traten das Erbe ihres geistigen Vaters an. So wurde in der weiteren Entwicklung des Buddhismus in Indien der Jünger durch Abhiṣeka in die Nachfolge des Buddha berufen und ihm die Kraft erteilt, sich auf seine künftige Aufgabe vorzubereiten: ein Buddha zum Heile der Welt zu werden, ein Weltenherrscher (Cakravartin) im inneren Bereich.

Besonders mit der Entwicklung des Vajrayāna wurde der Abhiṣeka eine Quelle der Kraft, die das Tor zu einem langen Prozeß geistiger Schulung öffnet. Durch ihn werden wesentliche Erfahrungen und kondensiertes Wissen von Generationen geistiger Lehrer als inspirierender Impuls weitergegeben, wobei es besonders auf die Übertragung jenes Bewußtseins ankommt, das der Guru aus den Impulsen seiner Lehrer in sich entwikkelte und das er nun durch die «Übertragung geistiger Macht» (tib.: dBang-bskur) seinem Schüler vermittelt, wodurch dieser selbst den Impuls in sich aufnimmt, um ihn dann in dem Maße umzusetzen, wie es ihm gelingt, sich dafür zu öffnen. Der empfangene Anstoß aber gibt seinem Streben Richtung und erfüllt ihn mit Begeisterung, die erforderlich ist, um unbeirrt dem hohen Ziel entgegenzustreben.

Von diesem Ziel aber empfängt er einen Vorgeschmack, wenn er im Augenblick der Initiation des Bewußtseins und des Verwirklichungsgrades seines Guru teilhaftig wird. Diese Erfahrung ist es, die dem Cela die Gewißheit gibt, daß das Ziel erreichbar sei und daß es aller Mühen wert ist. Von nun an ist er kein blinder Sucher mehr, sondern einer, der weiß, wohin sein Weg führt, und er ist von einem unerschütterlichen Vertrauen (Skrt.: Śraddhā) beseelt, so daß seine religiöse Übung (Sādhana) ihn mit tiefer innerer Freude und Beglückung erfüllt. Dadurch aber nimmt sie weder den Charakter mühsamer Pflichterfüllung an, noch entartet sie zu einer routinemäßig abgewickelten Erfüllung vorgeschriebener religiöser Übungen oder Textrezitationen.

So ist die Initiation durch einen wirklichen Guru jenseits aller Unterschiede von Schulen, Sekten und scholastischen Spekulationen: Es ist das Erwachen zu unserer eigenen inneren Wirklichkeit, die – wenn auch noch so flüchtig einmal erschaut – den Verlauf unserer weiteren Entwicklung und unsere gesamte Lebenshaltung ohne den Zwang äußerer Regeln bestimmt. Initiation ist darum die größte Gabe, die ein Guru zu vergeben hat, eine Gabe, die unendlich viel kostbarer ist als eine formelle Ordination beim Eintritt in einen Mönchsorden oder in irgendeine andere religiöse Organisation. Ordinationen können zu jeder Zeit erfolgen, ohne daß irgendwelche *geistigen* Qualifikationen von seiten des Ordinierenden oder des Kandidaten erforderlich sind, vorausgesetzt, daß der Kandidat willens ist, sich den vorgeschriebenen Regeln zu unterwerfen und falls er nicht infolge physischer, moralischer oder geistiger Defekte von der Kandidatur ausgeschlossen werden muß.

Der Abhiṣeka hingegen ist ein Vorgang, durch den sich dem Initiierten eine neue Bewußtseinsdimension eröffnet, die durch die gleichzeitig vermittelten Inhalte und Mantras einen dynamischen Wandlungsprozeß einleitet und vorantreibt. Mantras sind in diesem Zusammenhang (abgesehen von dem ihnen eigenen Charakter als archetypische Symbole einer bestimmten Geisteshaltung) Kristallisationen einer über Jahrhunderte gehenden meditativen Praxis und Erfahrung. Darüber hinaus erhalten sie eine besondere emotionale und individuelle Prägung, die Guru und Cela miteinander verbindet: Diese Mantras, die die Meditation begleiten, rufen den Augenblick der Initiation ins Bewußtsein des Initiierten und erfüllen ihn immer erneut mit der Kraft, seinen begonnenen Weg fortzusetzen.

Die «Kraft», die durch den Abhiṣeka übertragen wird, wirkt nur im inneren Bereich und kann nicht für persönliche Zwecke mißbraucht werden. Sie ist eine Energie, die eine Wandlung des Menschen einleitet, wenn er sie durch ein bewußtes Sich-Öffnen in sich wirksam werden läßt, wodurch er zu einem Exponenten überindividueller Verwirklichung wird, die sich dann auch auf andere auswirken kann. Aus diesem Grunde kann ein Guru Initiationsriten und Kraftübertragungen sowie Ermächtigungen nur in dem Maße vollziehen, wie er diese Kräfte in sich selbst durch Jahre harten Übens entwickelt hat. Und ein Cela kann nur in dem Maße zu einem Guru heranreifen, wie er sich ohne Vorbehalt ganz der spezifischen inneren Richtung seines Guru öffnet und sich aus der Wahlverwandtschaft geistiger «Sohn- oder Tochterschaft» in die Reihe derer einfügt, die das geistige Erbe des Guru angetreten haben.

6 GURU UND CELA

Folgt man dem allgemeinen indischen Sprachgebrauch, so ist ein Guru ein Mensch, der nach vielen Jahren hingebungsvoller Schülerschaft unter einem Meister sein Wissen und Können in einem so hohen Grade entwickelt hat, daß seine Persönlichkeit zu einer Vollkommenheit reifte, die sein ganzes Handeln und Wirken bestimmt und ihn befähigt, die Schätze des erworbenen Wissens in der Nachfolge seines Lehrers an jene weiterzugeben, die seine Celas werden.

Legen wir diese Definition zugrunde, erscheint es zunächst berechtigt, das Wort *guru* (tib.: *blama*) mit «Lehrer» zu übersetzen. Doch ist dieser Begriff, der unserer westlichen Zivilisation entstammt, kein wirkliches Äquivalent. Denn ein Guru im Sinne altindischer Kultur ist mehr als ein Lehrer im heutigen Verständnis des Wortes: Ihm geht es nicht um bloße profane oder intellektuelle Wissensvermittlung, also um Weitergabe erlernbaren Wissens, sondern vor allem um das Erwecken der Sehnsucht nach immer höherer Erkenntnis und tieferer Erfahrung, durch die die Phänomene in ihrer Verflochtenheit, in ihrem gegenseitigen Sich-Bedingen sowie in ihrer ständig werdenden und immer erneuten Integration offenbar werden. So gesehen ist der Guru ein Mensch, der mit seinem Wissen eins wurde: ein inspirierender Inspirierter, der selbst eine Verkörperung dessen ist, was er vermitteln und übertragen will. Seine Persönlichkeit allein genügt, um uns von dem hohen Rang und Wert der von ihm vertretenen Ideale zu überzeugen wie auch von der Möglichkeit, diese hier und jetzt zu verwirklichen. Wer ihm mit offenem, unvoreingenommenem Geist begegnet, fühlt, daß er hier einem Menschen gegenübersteht, der ohne Vorbehalt sich selber gibt, dessen Denken, Reden und Handeln einen harmonischen Gleichklang ergibt und dessen Selbsthingabe uns in unserem tiefsten Bewußtsein von der Größe und Heiligkeit dieses Menschen überzeugt, der eins wurde mit seinem Wissen.

Wissen (Skrt.: Vidyā) galt in Indien von frühesten Zeiten an als etwas Heiliges, ja Göttliches, dem nichts entfallen konnte. So erfaßten Wissenschaft und Künste alle Gebiete des Lebens, wie unter anderem die religiösen Schriften und ihre Kommentare, Ritualistik, Architektur, Erotik, Tanz, Musik, Mathematik, Astronomie, Staatskunst und Yoga. Jeder Zweig der heiligen Wissenschaften aber wies auf das Ganze, wies zur Wurzel, zu der vorzudringen der Mensch aufgerufen war. Der Guru, gleich, auf welchem Teilgebiet er seine Meisterschaft erreicht hatte, war dementsprechend ein Mensch, der zur Wurzel vorgedrungen war und der deshalb seinem Cela auch das Essentielle in den Phänomena erfahrbar machen konnte.

So verglich man den Guru mit einem Baum, der, ohne Unterschiede zu machen, allen bereitwillig erlaubt, seine Früchte zu ernten, ohne dafür etwas zu erwarten: Er ist einfach da, aber er bietet und biedert sich niemandem an. Denn es geht doch auch nicht die Blume zu den Bienen, sondern die Bienen kommen zu ihr geflogen, angezogen vom Duft der Blüte und dem Geruch des Nektars. So versucht auch kein echter Guru, Celas um jeden Preis zu gewinnen: Sie müssen selber kommen und sich das Wissen erobern, angezogen vom Duft der Menschlichkeit, der Weisheit und der Liebe des Meisters.

Solche Guruschaft kann man aber nicht wie einen akademischen Grad oder den Meistertitel im Handwerk erwerben. Fleiß, Ausdauer und Intelligenz sind hier unzureichend. So steht die «Ermächtigung» zur Lehrnachfolge am Ende eines langen Entwicklungsprozesses, der regelmäßig damit beginnt, daß ein Cela aufgrund innerer Verwandtschaft sich mit seinem

Guru identifizieren kann und sich dadurch vertrauensvoll ganz öffnet. Gelingt es ihm dann, die Kraft der Hingabe so zu entwickeln wie Tilopa, Naropa, Marpa und Milarepa – die großen Vorbilder auf dem Pfade des Vajrayāna –, dann wird er in der Nachfolge der Gurus seiner Linie natürlich reifen. Doch wer, vom Ehrgeiz getrieben, Guruschaft erstrebt, der ist noch sehr weit davon entfernt; denn im Bereich unseres Wollens liegt allein das Bemühen um immer vollkommenere Celaschaft.

Im alten Indien und in den Ländern unter indischem Kultureinfluß begann Celaschaft schon in frühem Alter – meist im achten Lebensjahr. Nach einer Schülerweihe (Skrt.: Upanayāna) trat der Cela in die Lebensgemeinschaft (Āśrama) seines Guru ein, lebte in dessen Haus, wo er als Entgelt für den Unterricht jede anfallende Arbeit wie ein unbezahlter Diener erledigen mußte. Zwölf und mehr Jahre blieb er in dieser Gemeinschaft und formte sich am Vorbild des Guru und dessen Frau. Eventuelle Fehlentwicklungen konnten früh individuell korrigiert werden, da die Gruppe der Celas immer klein und damit überschaubar war, wodurch der Reifungsprozeß des einzelnen entsprechend seinem jeweiligen Stand innerer Verwirklichung ohne Überforderung, aber auch ohne Lässigkeit gefördert werden konnte. Die notwendige Wissensvermittlung – wie beispielsweise beim Tanz-, Sprach- oder Mathematikunterricht – wurde dabei in die Gesamterziehung eingebunden, deren Ziel wahre «Bildung», das heißt die Herausformung einer sozial integrierten, sich voll entfaltenden menschlichen Individualität war. So zielte die Erziehung in diesen Guru-Cela-Gemeinschaften auf ein der Gemeinschaft sich verantwortlich fühlendes freies Menschsein ab, das aus seiner Freiheit dem Ganzen diente. Schulen, die diesem Prinzip folgen, fehlen uns heute: Der einzelne kann sich nicht im Rahmen eines Kollektivismus entfalten, sondern allein in der Freiheit eines selbstverantwortlichen, schöpferischen, sich inordinierenden Menschseins, das alle seine potentiellen Kräfte im Dienste aller Wesen freisetzen lernt, um dann anderen dabei zu helfen, sich in gleicher Weise zu entwickeln. So reiften in den Āśramas des alten Indien Menschen heran, die nach Jahren harter Arbeit und charakterlicher Läuterung eines Tages das Werk ihres Gurus fortsetzen konnten und selber Schülerkreise um sich sammelten. Vor diesem historischen Hintergrund muß das Guru-Cela-Verhältnis gesehen und verstanden werden.

Auch im Buddhismus nahm die Guru-Cela-Beziehung von Anfang an eine zentrale Stelle ein und war im Mönchs-Sangha eine Selbstverständlichkeit. Dagegen war nach dem Hinscheiden des Buddha das Verhältnis eines Guru – der regelmäßig dem Mönchsstand angehörte – zu seinen Jüngern im Haushälterstand oft nur sehr locker. Das änderte sich erst grundlegend mit dem Aufkommen des Mahāyāna und des Vajrayāna. Das alte Āśrama-System wurde dabei jedoch weitgehend verlassen: Die äußere Lebensgemeinschaft wurde jetzt sublimiert zu einer geistigen Familie, aufgebaut auf dem Prinzip der Wahlverwandtschaft. Schon der Buddha hatte seine Schülergemeinde sein Ārya-Kula – seine «edle Familie» – genannt, denn wer immer in die Celaschaft des Buddha ging, verließ Kaste und Familie, in der er geboren war, um zum «Sohn» oder zur «Tochter» des Erhabenen zu werden. Dieses Moment der «Um- und Neugeburt in die edle Familie» wurde mit dem Aufkommen des Vajrayāna noch stärker betont und herausgestellt. Der Guru, der im Vajrayāna oft nicht dem Mönchsstand angehörte, nahm hier eine Schlüsselposition ein, da er dem Strebenden den höheren Pfad zugänglich machte, wobei ihm als «Wegweiser» die Stellung des Tathāgata zukam. Bhagavatī Lakṣmīṃkarā – Indrabhūtis berühmte Schwester und die Tante Padmasambhavas – betont in ihrem Werk *Advayasiddhi,* daß die Wahl des Guru das Wichtigste im Leben eines geistig Strebenden sei: Weder in der bewegten noch in der unbewegten Welt gebe es Kostbareres als den Guru, durch dessen liebevolle Zuwendung der Weise alle Arten der Vollkommenheit erreichen könne.

Die Beziehung zwischen Guru und Cela gleicht einer intakten Vater-Sohn- beziehungsweise Vater-Tochter-Beziehung oder – da es auch weibliche Gurus in der Tradition des Vajrayāna gibt – dem entsprechenden Verhältnis zwischen Mutter und Sohn beziehungsweise Mutter und Tochter. Grundlage einer solchen Guru-Cela-Beziehung ist immer eine sich auf geistige Wahlverwandtschaft gründende innere Begegnung zweier Menschen, die weit über alle Familienbande hinausgeht und ein ganzes Leben andauert. Sie ist weder «annullierbar» noch «aufkündbar», da es sich nicht um ein «Lehrverhältnis» oder einen «Ausbildungsvertrag» handelt, sondern um eine innere Verbindung, die – unabhängig von einem Willensentschluß – ebensowenig lösbar ist wie die Blutsverwandtschaft zwischen Vater und Sohn, selbst wenn der Sohn schon lange eigene Wege geht.

Eine solche Guru-Cela-Beziehung einzugehen ist daher weder eine Angelegenheit des Intellekts noch eine überstürzte emotionale Reaktion: Nur wenn von vornherein Guru und Cela intuitiv das innere Band im Fühlen und Denken verspüren, wird eine fruchtbare Arbeit möglich sein. Die Wahl des Guru und die Annahme eines Cela ist daher ein Vollzug, der auf beiden Seiten ein großes Maß an Verantwortung erfordert und der nur dann voll wirksam werden kann, wenn als zündender Funke jener alles zum Reifen bringende kosmogonische Eros aufblitzt, der den geistigen Wandlungsprozeß einleitet und fortlaufend unterhält.

Im Buddhismus – und besonders im Mahā- und Vajrayāna – wurde immer ein Unterschied gemacht zwischen dem instruierenden Lehrer, der den Anfängern die Grundkenntnisse des Dharma vermittelt, dem Kalyāṇamitra, dem begleitenden guten Freund, der bei den ersten noch unsicheren Schritten auf dem Pfade des Mahāyāna hilfsbereit zur Seite steht, und dem Guru als Führer auf dem höheren Pfade des Vajrayāna, dessen tiefste Lehren wir nicht in seinen Worten, sondern in dem finden, was unausgesprochen bleibt, weil es über den Bereich der Sprache hinausgeht, uns aber unmittelbar in seiner Gegenwart erlebbar wird. Denn aufgrund eigener Verwirklichung hat er die Fähigkeit, die latenten geistigen Kräfte in seinem Schüler zu aktivieren und ihn so der Erleuchtung entgegenzuführen. So wird er zum Inspirator im wahrsten Sinne des Wortes, an dessen lebendigem Geist wir uns entzünden und der uns teilhaben läßt an seiner Schau der Wirklichkeit.

Um jedoch das, was er selbst erlebt und verwirklicht hat, auf seine Jünger übertragen zu können, muß er dieses in aller Intensität in sich selbst wachrufen können, bevor er den Initiationsritus (Skrt.: Abhiṣeka, tib.: dBang bskur) vollzieht. So bedarf es seinerseits einer eingehenden Vorbereitung, und zwar nicht nur einer bloß intellektuellen wie bei einem Schul- oder Universitätslehrer, der sich auf sein zu behandelndes Thema vorbereitet, indem er alle wesentlichen Punkte seines Lehrgegenstandes zusammenstellt, um sie dann in einem logischen und überzeugenden Zusammenhang vorzutragen. Die Vorbereitung eines Guru besteht vielmehr darin, sich selbst mit den Quellen geistiger Kraft und Energie in Verbindung zu bringen, so daß er zur Verkörperung all jener Kräfte und Eigenschaften wird, die er zu übertragen beabsichtigt.* Eine solche Vorbereitung kann Tage oder auch Wochen beanspruchen, je nach der Natur der Kräfte, die im Bewußtsein des Cela erweckt und lebendig gemacht werden sollen.

So wie das Wort Guru mehr bedeutet als «Lehrer», so ist auch ein Cela mehr als ein Schüler im gewöhnlichen Sinne. Cela sollte man vielleicht besser mit «Jünger» übersetzen, um zum Ausdruck zu bringen, daß ihn eine tiefe seelische Beziehung mit seinem Guru verbindet, eine Verbindung, die durch den Vollzug der Initiation weiter vertieft wurde. Denn in der Initiation findet eine direkte Übertragung geistiger Kraft statt, die regelmäßig in der heiligen Formel eines Mantra verkörpert ist, das dem Jünger im Verlauf der Initiation übermittelt wird. Durch das Mantra aber ist er jederzeit in der Lage, die vermittelte Kraft in sich wachzurufen, so daß ein dauernder Kontakt mit dem Guru aufrechterhalten bleibt.

* Vgl. *Der Weg der weißen Wolken*, Zürich 1969, S. 408 ff.

Diese geistige Kraft ist jedoch keine das Bewußtsein des Cela überwältigende Macht, sondern die Fähigkeit des Guru, den Cela – dessen Wesen ihm geistig wahlverwandt und deshalb gewissermaßen auf gleiche «Wellenlänge» geschaltet ist – an seinem eigenen Erleben, das einem höheren Bewußtseins- und Verwirklichungsstand angehört, teilhaben zu lassen. Dadurch wird dem Cela als Vorgeschmack ein blitzartiger Einblick in die Natur des zu erreichenden Zieles ermöglicht, so daß er nicht mehr einem vagen Ideal nachläuft, sondern einer erschauten und erfahrenen Wirklichkeit entgegenstrebt. Eine solche Fähigkeit der Vermittlung kann aber nur durch ein Leben der Meditation entwickelt werden und wird durch jede Periode zeitweiliger Zurückgezogenheit und geistiger Sammlung verstärkt, wie die angesammelte Energie des Wassers in einem aufgestauten Fluß.

Wie der Buddha Śākyamuni als erster Lehrer unserer Weltepoche im Denken und Fühlen eines jeden Buddhisten die zentrale Stelle einnimmt, so nimmt *der* Guru, der die erste entscheidende Wende in sein Leben brachte, immer die zentrale Stellung im Herzen des Cela ein. Er ist der Wurzelguru (Skrt.: Mūlaguru, tib.: tsawai-bLama), mit dem sich der Cela aufgrund der inneren Verwandtschaft weitgehend identifizieren kann, so daß er, seiner inneren Entwicklung folgend, in die Sukzession dieses Guru tritt und – wenn seine inneren Kräfte ausreichen – eines Tages die Reihe der Lehrer dieser Linie fortsetzt.

Diese unauflösbare geistige Verbindung bedeutet jedoch nicht, daß ein Cela nicht auch zu Füßen anderer Lehrer sitzen kann, die ihn in Abwesenheit seines Wurzelguru fördern. Denn zwischen wirklichen Gurus kann es ebensowenig eine «Konkurrenz» geben, wie zwischen verschiedenen Aspekten der Wahrheit. Kein Meister kann alle Aspekte der Wahrheit und der höchsten Wirklichkeit erschöpfen. Und selbst wenn dies möglich wäre, so würde dennoch jeder Lehrer seinen eigenen individuellen Weg zum höchsten Ziel lehren, einen Weg, dessen spezifische Methodik allein für jenen Cela verbindlich bleibt, der die Lehrermächtigung erhielt und zur Fortsetzung der Sukzession der Reihe der Gurus berufen wurde.

Doch nicht jeder Cela – so sehr er sich auch bemühen mag – besitzt *den* Grad innerer Wesensverwandtschaft mit seinem Guru, der ihn zur Nachfolge als Lehrender befähigt. Und da der Grad der Verwirklichung nicht nur von der Gleichgestimmtheit mit dem Guru abhängig ist, sondern auch vom Charakter und den Fähigkeiten des Jüngers, kann ein Guru nicht jeden seiner Celas in gleicher Weise fördern. Bei Menschen, die als Suchende zu ihm kommen, wird er nicht einmal versuchen, diesen seine eigenen Gedanken zu vermitteln, sondern er wird vielmehr bemüht sein, sich in das Denken und Fühlen dieser Menschen hineinzuversetzen, um deren Ausgangssituation klar zu erkennen und um ihnen dann zu helfen, den ihnen entsprechenden eigenen Zugang und Weg zu finden. Dabei wird er die Suchenden gegebenenfalls auch an Lehrer anderer Schulen verweisen, wenn von diesen eine bessere Förderung dieser Menschen zu erwarten ist. Denn wenn auch das hohe Ziel aller buddhistischen Schulen das gleiche ist, so sind doch die Wege und Methoden teilweise sehr verschieden, da sie den unterschiedlichen Fähigkeiten und Charakteren angepaßt sind.

Andererseits aber sollte man bedenken, daß – wenn auch alle diese Wege zum gleichen Ziel führen – es töricht wäre, von einer Methode zur anderen zu wechseln, ehe man nicht alle Möglichkeiten der einen ganz ausgeschöpft hat. Und noch törichter wäre es, unterschiedliche Methoden gleichzeitig üben zu wollen oder zu gleicher Zeit unter zwei oder gar mehr Gurus zu arbeiten. Man sollte *vor* der Aufnahme einer Celaschaft die verschiedenen Methoden kennengelernt haben. Ist aber eine Entscheidung gefallen, dann muß man konsequent dem eingeschlagenen Weg folgen, es sei denn, dieser erwiese sich für einen selbst als nicht zum Ziele führend. In einem solchen Falle sollten wir dem Beispiel des Buddha folgen, der seine beiden Lehrer verließ, als er erkannte, daß deren Methoden ihn nicht zur erstrebten Befreiung führten.

Das Guru und Cela verbindende Band ist Maitrī. Durch sie erkennt der Guru die potentiellen Fähigkeiten des Cela und die ihn hemmenden Kräfte eingefahrener Gewohnheiten, die sein Karma ausmachen. Dem Cela aber ermöglicht Maitrī ein vertrauensvolles Sich-Öffnen ohne Vorbehalte und Einschränkungen, unter Abbau von Vorurteilen, Selbstbezogenheiten und Negativismen. So kann er sich mit Hingabe einem über viele Generationen weitergegebenen und ständig weiterentwickelten Geistesgut zuwenden, und indem er sich mit ihm auseinandersetzt, vollzieht sich in ihm die kontinuierliche Umwandlung des anfangs fremd Erscheinenden in Eigenes, ein Prozeß, der dem der Nahrungsaufnahme gleicht, bei dem die körperfremde Substanz der Nährstoffe zunächst in ihre Grundbestandteile aufgelöst wird, um dann durch Assimilation in körpereigene Substanz umgebaut zu werden. Viele ernsthaft Suchende, die sich heute mit dem religiösen Erbe der Menschheit befassen, vergessen aber bei diesem «Assimilationsvorgang», daß nach Transformation des Assimilierbaren das Nichtassimilierbare ausgeschieden werden muß. Dieser Prozeß ist kein intellektueller, sondern ein organischer beziehungsweise psychischer: Es ist ein Wachstumsvorgang, der sich über lange Perioden hinweg vollzieht, wobei das «Eigene» nicht dem «Fremden» angeglichen wird, sondern das anfänglich Fremde durch geistige Verarbeitung und inneres Erleben eine einmalige individuelle Ausprägung erfährt.

Man fragte mich einmal: «Betrachten Sie die Wiederverkörperung Ihres früheren Guru als Ihren jetzigen Lehrer?» Meine Antwort war: «Würden Sie, der Sie in früheren Leben verheiratet waren, die Wiedergeburt einer Frau aus einem dieser früheren Leben als Ihre jetzige Frau betrachten?» Diese Gegenfrage dürfte den Sachverhalt klarmachen: Ebensowenig wie ein Ehekontrakt oder eine persönliche Beziehung aus einem früheren Dasein im jetzigen Leben Gültigkeit haben kann, weil sich die einstigen Partner nach der ihnen eigenen inneren Gesetzmäßigkeit verändert haben (wenngleich gewisse Grundelemente bestehen bleiben und die Gemeinsamkeit einer tiefen Beziehung ihre Spuren in Form einer geistigen oder emotionalen Affinität hinterläßt), so kann auch der Guru in seiner neuen Inkarnation nicht die gleiche Stellung gegenüber seinem früheren Cela einnehmen, da dieser ja inzwischen, seiner eigenen Entwicklung folgend, jene Samen zur Reife brachte, die sein Guru einst in ihn senkte, so daß er nun imstande ist, deren Früchte in Dankbarkeit und liebevoller Erkenntlichkeit seinem früheren Lehrer darzubieten.

Aber ob alt oder jung: Die innere Beziehung zwischen Guru und Cela bleibt bestehen, wenn auch äußerlich die Rollen vertauscht sein mögen. Wieder und wieder wird man sich begegnen, bis beider Aufgabe erfüllt ist – bis beide eins geworden sind in jenem höchsten Licht, das beider Ursprung und Ziel ist und das sie durch viele Geburten und Tode verbindet.

Wenn ich heute auf den langen Weg meines Lebens zurückblicke, so war es immer jenes Licht, das mich leitete. Ich sehe den Pfad meines Lebens, wie er sich durch eine weite, vielgestaltige Landschaft windet, eine Landschaft, die von einem mächtigen Strom beherrscht wird: dem Strom geistiger Tradition, der ohne Anfang und Ende durch die Jahrtausende menschlichen Lebens und Strebens geflossen ist. Er verkörpert die Erfahrungen unzähliger Generationen von religiös ergriffenen Menschen: von Sehern und Sängern, von Dichtern und Denkern, Künstlern und Gelehrten, Heiligen und Sündern. Die Quellen dieses Stromes sind die Erleuchteten, die sich immer wieder unter den Menschen verkörpern, wie zum Beispiel Buddha Śākyamuni, dessen Botschaft von solch universeller Bedeutung war, daß wir selbst nach zweieinhalb Jahrtausenden die Tiefe ihres Gehaltes und die Vielfältigkeit ihrer Ausdrucksmöglichkeiten sowie ihre Verwirklichungswege noch nicht erschöpft haben. In einer solchen Tradition zu stehen ist eine Verpflichtung: Wer sie verleugnet, um seine eigenen Wege zu gehen, stellt sich außerhalb der geistigen Sukzession der Guru-Celaschaft, die in ungebrochener Reihe aus der Vergangenheit auf uns gekommen ist und die uns geistige Autorität verleiht. Hierauf beruht die Bedeutung jeder Initiation, die nur denen zuteil werden sollte, die dies voll und ganz begriffen haben und die diese Tradition als Verpflichtung akzeptieren.

In einer solchen Tradition stehen heißt jedoch nicht, Konzeptionen, Gebräuche und Methoden unkritisch zu übernehmen, die in der Vergangenheit ihre Bedeutung und ihren Wert hatten, jetzt aber nur noch von historischem Interesse sind. In unserer Ordenstradition vereinigen sich die Ströme der drei großen Yānas des Buddhismus. Alle ihre Schulen haben uns wertvolle Anregungen gegeben, sind aber mehr oder weniger im Laufe der Jahrhunderte in bestimmten Phasen ihrer Entwicklung stehengeblieben. Da, wo sie heute versuchen, über ihren eigenen Schatten zu springen, landen sie oft in extremer westlicher Intellektualität und Relativierung aller Werte, wobei jede Zielsetzung verworfen wird und damit auch jede Selbstverantwortung und Ethik. So können dann selbst extremste Exzesse als «spontane Handlungen» angepriesen und verherrlicht werden.

Spontaneität einer selbstlosen Handlung und die automatische Reaktion eines Durchschnittsmenschen sind aber nie und nimmer das gleiche: Letztere bewegt sich auf dem Niveau eines Tieres, das seinem Instinkt folgt und nicht die Möglichkeit einer freien Entscheidung hat. Spontaneität aber setzt voraus, daß ein Mensch ein Ich geformt hat, dessen Begrenzung er dann überschreitet. Denn Bewußtsein bedarf eines Brennpunktes, um wirksam zu sein. Diesen Brennpunkt nennen wir das «Ich» oder «Selbst». Doch dieser Brennpunkt verlagert sich in jedem Augenblick, und da dies nicht erkannt wird, entsteht die «Ich-Illusion», die uns zu dem unsinnigen Versuch veranlaßt, den momentanen Brennpunkt festhalten zu wollen oder gar mehrere Brennpunkte für identisch zu erklären.

Ein Guru im Westen muß in der Lage sein, auf die Situation und den geistigen wie kulturellen Hintergrund seines abendländischen Schülers einzugehen. Er muß ihn an den Kern heranführen, nicht aber an die Verkrustungen, die sich um diesen gebildet haben. Denn von einem Verkrustungsprozeß ist der Buddhismus in seinen Stammländern ebensowenig verschont geblieben wie das europäische Christentum. Gebete und Anrufungen, poetische Beschreibungen transzendenter Gefilde und Wesenheiten können dem Menschen der Gegenwart wohl kaum jenen inneren Sinn eines Sādhana erschließen, der allein zum Erleben der Symbolik und zum Verständnis der psychischen Vorgänge wie der nichtsagbaren geistigen Wirklichkeit führt.

Sādhanas und andere tantrische Texte werden heute in zahlreichen Übersetzungen angeboten. Da sie oft nur wörtlich übersetzt wurden, erschließen sie nur selten ein tieferes Verständnis, verlieren sich in pedantischen Kleinigkeiten, in denen alles Intuitive erstickt wird, und verbauen dadurch dem westlichen Menschen, der gerade im Begriff ist, sich von der Dogmatik und Scholastik christlicher Kirchen und ihrem engen Puritanismus zu befreien, den Weg zum Erlebnis buddhistischer Universalität und Bewußtseinstiefe.

Aus diesem Grunde wird ein Guru, der sich für seine Schüler verantwortlich fühlt, immer zögern, tantrische Sādhanas *schematisch* festzulegen, denn jeder einzelne dieser Sādhanas würde ein ganzes Buch an Erklärungen und Hinweisen erfordern, etwa wie mein Buch *Grundlagen tibetischer Mystik*, das nur als *Einführung* in das Mantra OM MANI PADME HŪM gedacht ist.

Darüber hinaus sollte man bedenken, daß ein abendländischer Cela nicht ohne eine ausreichend lange und gründliche Vorbereitungszeit in Sādhanas initiiert werden sollte, denn durch die Reizüberflutung der Menschen im Bereich der westlichen Zivilisation ist sowohl sinnliche Wahrnehmung wie Imagination ungeübt und damit meist wenig ansprechbar und funktionsuntüchtig, so daß hier eine Wiedereinübungsphase vorgeschaltet werden muß. Parallel dazu sollte er sich unter Anleitung eine grundlegende Kenntnis des Dharma erarbeiten, ohne die jede meditative Schulung richtungslos verpufft. Er muß ferner lernen, die Klarheit des Bewußtseins wachzuhalten, indem er in steter Vergegenwärtigung sich seiner Körperlichkeit, seiner Empfindungen und Gefühle, seiner Wahrnehmungen und Erkenntnisvorgänge wie auch seiner willentlichen und triebgesteuerten Tendenzen bewußt ist. Auch muß er die vier Unermeßlichen entwickeln: Liebe, Mitleiden, Mitfreude und ichfreie Unparteilichkeit, gepaart mit Gleichmut gegen alles, was ihn selbst betrifft, um dann auf dem Pfade der Bodhisattvaschaft Gier, Haß und Wahn zunehmend durch die Übung der Pāramitās aufzulösen. Vor allem aber muß er lernen, zwischen dem «Finger, der auf den Mond zeigt» und dem «Mond» selber zu unterscheiden, muß lernen, sich von allem Formalen, Nur-Intellektuellen, Dogmatischen und Überlebten wie auch allem Routinehaften zu lösen. Ihm dabei zur Seite zu stehen ist ebenso die Aufgabe des Guru, wie ihn von seiner Ichbezogenheit, Eitelkeit und Ichverletzlichkeit zu befreien.

In dieser Phase wird der Guru über längere Zeit hinweg eine ständige Herausforderung für seinen Cela sein, der sich, solange er sein Ich nicht durchschaut, mißverstanden und verletzt fühlen wird, und nur die wirklich Berufenen sind diesem harten Läuterungsprozeß gewachsen. Den anderen ist er nicht oder nur in sehr gemilderter Form zuzumuten. So hat Marpa nur seinen befähigtsten Jünger – Milarepa – schmerzlich seine Unzulänglichkeiten erleben lassen, indem er ihn durch immer erneute Vernichtung seiner eben mit Mühen erschaffenen Werte und ohne Anerkennung höchster Leistungen sowie durch ständiges Hinausschieben der ersehnten Initiation dazu brachte, am Ende alle Ichhaftigkeit, Egozentrik, alles Streben nach Lohn und Belohnung und alle falschen Vorstellungen von erworbenen Verdiensten aufzugeben. In gleicher Weise wird der Guru seinen befähigten Cela aus den erträumten Höhen seiner Selbstglorifizierung in die Wirklichkeit seines «Zur-Zeit-So-Seins» zurückholen und ihn bis an die Grenze seiner Möglichkeiten fordern, um «das Gold im Feuer der Hingabe ganz aus dem

Gestein geläutert erstrahlen zu lassen». Und was immer er ihm auch an Übungen und Aufträgen gibt: Sie alle dienen nur der Förderung des inneren Reifungsprozesses. Und hinter all der empfundenen Härte verbirgt sich die Liebe des Guru zu seinem Cela, mit dem er alles miterlebt und miterleidet.

Es ist die Tragödie unserer Zeit, daß gerade jetzt, wo der Westen seine Vorurteile gegen das Vajrayāna und seine Methoden einigermaßen überwunden hat, sich eine Anzahl selbsternannter «Gurus» östlicher und westlicher Herkunft daranmachen, mit pseudowissenschaftlicher Begründung eine Parodie der alten tantrischen Tradition zu fabrizieren. So machen einige von ihnen Mantras zu mechanischen Hilfsmitteln einer mißverstandenen psychiatrischen Therapie, die jedes vernünftigen Inhalts und irgendwelcher religiöser Werte entleert ist. Andere naive Verfechter östlicher Lehren versuchen ohne Kenntnis der westlichen Mentalität ihre Doktrinen ins Abendland zu importieren, wobei sie vergessen, die notwendigen Vorbedingungen zu schaffen, die erforderlich sind, um westlichen Schülern ein wirkliches Verständnis für östliches Denken und Fühlen so zu vermitteln, daß diese ihren gesunden Menschenverstand nicht vergewaltigen oder gar echte Werte ihrer eigenen Kultur über Bord werfen müssen. Das Schlimmste aber ist, daß die mit allen Mitteln der Reklame geschäftsmäßig betriebene Invasion von Pseudo-Gurus in die Länder des Westens zu einer derartigen Herabsetzung aller religiösen und geistigen Werte geführt hat, daß selbst die gute Arbeit, die von ernsthaften Exponenten östlicher Kultur geleistet wird, in Gefahr ist, mißverstanden und von recht denkenden Menschen abgelehnt zu werden.

An dieser Stelle sei noch einmal deutlich herausgestellt, daß die heute mancherorts geübte Praxis, tantrische Sādhanas und den sie vermittelnden Abhiṣeka in einer Art «Masseneinweihung» einer großen Menge nur unzureichend vorbereiteter Aspiranten zu erteilen, den alten Traditionen und vor allem dem Wesen einer Initiation widerspricht. Ein verantwortungsbewußter Guru wird vor der Erteilung einer Dīkṣā* (tib.: Lung) oder gar eines Abhiṣeka seinen Cela lange vorbereiten und ernsthaft prüfen, um ihm dann individuell den seiner Entwicklung und seiner Situation entsprechenden Sādhana zu übermitteln. Und so wie ein Arzt nicht die gleiche Medizin für alle seine Patienten verschreiben kann und selbst bei gleichen Leiden das gleiche Mittel unterschiedlich dosieren muß, so wird auch ein Guru nicht allen seinen Schülern die gleiche Meditationsmethode verabfolgen, sondern nach entsprechender «Diagnose» jedem einzelnen die seinem Charakter und seiner augenblicklichen Geisteshaltung angemessene Übung geben.

Anders ausgedrückt: Die dem Cela übermittelte meditative Praxis muß diesem ein *richtunggebender* Anstoß sein. Sie soll nicht nur dessen Aufmerksamkeit (Smṛti) fesseln, sondern ihn auch mit Inspiration (Prīti) erfüllen, wodurch seine Energie (Vīrya) aktiviert und eine dynamische, spontane Konzentration geschaffen wird. Diese aber erzeugt im Gegensatz zu willentlich erzwungener Konzentration (in der wir uns dauernd einfallender Störungen zu erwehren haben) keinen Zustand konstanter negativer Abwehr und Abgrenzung, sondern bewirkt eine positive Zuwendung auf ein erhabenes, uns im tiefsten Innern bewegendes und unwiderstehlich anziehendes Ziel. Dieses Ziel aber ist die Verwirklichung der Buddhaschaft, das heißt die Verwirklichung unserer menschlichen und universellen Ganzheit im Brennpunkt unserer Individualität, welche uns nur durch die Vorstellung des ganz gewordenen, vollendeten, völlig erwachten und sich seiner Universalität bewußt gewordenen Menschen zum Erlebnis werden kann, der in der erhabenen und doch menschlich so nahen Gestalt des Buddha seinen sichtbaren Ausdruck gefunden hat und dessen Widerspiegelung der Cela in der Gestalt seines Guru ahnend erfährt.

Um die Fülle der Eigenschaften und Erlebnismöglichkeiten der geistgewirkten Gestalt des Buddha und des Guru auszu-

---

* Weihe, Einführung, Aufnahme einer religiösen Observanz oder Übung.

schöpfen, bedarf es der anschaulich-bildhaften Aufgliederung des inneren Gehaltes dieser Gestalt in die spektrumartige, konzentrisch angelegte Projektion eines Maṇḍala, in dem alle dieser Gestalt zugehörigen Qualitäten (die zugleich die Konstituenten unseres eigenen Bewußtseins darstellen) in sichtbare und erfahrbare Erscheinung treten. Dies setzt aber voraus, daß der Cela – wie wir schon oben betonten – zuvor mit der geistigen Landschaft des Buddhismus vertraut sein muß. Sonst ist er einem Wanderer vergleichbar, der ohne Kenntnis des Terrains und der Landkarte ziellos und blind in der Gegend umherirrt. Wenn er Glück hat, gelangt er an einen ihn befriedigenden Ort – wenn nicht, so hat er seine Chance verpaßt. Deshalb wird der Guru an den Anfang die *Wissensvermittlung* stellen, denn Sādhana ohne Wissen führt regelmäßig in die falsche Richtung, so daß der Nichteingeweihte, nur nach Büchern Arbeitende, der Nichtwissende und ohne Meister den Weg Gehende immer in Gefahr ist, statt frei zu werden, sich immer mehr in seinem Wähnen und Meinen zu verstricken.

Wenn ein Cela von einem Guru angenommen wird, so hat er diesem Śraddhā und Bhakti, das heißt vertrauendes Offenstehen und Hingabe, entgegenzubringen – zwei Grundvoraussetzungen, ohne die geistige Führung nicht möglich ist. Und gerade hier tun sich viele abendländische Celas schwer, da sie es nicht fertigbringen, sich vor ihrem Lehrer zu verneigen und unwillig werden, wenn an ihren Vorurteilen und Meinungen gerüttelt wird. Selbst da, wo sie zu lieben vorgeben, verteidigen sie *ihre* Position und behaupten *ihren* Standpunkt.

Celaschaft aber fordert Anfängergeist, ausgehend von dem Wissen, daß man jetzt einen Bereich betritt, von dem man nichts weiß und wo man sich, wie bei einer Bergtour oder einem unbekannten gefährlichen Terrain, einem erfahrenen Führer anvertrauen muß. Der Guru wird hier in zunehmendem Maße zum Vor-Bild im wörtlichen Sinne, an dem man sich formt. Daß ein solcher Vollzug nur dann möglich ist, wenn von vornherein eine innere Verwandtschaft zwischen Meister und

Jünger besteht und ein Band der liebevollen Zuneigung sie verknüpft, ist evident. Denn nur dann ist es möglich, daß beispielsweise die Meditation des Anfängers sich nicht in einem abstrakten Bereich bewegt, sondern die Schaubildentfaltung dadurch Leben gewinnt, daß der Cela das Bild seines Guru – in welchem sich für ihn die Essenz aller Buddha- und Bodhisattvaschaft offenbart – in die zu erschauenden göttlichen Gestalten der Buddhas und Bodhisattvas projiziert. Nur so wird er in der Lage sein, die Beschwernisse der langen, gefahrvollen Reise zu bewältigen, und nicht in abgrundtiefe Verzweiflung geraten, wenn er durch die vorbereitende Schulung hindurch muß, ohne die jeder Sādhana seinen Zweck verfehlt und besser nicht gegeben werden sollte. So muß er sich einer Schulung seiner Imaginationskraft unterziehen, muß lernen, den inneren Frieden seines Geistes (Śamatha) zu finden, und intuitive Einsicht in das Wesen der Dinge (Vipaśyana) gewinnen. So läutert er seinen Geist und lernt, ihn auf das Ziel zu richten, das er erstrebt, wodurch er für die Erteilung des Abhiṣeka reif wird.

Es scheint auch eine Eigentümlichkeit unserer Zeit zu sein, daß die Menschen des Westens selbst im Bereich des Geistigen in Quantitäten und nicht in Qualitäten denken. So lassen viele abendländische Meditationsbeflissene die Tendenz erkennen, möglichst viele Meditationsübungen und Sādhanas zu sammeln, statt einen einzigen zum Leitthema des Lebens zu machen. Ihr Geist ist nicht in der Lage, längere Zeit bei *einer* Sache zu verweilen. Er ist voll Unruhe und daher bestrebt, immer wieder etwas Neues aufzunehmen, um «nur einmal zwischendurch» etwas anderes zu versuchen. Aber man sollte weniger auf die Vielfalt der Meditationsmethoden blicken, die man üben *könnte*. Worauf es allein ankommt, ist die Intensität des Übens in der einmal eingeschlagenen Richtung. Wenn wir dann auch nur eine Initiation erhalten haben und nur einen einzigen Sādhana üben, so haben wir – wenn es uns gelingt, uns ganz zu öffnen – *alle* Abhiṣekas erhalten. Wer mit Hingabe und offenem Geist – oder wie es Suzuki-Roshi so treffend nannte: mit «Anfänger-Geist» – meditiert, und sei es auch in der allereinfachsten Form, wird einen Durchbruch erzielen. Wer aber unterschiedlichen Methoden zugleich folgt, wechselweise bald diese, bald jene, dann wieder alle zusammen übt, der blockiert sich selbst und tritt auf der Stelle.

Noch schlimmer ist es, wenn man sich durch viele gesammelte «Einweihungen» in dem Wahn wiegt, dadurch etwas Besonderes zu sein: Das aufgeblähte Ich verhindert dann jegliches Voranschreiten auf dem Pfade und verstrickt den Menschen in immer unentwirrbarere Verhaftungen. Wir sollten uns daher immer daran erinnern, daß ein Abhiṣeka eine Kostbarkeit ist, und uns davor hüten, das heute inflationsartige Angebot an Initiationen noch zu vermehren. Meditation im Vajrayāna erfordert vom Cela Durchstehvermögen: Auch in Zeiten, wo über lange Perioden «nichts geschieht», muß der Sādhana jeden Augenblick durch unser jeweiliges Tun hindurchwirken. Denn man kann eine Meditation nicht heute aufnehmen, um sie morgen für eine Weile zu vergessen mit der Absicht, sie irgendwann wieder einmal neu zu versuchen: Der Faden ist dann abgerissen und läßt sich kaum wieder anspinnen.

Wie bereits herausgearbeitet, gründet sich die Guru-Cela-Beziehung auf eine sublime geistige Wahlverwandtschaft, durch die Meister und Jünger zueinander finden und ein Leben lang verbunden bleiben. Aus dieser von vornherein bestehenden Verwandtschaft im Denken und Fühlen und dem aus ihr reifenden Band der Maitrī erkennt der Cela im Guru sein Vorbild, an dem er sich formt. Der dadurch eingeleitete Prozeß ist dem der Entwicklung eines Kindes zur reifen, voll entfalteten Persönlichkeit vergleichbar.

Gerade dadurch wird deutlich, daß die Celaschaft bei einem Guru nicht das Aufgeben der Selbstverantwortung und des eigenen Denkens bedeutet. Man geht zu einem Guru, um gefordert und um in Verantwortlichkeit gestellt zu werden, nicht aber um sein eigenes Denken und Fühlen auszuschalten, vielmehr um zu lernen, es einer wachen und strengen Prüfung am

Wort des Guru zu unterziehen. Deshalb ist es auch völlig überflüssig, vor seinem Guru den eigenen Standpunkt zu verteidigen. Einem wahren Guru geht es nicht um Gleichschaltung des Denkens und Fühlens. Er will vielmehr das eigene Erkennen und Erleben im Cela wecken, will ihn nicht belehren, sondern inspirieren. Aber er will auch seinen Cela aus den Verhaftungen an Meinungen, Vorurteilen und Dogmen lösen, um ihn zum Wesentlichen zu führen, was oft ein schmerzhafter Prozeß ist.

In der Reihe der Gurus unserer Ordenstradition haben Siddhas und Meister wie Tilopa, Naropa, Marpa und Milarepa einen besonderen Platz. So gehörte Milarepa, obwohl er ein eheloses Leben führte, nie dem Bhikṣu-Sangha an, noch trug er dessen Gewänder. Sein Guru Marpa, einer der größten Lamas Tibets, der verheiratet war und Kinder hatte, war wiederum der Schüler des Mahāsiddha Naropa, der einmal eine der großen Kapazitäten der buddhistischen Universität Vikramaśīla gewesen war, ein Brahmane von Geburt und als Mahāpaṇḍita einst ein geehrtes Mitglied des Bhikṣu-Sangha. Aber trotz seiner Gelehrsamkeit und seines tugendhaften Lebens konnte er sein Ziel, die Erleuchtung, nicht verwirklichen. Als er den Guru Tilopa, einen wandernden Yogi und Lehrer der Mahāmudrā-Doktrin, traf, der die Befreiung erreicht hatte, gab Naropa sein hohes Amt und sein Mönchsgewand auf, um dem Siddha zu folgen und in die Mahāmudrā-Lehre eingeweiht zu werden.

Tilopa lehrte ihn: «Wo der Geist keinen Ort hat, an dem er stehenbleiben (und abgegrenzt werden) kann, dort ist die Mahāmudrā gegenwärtig. Durch die Pflege einer solchen Haltung erreicht man höchste Erleuchtung.» Mit anderen Worten: Mahāmudrā ist die universelle Geisteshaltung, die ihrer Natur nach unbegrenzt und allumfassend ist, oder um mit den Worten Tilopas zu sprechen: «Die Schatzkammer des ursprünglichen Geistes ist frei von selbstischen Leidenschaften und leuchtet wie der unbegrenzte Himmel.» Unter der Führung Tilopas ging Naropa den Weg der spontanen Erfahrung und Verwirklichung des universellen Tiefenbewußtseins, das bei ihm unter Bergen scholastischer Gelehrsamkeit, abstrakter philosophischer Spekulationen, haarspalterischer Argumente und mönchischer Regeln begraben war, denen zufolge Tugend nicht das natürliche Produkt höheren Wissens, sondern das Ergebnis bloßer Verneinung ist. Diese Selbstgefälligkeit an erworbenen negativen Tugenden aber war das größte Hindernis auf dem Wege zur Erleuchtung für den gelehrten Naropa: Sie war es mehr als alle möglichen Leidenschaften, die durch Einsicht in die wahre Natur des Geistes in Kräfte der Befreiung verwandelt und sublimiert werden können.

Nur in diesem Zusammenhang ist die scheinbar paradoxe Aussage Tilopas zu verstehen: «Die wahre Natur der Leidenschaften hat sich als das sublime Wissen der Befreiung offenbart.» Denn allein ein Mensch, der großer Leidenschaften fähig ist, vermag große und größte Taten und schließlich die Vollendung im Bereich des Geistes zu bewirken. Nur ein Mensch, der wie Milarepa durch die Feuer des Leidens und der Verzweiflung gegangen ist, ist fähig, das höchste Ziel innerhalb *einer* Lebensspanne zu verwirklichen.

Die Biographien des Naropa, Marpa und Milarepa lassen uns das Wesentliche der Guru-Cela-Beziehung erkennen: Wissensvermittlung im Sinne einer bestimmten Lehrtradition spielt hier nur eine untergeordnete Rolle. Der Guru sieht vielmehr seine Aufgabe darin, daß sein Cela seine Ichbezogenheit abbaut, sich löst von seinen Eitelkeiten, seinem Sich-verletzt-und-gekränkt-Fühlen, seiner Abhängigkeit von Lob und Tadel. Er läßt ihn die Hohlheit einer nicht aus dem Leben gereiften Moral erkennen, konfrontiert ihn mit seinen bloß von anderen übernommenen Meinungen, Vorurteilen und Glaubensbekenntnissen. Er setzt ihn der ganzen Fülle seiner Emotionen aus, damit er lernt, sich unvoreingenommen zu öffnen, um durch eine von keiner Dogmatik verfälschten Erfahrung unmittelbare Einsicht zu gewinnen.

Darüber hinaus aber erfährt der Cela in seiner Verbindung zur Person seines Guru ein Eingebundensein in eine ununterbrochene Kette geistiger Übertragung, die vom Buddha Śākyamuni bis zu ihm reicht und die ihm Verpflichtung ist zum Einsatz all seiner Kräfte hin auf das hohe Ziel der Erleuchtung. Im Guru aber verkörpert sich für ihn die ganze Kette derer, die die heilige Lehre von Generation zu Generation durch die Jahrtausende weitergaben und lebendig erhielten, so wie der Buddha Śākyamuni für die unübersehbar große Zahl aller Erleuchteten steht, die ihm vorausgegangen sind und die ihm folgten und folgen werden.

So wie der Guru auf den Schultern der ihm Vorangegangenen steht, so steht der Cela auf den Schultern seines Guru mit der Verpflichtung, die Inspiration, die er von seinem Guru empfangen hat, in eigenem Erleben einzuschmelzen und zu verwandeln, bis sie zum Ausdruck seiner innersten Natur wird, in welcher der über alles Wortwissen und alle Scholastik erhabene Geist des Guru in neuer Form aufersteht. Nur so kann es geschehen, daß der Cela zum Guru und der Guru auf höherer Ebene wieder zum Cela wird und daß in diesem lebendigen Wechselspiel das tiefste Verbundensein zwischen Guru und Cela seinen Ausdruck sucht und einer steten Steigerung fähig bleibt, bis das Nichtsagbare getan und die hohe Aufgabe erfüllt ist.

Ich bin wiederholt gefragt worden, ob es denn überhaupt notwendig sei, einen Guru zu haben. Nein, es ist nicht unbedingt erforderlich, aber doch sehr wünschenswert. Es gibt Menschen, die die Fähigkeit haben, in die Tiefe vorzudringen und alles selbst neu zu entdecken, was andere sich mühsam durch methodisches Lernen unter Anleitung erfahrener Lehrer erarbeiten müssen. Doch solche Menschen sind seltene Ausnahmen. Und selbst für sie ist es wenig sinnvoll, all das noch einmal neu entdecken zu wollen, was Generationen von Weisen, Heiligen und Denkern bereits entdeckt haben. Nur wenige von diesen Ausnahmemenschen würden unter solchen Bedingungen in *einem* Leben ihr selbstgesetztes Ziel erreichen und das Erstrebte verwirklichen können. Denn der Mensch lebt nicht in einem geschichtslosen Raum: Wir alle sind Erben derer, die vor uns lebten. Aus diesem Wissen aber erwächst die Verpflichtung, das Ererbte uns ganz zu eigen zu machen, um es in uns durch Nach- und Neuerleben lebendig werden zu lassen. Denn nur was wir selbst erfahren und erlebt haben, kann einen Wandlungsprozeß einleiten, nie aber das, was wir um einer heiligen Tradition willen übernahmen.

7 WEGE DER VERINNERLICHUNG
IM BUDDHISMUS UND IHRE BEDEUTUNG
FÜR DEN MENSCHEN UNSERER ZEIT

Über viele Jahrhunderte hatte man im Westen das, was heute unter dem Wort «Meditation» zusammengefaßt wird, fast völlig vergessen. Dann aber wurde in den letzten Jahrzehnten der Büchermarkt Europas und Amerikas plötzlich mit einer Flut von Schriften überschwemmt, die dieses Thema aufgriffen und Meditieren fast zu einer Mode machten. Da im Abendland keine lebendigen Traditionen mehr bestanden (abgesehen von den geistigen Exerzitien des Ignaz von Loyola), griff man zunächst wahllos auf schriftlich überlieferte Methoden des Ostens zurück, die man – losgelöst von ihrem religiösen und kulturellen Hintergrund – dann entsprechend der Weltanschauung des jeweiligen westlichen Verfassers interpretierte, abwandelte und oft marktschreierisch empfahl. Auf der Basis solcher Darstellungen entwickelten wiederum andere Autoren «aufgrund eigener Erfahrungen» ihre selbstkonstruierten Methoden, die, «ganz den Bedürfnissen des westlichen Menschen angepaßt», an den Mann gebracht wurden. Doch schon eine flüchtige Prüfung läßt erkennen, daß die meisten dieser Autoren keine meditativen Erfahrungen besitzen, vielmehr sich Systeme erdachten, die jene, die sie üben, oft in Abhängigkeiten bringen, statt sie zu einer Freiheit in Selbstverantwortlichkeit zu führen.

Wenn wir von den heute noch im Osten lebendigen meditativen Traditionen lernen wollen, so müssen wir uns zunächst einmal darüber klarwerden, daß das, was heute im Abendland unter dem Sammelbegriff «Meditation» verstanden wird, in

Wirklichkeit eine Vielzahl von unterschiedlichsten Übungssystemen ist, die – ausgehend von verschiedenartigsten religiösen und kulturellen Anschauungen – teilweise entgegengesetzte Ziele anstreben. Da nun die Methoden in Abhängigkeit vom weltanschaulichen Ausgangspunkt und vom angesteuerten Ziel her entwickelt wurden, so verbietet sich von vornherein eine Übernahme, wenn der eigene Weg – bedingt durch eine andersgeartete religiöse oder weltanschauliche Ausrichtung – in einer anderen Richtung verlaufen soll. Doch selbst wenn die Richtung der gewählten Meditationstechnik stimmt, so muß diese doch durch den Guru Variationen erfahren, entsprechend der individuellen Anlage und der Ausgangssituation des Cela.

Hat man dies erst einmal verstanden, so begreift man auch, daß es unmöglich ist, Meditationsanweisungen verallgemeinernd an Gruppen zu geben oder gar an Menschen, mit denen man keinen persönlichen Kontakt hat und deren geistige Haltung und seelische Einstellung einem mehr oder weniger unbekannt sind. So ist meditative Schulung immer etwas sehr Individuelles und kann und darf nach buddhistischer Tradition – wie auch nach allgemeiner Überlieferung des Ostens – nur in der engen Guru-Cela-Beziehung geübt werden.

Diese Tatsache berücksichtigte bereits die frühe Tradition des Pali-Kanon, aus der ersichtlich wird, daß nicht jede Meditationsform als nützlich für jedermann erachtet wurde. So unterschied man bereits früh sechs Typen von Menschen, für die jeweils unterschiedliche spezifische Übungswege empfohlen wurden.

Im Mahāyāna und Vajrayāna wurden die Wege meditativen Bemühens noch weiter verfeinert, so daß der Guru für einen jeden seiner Schüler eine auf diesen individuell zugeschnittene Methodik herausfinden konnte. Voraussetzung für ein solches Vorgehen ist, daß der geistige Lehrer zunächst einmal die Fähigkeiten und Neigungen seines Schülers gewissenhaft prüft und erkennt, um diesem dann Schritt für Schritt einen ihm entsprechenden Weg zu eröffnen. Eine solche Wegweisung kann aber nie durch ein starres Programm erfolgen, das nach einem vorgefertigten Schema abläuft. Denn der Cela kann auf jeder Stufe seiner Entwicklung ungewöhnliche Erfahrungen machen, kann in bedenkliche psychopathologische Phantasmen oder Verwirrtheitszustände geraten, die der Guru rechtzeitig erkennen und abfangen muß, was nur im engen persönlichen Kontakt und Zusammenleben möglich ist. Nur unter solchen Voraussetzungen kann der Guru liebevoll durch eigenes Vorbild und Vorleben seinen Jünger fördern, damit dieser von sich aus seine positiven Eigenschaften entwickelt und seine negativen dämpft oder umformt, ohne daß dabei die Dynamik schöpferischer Meditation durch Schematisierung und Reglementierung erstickt wird.

Da – wie wir sahen – Methodik und Richtung einer Meditation weitgehend vom erstrebten Ziel bestimmt wird, ist es eine Sache der Ehrlichkeit, daß wir jedem, der von uns in die Meditation eingeführt werden will, klarmachen, daß der Weg, den wir lehren, nur der einer *buddhistischen* Meditation sein kann. Ist er aus eigener Entscheidung bereit, diesen Weg zu gehen, so sollte man ihn zunächst einmal fragen, was ihn zum Buddha-Dharma brachte und was ihn am meisten innerhalb des Dharma fasziniert. Aus den Antworten auf diese Fragen können die ersten Ansätze für eine meditative Arbeit erschlossen werden. Denn diejenigen, die durch die großen mystischen Visionen des Vajrayāna beeindruckt und angezogen werden, müssen zwangsläufig anders geführt werden als jene, die von der Folgerichtigkeit buddhistischer Logik oder von der Erhabenheit der Vier Unermeßlichkeiten oder von der tiefen Menschlichkeit und Güte eines Bodhisattva oder eines Buddha angezogen werden.

Es wäre zweifellos ideal, wenn man von vornherein eine möglichst komplexe, alle Aspekte erfassende meditative Schulung ganz generell durchführen könnte. Doch ein solches integratives Bemühen muß zwangsläufig daran scheitern, daß der Mensch, der zu uns kommt, ein Wesen ist, das seine eigene Geschichte hat. Er selbst bietet uns das Objekt an, das ihn mit

Begeisterung erfüllt und welches er auch lieben kann. Dieses aufzugreifen und zum Ausgangspunkt für seine meditative Arbeit zu machen, ist eine psychologische Notwendigkeit, denn allein ein solches Objekt ist in der Lage, ihn durch Zeiten zu tragen, wo er in Verzweiflung gerät, wenn seine Meditation einmal nicht richtig vorangeht und er – noch besessen von einem falschen Leistungsstreben – in Depressionen verfällt.

Der gemeinsame Ausgangspunkt buddhistischer Meditation ist die erlebnishafte Einsicht, daß die Leidenserfahrung des Menschen in seiner «Ich-bin-Illusion» wurzelt. Sie ist es, durch die er sich in Nichtkenntnis der Wirklichkeit von seinen Mitwesen ebenso wie von den Quellen des größeren Lebens absetzt und trennt und dadurch ständig wachsende Mauern und Begrenzungen um sich herum aufbaut, die es im meditativen Vollzug niederzureißen gilt. Um diesen Durchbruch und die Wiedergewinnung der Einheit in unserem Bewußtsein zu vollziehen, sind zwei Wege möglich: Der eine ist der Weg der Askese und der Weltverneinung, wobei die Welt als eine bloße Illusion abgetan und entsprechend entwertet und unsere Individualität im unerschaffenen Urgrund allen Seins aufgelöst wird. Der zweite Weg führt uns über eine dynamische Entwicklung unseres Denkens, Fühlens und Handelns zu einer Entfaltung von Hingabe und Liebe, von Mitempfinden des Leides anderer Wesen und von Mitfreude an deren Glück wie darüber hinaus zu einer Bejahung der Wirklichkeit unter Anerkennung aller individuellen Werte in deren ständigem Wandel. Denn es ist dieser Wandel, der es uns ermöglicht, die Transparenz und damit auch die Transzendierung der Individualität zu erfahren, die in ihrer Dynamik einem ständigen Wandel unterworfen ist und – keinen Augenblick sich selbst gleichbleibend – doch kontinuierlich als Schnittpunkt und Fokus aller Kraftstrahlen des Universums erfahren werden kann. In diesem Erleben löst sich die Gegensätzlichkeit von Saṃsāra und Nirvāṇa auf: Wir werden gewahr, daß die gleiche Welt, die dem unerleuchteten Geist als Saṃsāra erscheint, vom Erleuchteten als Nirvāṇa erlebt wird.

Man hat der buddhistischen Verinnerlichung immer wieder vorgeworfen, daß es ihr Ziel sei, den Menschen in einen Zustand der Unerschaffenheit zurücksinken zu lassen, daß sie eine Regression ins Unbewußte erstrebe und somit eine Vernichtung der Individualität. Dagegen mußte sich schon der Buddha verteidigen:

Da hat einer den Ich-bin-Dünkel abgetan, samt der Wurzel zerstört..., so daß er nicht wieder neu entstehen kann... Einen solchen, innerlich freigewordenen Bhikkhu können selbst die Indra-, Brahma- und Pajāpati-Götter, wenn sie ihn noch so sehr suchen wollten, nicht im Bereich eines «Hierauf gründet sich das Bewußtsein dieses Vollendeten» finden. Und warum? Schon in diesem Dasein, sage ich, ist ein Vollendeter unfaßbar. Und weil ich so rede und so lehre, bezichtigen mich einige Samanen* und Brahmanen unrichtiger, nichtiger, fälschlicher, unwahrer Weise: «Ein Lehrer der Vernichtung ist der Samana Gotama: des seienden Wesens Zerstörung, Vernichtung und Nichtexistenz lehrt er.» Was ich nicht bin und nicht lehre, dessen bezichtigen mich jene verehrungswürdigen Samanen und Brahmanen unrichtiger, nichtiger, fälschlicher, unwahrer Weise: Das Leiden und des Leidens Aufhören lehre ich jetzt und immerdar. (*Majjhima-Nikāya* 22)

Die Aufhebung des Leidens aber und das damit verbundene Erlöschen von Gier, Haß und Wahn ist Durchbruch zum Erwachen und zur Erleuchtung, wodurch die Komponenten der Persönlichkeit, die uns die Welt als Saṃsāra erleben lassen, verwandelt werden in die Elemente der Persönlichkeit eines vollkommen Erwachten. Diesen Prozeß einzuleiten und zu fördern ist alleiniger Sinn und Zweck aller buddhistischen Meditation, die die Transformation der ganzen menschlichen Persönlichkeit bewirkt durch eine stets wache, klare Gegenwärtigkeit des Gei-

* Wandernde Asketen

stes und die Entfaltung aller in uns angelegten Kräfte bei gleichzeitiger Entwicklung der unendlichen Potentialität des Bewußtseins, wodurch wir zu Meistern unseres Lebens werden und zur Erleuchtung durchbrechen können.

So säen wir in der Meditation die Saat zur Befreiung und gestalten damit schon jetzt und hier die Körper zukünftiger Vollendung nach dem schöpferischen Bild unserer höchsten Ideale. Dabei verhaften wir uns nicht der Vergangenheit, an der wir ohnehin nichts ändern können. Denn wir sind Menschen unserer Zeit, deren Denken und Fühlen von einer Erlebniswelt geprägt wird, die den Menschen der Vergangenheit – wie hochgeistig sie auch immer entwickelt waren – verschlossen war. Und wenn auch die Gesetzmäßigkeit des Daseins – innen wie außen – immer dieselbe blieb, änderte sich doch manches entscheidend im Umfeld.

So ist unsere Weltsicht im Zeitalter der Raumfahrt, der Atomwissenschaft, der Computertechnik und der Hochindustrialisierung eine andere als die des Menschen im Altertum oder im Mittelalter. Die meisten Meditationsmethoden, mit denen der Mensch heute konfrontiert wird, wurden jedoch in vergangenen Jahrtausenden und Jahrhunderten entwickelt. Zwar basiert ihr Vorgehen im wesentlichen auf Prinzipien, die allgemein menschlich und überzeitlich sind, da sich die Grundstruktur der menschlichen Psyche kaum ändert. Doch an der Peripherie unseres Bewußtseins hat sich sehr vieles entscheidend gewandelt, so daß wir Methoden früherer Zeiten heute nicht vorbehaltlos übernehmen können, wenn wir unser kritisches Denken nicht völlig ausschalten wollen. Der Mensch des Abendlandes hat lange gebraucht, um sich von der Dogmatik und Scholastik des Mittelalters zu befreien, und ebensolange, um sich aus der Enge des Puritanismus nachfolgender Jahrhunderte zu lösen. Er würde sich den Weg zum Erleben jener dem Buddhismus zugrunde liegenden Universalität, Bewußtseinstiefe und Freiheit verbauen, wenn er gewisse Methoden unbesehen übernähme, die in vergangenen Zeiten mit ihren ganz anderen Gesellschaftsstrukturen und Weltanschauungsmodellen berechtigt waren.

Noch vor wenigen Jahrzehnten konnte ich erleben, wie die Tibeter ein tief gläubiges Vertrauen (Śraddhā, tib.: dám-tshig) besaßen, das sie zu einer fast grenzenlosen Hingabe befähigte. Sie lebten damals glücklicherweise noch in einer magischen Welt, die nicht mechanisch und entseelt, sondern geist- und seelendurchwirkt war. Durch diese Weltsicht hatten sie einen direkten Zugang zu den Tiefen des eigenen Bewußtseins, den wir uns erst auf dem Umwege intellektuell-psychologischen Verstehens erarbeiten müssen. Denn es gibt kein Zurückdrehen des Zeitrades und damit auch für uns keine Rückkehr zur magischen Welt durch Negierung unseres mentalen Bewußtseinszustandes.

Für uns gibt es nur ein Voranschreiten zu einer in ständiger Integration neu zu gewinnenden Ganzheit, in der die Vieldimensionalität des Tiefenbewußtseins (in der auch jenes magische Weltbild seinen Platz hat) erfahren wird. Wenn wir als Menschen unserer Zeit die Möglichkeiten des buddhistischen Vajrayāna nutzen wollen, so muß für uns der Weg der Annäherung zunächst über eine Erarbeitung des inneren Sinnes der wesentlichsten Symbole und Schaubilder dieser Schule gehen, wobei man weniger Wert auf Gebete, Anrufungen und poetische Beschreibungen transzendenter Gefilde und Wesenheiten, zum Beispiel auf Höllen- und Himmelsvorstellungen, legen sollte. Im buddhistischen Mittelalter geschah vieles, was dem christlichen Mittelalter vergleichbar ist: Die Einfachheit und Unmittelbarkeit des Anfangs (wie wir sie beispielsweise noch in der *Sādhanamālā* finden) wurden überwuchert von vielen unwesentlichen und zum Teil irreführenden Details sowie von Primitivvorstellungen, geboren aus Ängsten und Wunschträumen.

So entstanden schematisierte und damit schnell steril werdende Meditationsabläufe, in denen die Schaubildentfaltung zunehmend unter einem Wust von Gebeten, die nur abgelesen wurden, erstickte. Ja, teilweise wurden diese Gebete gar nicht verstanden. Ein solches verständnisloses Abrasseln von Gebeten aber, ebenso wie die hunderttausendfache mechanische Wiederholung derselben, führt im besten Falle zu einer Entspannung in Selbsthypnose, nicht aber zum lebendigen Erlebnis jener tieferen Wirklichkeit, die nichts mit frommen Sprüchen und Gefühlsausbrüchen zu tun hat.

Wir müssen darum wieder den Kern der Sādhanas herausschälen und diese von allem Beiwerk befreien. Dann werden wir erleben, wie die Schaubilder auch heute noch genauso wirken, wie sie es in der Vergangenheit taten, vor allem dann, wenn der Schüler von Anfang an dazu angehalten wird, sich immer wieder bewußtzumachen, daß alle Schauungen, die wir in der Meditation hervorbringen (und die deshalb «Bhāvanā», das heißt «Hervorbringungen», genannt werden), keine «göttlichen Offenbarungen letzter Wirklichkeit» sind, sondern ihren Ursprung im Bereich des Geistes und der Seele des Meditierenden haben. So heißt es schon im *Mahāyāna-Śraddhotpāda-Śāstra*: «Wenn Jünger Visionen haben von Göttern, Bodhisattvas und Tathāgatas, umgeben von himmlischem Glanz, so sollten sie dessen eingedenk sein, daß diese alle *geisterschaffen* sind.»

Dennoch sind diese geisterschaffenen Wesen nichts Unwirkliches: Ihre Wirklichkeit besteht darin, daß sie in uns wirkende Kräfte freisetzen, die den Prozeß der Wandlung nicht nur einleiten, sondern auch fortlaufend stimulieren. Sie sind Kunstwerken vergleichbar, die aus den tiefsten Erlebnissen des menschlichen Geistes geboren werden und die selbst dann, wenn sie keinen Bestand haben und wenn ihnen auch keine objektive Wirklichkeit zukommt, dennoch Symbole enthalten, deren stets wiederkehrende Formen Wegweiser und Anreger zur höchsten Vollendung – zur Erleuchtung – sind.

Wenn wir das Vajrayāna und seine Meditationsmethodik für unsere Zeit nutzbar machen wollen, so müssen wir uns davor hüten, rein intellektuell an diese heranzugehen, um uns in philosophisch-metaphysischen Spekulationen, schematischen Ikonographien und mystifizierenden Theoremen zu erschöpfen. Die Praxis des Vajrayāna erfordert über jede intellektuelle Tätigkeit hinaus eine ständige meditative Schulung in den ursprünglichen Sādhanas, verbunden mit den heiligen Riten der Initiation, durch die die gemeinsame Arbeit von Guru und Cela zu einem lebendig-dynamischen Prozeß geistiger Entwicklung wird. Doch damit dieser Prozeß nicht stagniert, müssen wir uns immer wieder daran erinnern, daß die Tantras wiederholt vor zwei Extremen warnen, davor nämlich, daß man weder die Schauungen höherer Bewußtseinsstufen für «letzte» Wirklichkeit hält – wodurch wir uns an sie verhaften und auf halbem Wege steckenbleiben würden –, noch daß wir solchen Schauungen jegliche Wirklichkeit absprechen, von dem Gedanken ausgehend, daß sie *nur* geistgeschaffen seien. Im letzteren Falle würden wir die entscheidende Rolle unseres Bewußtseins und seiner potentiellen Möglichkeiten verkennen und uns eines wertvollen Mittels auf unserem Pfade berauben.

Meditation als ein Zustand erhöhter Wachheit ist zugleich nach innen und außen gerichtet. Sie sollte deshalb nicht zum Versuch einer Weltflucht benutzt werden, sondern allein als ein Mittel, um tiefer in das Wesen der Dinge und in unsere eigene Natur einzudringen. Nur so kann sie die inneren und äußeren Welten wieder miteinander vereinen, ohne uns in dem Wahn zu wiegen, daß wir die eine um der anderen willen aufgeben müßten. Auf diese Weise wird es uns gelingen, Weisheit und Mitleid als Ganzheit zu erfahren, die so untrennbar miteinander verbunden sind wie die Flamme mit Licht und Wärme.

Der Buddha gewann unter dem Bodhi-Baum seine Erleuchtung im Sitzen. Doch zöge man daraus einen falschen Schluß, wenn man glaubte, daß man Erleuchtung «ersitzen» könne. Zweifellos ist es gut, richtiges Sitzen zu Beginn der Meditation zu erlernen: ein Sitzen, das uns erlaubt, ohne Schmerzen und die dadurch bewirkte Ablenkung längere Zeit beim Gegenstand unserer Betrachtung zu verweilen. Doch wichtig ist nicht das Sitzen selbst, sondern vielmehr der richtunggebende Anstoß oder der wegweisende Inhalt, der nicht nur unsere Aufmerksamkeit (Smṛti) fesselt, sondern der uns mit Inspiration (Prīti) erfüllt, wodurch spontan ein Zustand natürlicher Konzentration geschaffen wird. Dem Menschen des Abendlandes fehlt heute – besonders in den großen Industrienationen – die Fähigkeit zu echter Hingabe (Bhakti), die eine Grundvoraussetzung meditativer Versenkung ist. Ohne sie bleibt alle Meditation im Abstrakten stecken. Und hier bietet sich das Vorbild des Erleuchteten, des Buddha, als einer lebendigen, erlebbaren, wirkenden Wirklichkeit an, die uns nach ihrem inneren Bilde wandelt und formt.

Doch darf meditative Schulung nicht nur einseitig bestimmte Fähigkeiten unseres Geistes nutzen, sondern sie sollte auf den verschiedensten Ebenen des Bewußtseins gleichzeitig vorangetragen werden. So sollte neben dem Studium der buddhistischen Texte und der tantrischen Tradition die klarbewußte *Vergegenwärtigung* und die schöpferische Fähigkeit der *Imagination* voll entfaltet werden. Erst dann, wenn diese Voraussetzungen erfüllt sind, ist eine Initiation in einen Sādhana sinnvoll. Ohne eine solche vorbereitende Schulung verfehlt jeder Abhiṣeka seinen Zweck und sollte besser nicht gegeben werden.

Gerade die Entwicklung der beiden vorgenannten Fähigkeiten – die klarbewußte Gegenwärtigkeit des Geistes und die Entwicklung der Vorstellungskraft – sind für den Menschen im Westen heute von um so größerer Bedeutung, als alles dazu angetan ist, den Menschen einerseits durch Reizüberflutung ständig an einem vollbewußten Erleben der Gegenwart zu hindern und ihn andererseits seiner Fähigkeit zu berauben, die Vorstellungskraft schöpferisch zu betätigen. Denn schon dem Kinde wird die Möglichkeit genommen, seine Phantasie zu entfalten, indem es perfektes Spielzeug erhält, das die sogenannte Wirklichkeit in jedem Falle nachahmt. Darüber hinaus wird es durch Radio und Fernsehen schon früh an eigener schöpferischer Phantasiebetätigung gehindert.

In meinen Büchern habe ich immer wieder versucht, diese Probleme in einem vielfarbigen Mosaik darzustellen, das teils der Vergangenheit zugehörige, teils neuzeitliche Elemente beinhaltet. Dabei war ich mir immer der Gefahr eines solchen Unterfangens wohl bewußt. Andererseits aber hatte mein bisheriges Vorgehen auch eine positive Seite: Wer nur Anregungen gibt, vermeidet, daß andere aus einer ins Detail gehenden Beschreibung ein «für alle Zeiten gültiges Schema» machen. Und gerade auf dem Wege nach innen ist es eine der größten Gefahren, Meditationsanweisungen schematisch zu fixieren. Ein warnendes Beispiel hierfür sind gewisse Entgleisungen in der Darstellung der Satipaṭṭhāna-Praxis, durch die der letzte Rest spontaner Erlebnismöglichkeit mit den Keulen analytischer Zertrümmerungstechnik vernichtet wird.

Wem es ernsthaft um Meditation geht, der wird mit Sicherheit seinen geistigen Führer finden, der ihm Material und Werkzeug in die Hand gibt. Er wird ihn lehren und inspirieren, Werkzeug und Material so zu nutzen, daß er an der eigenen Bemühung auf dem Wege der Selbstentdeckung schöpferische Freude erlebt. So wird er – inspiriert durch eine echte Guru-Cela-Beziehung – die alte Lehre des buddhistischen Vajrayāna voll erfassen, das uns nie lehrte: «Hier ist die Antwort beziehungsweise die Theorie! Schule nun deinen Geist, das anzunehmen und zu glauben!», sondern den Schüler aufforderte: «Hier ist das Problem, und hier sind die Werkzeuge! Erarbeite dir die Antwort selbst!»

Im Rahmen dieses Läuterungs- und Bewußtwerdungsprozesses ist die Wahl des Sādhana für den jeweiligen Cela von entscheidender Bedeutung. Wenn heute allerorts Übersetzungen tantrischer Texte herausgebracht werden und Sādhanas großzügig jedermann zugänglich sind, so ist das eine nicht wünschenswerte Entwicklung, die mehr Verwirrung und Mißverständnisse schafft, als daß sie aufklärend und helfend wirkt. Durchschnittliche Fachgelehrte, die sich an solche Übersetzungen wagen, sind sich ebensowenig ihrer Verantwortung bewußt wie jene Gruppen, die Sādhanas wie Süßigkeiten an jedermann verteilen ohne vorausgehende individuelle Einführung und jene Vorübungen, die zumindest im indischen Mittelalter nie aufgezeichnet, sondern mündlich weitergegeben wurden.

Als Evans-Wentz seinerzeit einige buddhistisch-tantrische Texte veröffentlichte, machte er zumindest den Versuch, den Leser in die richtigen Bahnen zu lenken und ihn mit einer gewissen Ehrfurcht vor dem esoterischen Gehalt dieser Schriften zu erfüllen. Die von ihm ausgesuchten kurzen Texte wie auch die wesentlichen Teile des *Bardo Thödol* sind daher durchaus zu empfehlen. Dagegen sind die Biographien Naropas und Padmasambhavas sowie die Übersetzungen früher Sanskrit-Tantras (wie beispielsweise des *Hevajra-* und des *Guhyasamāja-Tantra*) ohne Kenntnis der Symbolsprache und der meditativen Praxis unter einem erfahrenen Guru kaum von Nutzen.

Es ist einer der großen Irrtümer unserer Zeit, daß Sādhanas seit Jahrtausenden bestehende, unveränderliche Schemata seien: Nur die Grundformen wurden von den großen Meistern der Vergangenheit erschaffen, die dann von Generationen von Lehrern, die ihnen folgten, immer wieder bis in die neueste Zeit hinein variiert wurden. Hier gilt das Wort, daß «der Meister die Form zur rechten Zeit mit weiser Hand zerbrechen kann», um die für seinen Cela notwendigen Varianten zu erschaffen.

Das bisher Erarbeitete macht deutlich, daß ohne Hingabe, ohne Inspiration und ohne Spontaneität Meditation zur bloßen Selbstbetäubung und zum Selbstbetrug wird und regelmäßig zur Routinehandlung entartet. Hingabe jedoch, die uns mit Begeisterung und Kraft erfüllt, kann nur dann in einem Menschen reifen, wenn er durch das *Wissen* um ein erstrebenswertes, erhabenes Ziel angespornt wird. Deshalb muß jeglicher Schulung in buddhistischer Meditation ein intensives Studium des Buddha-Dharma vorausgehen, das jedoch nicht in einer Scholastik steckenbleiben darf, die in ihrer intellektuellen Dürre und Schematik den Studierenden leicht in eine Scheinbefriedigung hineinmanövriert und die ihn – sofern er dann später überhaupt meditiert – in einen meditativen Schematismus geraten läßt, der jeder wirklichen Erfahrung entgegensteht. Aus der durch Erwägen und Überdenken gewonnenen Vertiefung in die Lehre des Buddha erwächst im Cela jene Begeisterung für einen bestimmten Aspekt des Dharma, der ihn inspiriert und so – aus der natürlichen Konzentration des faszinierten Geistes – zum Gegenstand seiner Betrachtung wird.

Die so gewonnene Sammlung und Konzentration all unserer inneren Kräfte in einem entsprechenden Brennpunkt ist Voraussetzung für jegliche meditative Arbeit. Diese Tatsache wurde – in Verkennung der Situation – oft Anlaß zu einer Fehlinterpretation, wobei der einfache Konzentrationsvorgang fälschlicherweise mit Meditation gleichgesetzt wurde, obwohl der Unterschied augenscheinlich sein sollte. Ein einfaches Beispiel macht dies deutlich: Jeder Buchhalter, der über seinen Zahlen, Rechnungen und Kalkulationen sitzt, ist konzentriert, aber er meditiert dabei gewiß nicht. Konzentration und Meditation sind vom Wesen her so verschieden, daß oft schon unser inniger Wunsch, uns während der Meditation auf einen Gegenstand unserer Betrachtung besser konzentrieren zu können, zum Hindernis wird, nämlich dann, wenn dieser Wunsch zwanghaften Charakter annimmt.

Meditation im Sinne der Lehre des Erhabenen gründet sich nämlich auf ein Loslassen sowohl des Begehrens als auch der Abneigung, wodurch jene innere Ruhe (Skrt.: Praśrabdhi) in uns aufsteigt, die es uns erlaubt, uns selbst und den ständigen Strom unserer Gedanken ohne Wertung und ohne Fixierung anzuschauen. Auf diese Weise setzen wir der in uns wirkenden Dynamik keinen Widerstand entgegen, lassen alles in einem freien Fluß, ohne daß wir uns von dem einen oder anderen Gedanken einfangen lassen. So sehen und erkennen wir das Spiel des Denkens der Wirklichkeit gemäß, nämlich als einen Prozeß, der nicht angehalten werden kann, wie sehr wir uns auch darum bemühen. Das einzige, was getan werden kann, ist, dem Aufblitzen und Verschwinden der Gedanken zuzusehen, ohne dem einen oder anderen besondere Beachtung zu schenken. Denn wenden wir unsere Aufmerksamkeit auch nur einen Augenblick einem spezifischen Gedanken zu, so leiten wir sofort einen Assoziationsvorgang ein, der sich unentwegt fortspinnt.

Der Buddha und viele seiner großen Nachfolger haben den

Denkvorgang und den Ablauf geistiger Prozesse immer wieder analysierend untersucht, haben die Bedeutung und die Grenzen des Denkens ausgeschritten, um – in der meditativen Schau diese Grenzen durchbrechend – zu einem Bewußtsein vorzustoßen, das jenseits von Zeit und Raum dem Denken nicht zugänglich und über das deshalb auch nichts aussagbar ist. Im Erleben dieser «Bewußtseins-Gegenwärtigkeit» entdecken wir eine Wirklichkeit, die uns wandelt: Wir sind plötzlich geöffnet und transparent, und es geschieht an uns das Wunder des immer neuen Anfangs.

Vor einiger Zeit fragte man mich, wie man Meditation kurz definieren könne. Ich habe damals geantwortet: «Meditation ist jene Möglichkeit, durch die sich das Individuum seiner ständigen, nie abgerissenen Verwobenheit im Universum bewußt werden kann.» Der Pfad der Meditation ist somit die einzig erfolgversprechende Chance, den Ich-Komplex zu durchschauen und so die Illusion einer vom Ganzen abgesonderten und unabhängigen Selbstheit zu überwinden. Was weder durch fromme Predigten noch durch geistige Ermahnungen erreicht werden kann: Der durch die Meditation eingeleitete Wandlungsprozeß bewirkt zunehmend die Aufhebung unserer Bindung an jenes fiktive Ich, das sich, die Relativität seiner Existenz nicht erkennend, vom Universum abkapseln möchte. Im Erlebnis der Verwobenheit alles Lebens treten wir in die Freiheit einer ständig dynamisch sich wandelnden, durchlässig gewordenen Individualität, die sich – eingebunden in unendliche Relationen – als bewußter, «gegenwärtiger» Schnittpunkt universellen Werdens erfährt.

Durch die Überwindung der Ich-Illusion aber erwächst ohne all unser Zutun Selbstlosigkeit, die frei von jedem Gefühl moralischer Überlegenheit und Arroganz ist. Das Mitempfinden und Mitleid (Mahākaruṇā), das aus dieser Haltung fließt, ist ein spontaner, natürlicher Ausdruck der Solidarität mit allem Leben und keine ideologisch hochgespielte Emotionalität noch ein Handeln, das durch das Gebot eines Gottes bestimmt wird. So bietet uns die richtig geführte Meditation nicht nur die Möglichkeit, unsere Eingebundenheit in das Ganze (außerhalb dessen wir keinen Bestand hätten) zu erfahren, sondern sie läßt uns auch zugleich bewußt werden, daß wir – wie jedes fühlende Wesen – ein ständig sich wandelnder Brennpunkt sind, in dem sich das Universum seiner selbst in einmaliger Weise bewußt wird.

Eine solche Erfahrung der Universalität und der Einmaligkeit individueller Existenz in ihrem ständigen Wandel aber erfüllt uns mit einem wachsenden Verantwortungsgefühl vor dem Ganzen. Es gilt, diese Persönlichkeit zu einem immer vollkommeneren Instrument der Wahrnehmung und zugleich des Dienstes zum Wohle aller Wesen zu entwickeln. Deshalb wird richtig geführte Meditation weder zu einer «Selbstvernichtung» und Auflösung in einem nebulos konzipierten «All» oder «Nichts» führen, noch zu einer Selbstverhärtung, die das eigene Ich gegen alles Leben als das «Ganz-Andere» stellt, um in Selbstbezogenheit einen Zustand der Gleichgültigkeit gegenüber der Welt, in der wir leben, zu entwickeln. Meditation aus dem Geiste der Lehre des Buddha wird uns vielmehr dazu befähigen, alle Dinge und Wesen in einem größeren Zusammenhang zu sehen, in dem uns die Trivialitäten unseres weltlichen Lebens plötzlich wie verwandelt in einem neuen Licht erscheinen, nämlich als tief bedeutsame Aspekte eines kosmischen Spiels, in dem wir sowohl Schauspieler wie auch Zuschauer sind.

Wenn ich hier von einem «kosmischen Spiel» spreche, so kann dies leicht mißdeutet werden, da der Begriff «Spiel» für viele Menschen mit Vorstellungen von «Willkürlichkeit», «Launenhaftigkeit» und «Zufälligkeiten» verbunden ist. Für sie ist «Spiel» etwas, bei dem man sich einfach gehenläßt, etwas, das weder Ordnung noch Ziel kennt. Würden sie jedoch nur ein wenig nachdenken, so müßten sie erkennen, daß Spiele immer bestimmten Regeln folgen. So muß beispielsweise beim Fußballspiel jeder Spieler die Spielregeln genau kennen und strikt befolgen, obwohl er sich auf dem Fußballfeld auch frei bewegen könnte, um entsprechend seinen jeweiligen Neigungen und Einfällen zu handeln, wofür man ihn allerdings – da er das Spiel stört – vom Platz verweisen würde.

In dem großen universellen Spiel sind die Spielregeln nun das, was wir Dharma nennen. Ohne den Dharma zu verstehen, können wir unsere Freiheit in jenem Spiel, an dem wir alle mitwirken, nicht ausschöpfen. Und so, wie selbst in einem improvisierten Theaterspiel jeder, der aktiv daran teilnimmt, die Rolle, die er verkörpern soll, kennen muß, um sich richtig in sie einzuleben und sie überzeugend spielen zu können, so kann auch im großen kosmischen Spiel nur der vollendet seine Rolle spielen, der den Gesamtzusammenhang erahnt und seinen Part eingeordnet in die Gesamtkonzeption darstellt.

Meditation ist nun eines der Mittel, die uns an die Rolle, die wir in diesem Leben zu übernehmen haben, heranführen. Sie gibt uns Gewißheit über unsere Ausgangsposition, unsere Entfaltungsmöglichkeiten, Freiheiten und auch über die uns zufallende Verantwortlichkeit. Denn es gibt *keine Freiheit ohne Verantwortlichkeit*. Vielleicht haben darum so viele Menschen Angst vor der Freiheit, weil sie die daraus erwachsende Verantwortung fürchten. Was sie suchen, ist oft Hemmungslosigkeit, Unverbindlichkeit, Nichtverantwortung, kurz: ein chaotischer Egoismus und eine Egozentrik, die nur die Befriedigung der eigenen wirren Triebe und Wünsche kennt und diese ausleben will. Freiheit aber ist – wie Nietzsche einmal sagte – «Einsicht in die Not-Wendigkeit», ist verantwortliches Handeln im Einklang mit den Regeln des «großen Spiels», in das wir alle einbezogen sind.

Jede Meditation, die über das bloße Sitzen hinausgeht, bedarf nach buddhistischer Vorstellung einer intensiven Vorbereitung. Neben dem Dharma-Studium sind hier die Betrachtung des Atems, des Körpers, der Gefühle und geistigen Prozesse, die Kontemplation der Gestalt des Buddha und die Vier Göttlichen Verweilungen (Brahmavihāra) ebenso unerläßlich wie die sittliche Reife des Cela. Nur nach Erfüllung dieser Vorbedingungen sollte mit der Vorbereitung des Sādhana begonnen werden durch Einführung in die Symbolik, den Mythos, die Richtung des Mantra und die Ikonographie der zu schauenden Gestalten. Dann erst kann mit der meditativen Schau der rein geistigen Erscheinungsformen begonnen werden, die nichts anderes sind als Kräfte des Lichtes in uns selbst, die anfangs nur als unklare, undeutliche Ideen in unserem Geiste wohnen und die dann im Laufe der meditativen Übung zu wirkenden Kräften werden.

Der unvorbereitet Übende dürfte schon gleich zu Beginn an den Klippen der Ich-Verhärtung scheitern. Und selbst wenn es ihm gelingt, diese zu umschiffen, so besteht die Gefahr, daß er bei der Schaubildentfaltung Halluzinationen verfällt, indem er die selbsterschaffenen Bilder für «objektive» Wirklichkeiten hält. Und sollte er auch dieser Falle entgangen sein, so gerät er durch die tiefe Symbolik des Anuttara-Yoga-Tantra erneut in Gefahr, die Yab-Yum-Schaubilder sexuell zu mißdeuten, statt sie als einen inneren Vorgang der psychischen Integration aller männlichen und weiblichen Elemente der menschlichen Persönlichkeit zu erleben.

Es ist geradezu lächerlich, wenn Leute in Europa und Amerika heute meinen, daß sie fähig seien, die höheren tantrischen Meditationen zu üben, bevor sie den Weg der wachen Gegenwärtigkeit in der Stille des ruhig gewordenen Geistes und des in sich selbst ruhenden Körpers gefunden haben. Stößt doch der Abendländer schon bei den Grundstufen des Tantra – dem Kriyā-, Carya- und Yoga-Tantra – auf viele Schwierigkeiten, da ihm die archetypischen Formen der Schaubilder nicht von früher Kindheit her vertraut sind und ihm daher zunächst keine *wirkende Wirklichkeit* werden können. Sie sind ihm zunächst nur ästhetische oder symbolische Gebilde, zu denen er keine lebendige Beziehung entwickeln kann. Doch nur wenn diese Archetypen für ihn eine erlebbare Wirklichkeit werden, können sie wirken und es kann ein entsprechender Sādhana praktiziert werden. Das bloße wiederholte Lesen von Sādhana-Texten aber, wie es heute oft praktiziert wird, ist ohne jeden Nutzen, da es im Formalen steckenbleibt.

Erschwerend für den Abendländer kommt noch hinzu, daß er gewöhnt ist, daß religiöse Übungen nur einen bestimmten Teil des Tages, der Woche oder des Monats in Anspruch nehmen. Und dieser Teil hat selten oder nie Beziehung zu den anderen Tagesbeschäftigungen. Das Vajrayāna dagegen fordert vom Übenden (Sādhaka), daß jede seiner Tätigkeiten Bestandteil seiner religiösen Praxis wird, die jede Minute des Tages in all seinem Tun und Lassen durchstrahlt. Denn Meditation ist kein Ausnahmezustand menschlicher Existenz. Sie ist vielmehr die Entwicklung einer Geisteshaltung, aus der alle anderen Betätigungen im Leben ihren Sinn erfahren. Selbst die allergewöhnlichsten Handlungen in der Küche und im Haushalt werden so in den Dienst einer höheren Wirklichkeit gestellt, so daß durch Meditation eine Lebenshaltung entsteht, die sich dem Leben in seiner Mannigfaltigkeit öffnet, wodurch das eigene Wesen immer transparenter wird und damit lichter und heiterer wie ein Raum, in dem alle Fenster geöffnet sind, so daß er vom warmen Sonnenschein durchflutet wird.

In dieser lichtdurchfluteten Geöffnetheit manifestiert sich die Natur und Gegenwart Vajrasattvas als der Quintessenz aller Erleuchteten, die in mannigfachen Formen nun mehr und mehr von uns Besitz nehmen oder als vertraute Gestalten an unserem Leben, Fühlen und Denken teilhaben.

Wo diese innere Vertrautheit fehlt, wird Meditation zu einer erzwungenen «Übung» ohne jegliche Inspiration und Spontaneität. Und das ist es, was es mir so schwer macht, über die «Technik» der Meditation zu sprechen oder gar Meditationskurse mit genauen Anweisungen, Regeln und Übungen festzulegen, die dann allzuleicht zu einer Routine führen, die alles Leben zum Stillstand bringt. Denn sowenig, wie wir Menschen lehren können, wie man zu lieben hat, sowenig kann man auch Meditation lehren. Und wie jede «Liebestechnik» gerade das zerstört, worauf es in der Liebe ankommt – nämlich auf das

Spontane, Unmittelbare, Ungeplante, Absichtslose und Ich-Freie –, so steht es auch mit der Meditation, wenn wir versuchen, ihre «Technik» darzustellen oder zu lehren.

Man kann es nicht oft genug sagen: Die Rolle des Guru besteht darin, die Flamme der Inspiration zu entfachen. Denn nur wenn sie das Wesen des Cela ganz ergriffen hat, kann alles, was der Guru aus eigener Erfahrung zur Förderung des Cela beizutragen vermag, zur Nahrung für die Flamme der Erleuchtung werden, die alles in Licht und Wärme verwandelt. So kann sich Meditation nur dann zu einer schöpferischen Kraft entfalten, die imstande ist, uns von innen her zu wandeln und zu befreien, wenn sie zu einer *spontanen* Haltung unseres Lebens geworden ist. Dann wird sie zum schöpferischen Akt einer neuen Einstellung, einer Welterneuerung, ja, zu einer Weltneuschöpfung, wodurch geistige Vorgänge als wirkende Kräfte erlebbar und erkennbar gemacht werden.

Diesen geistigen Kristallisationsprozeß schöpferischer Hervorbringung nennen wir die «Phase der Entfaltung» (Skrt.: Sṛṣṭi-Krama; tib.: bskyed-rim). Die durch diesen Vorgang sichtbar gemachten Vorstellungsformen und -gestalten würden jedoch einen geistig alles zum Erstarren bringenden Effekt haben, wenn wir diese kristallisierten Formen nicht wieder im Lebens- und Bewußtseinsstrom auflösen würden. Dieser Vorgang der Einschmelzung (Laya-Krama; rdzogs-rim) zeigt uns die Nicht-Ichhaftigkeit (Anātman), die Nicht-Absolutheit, Nicht-Substantialität, Kreativität und Aufhebbarkeit jeder Gestaltung in der potentiellen Leerheit (Śūnyatā). Nur wer gelernt hat, beide Phasen – die der Entfaltung und die der Einschmelzung – zu handhaben, wer erschaffen und wieder auflösen kann, wird in der Lage sein, sich freizuhalten von Verhaftungen an die eigenen Erlebnisse und erreichten Wegmarken – eine Gefahr, der die meisten nichtbuddhistischen Mystiker unterliegen.

Wer aber erkannt hat, daß «Wirklichkeit» das Produkt unseres eigenen Wirkens ist, wird von der materialistischen Vorstellung der Welt als einer «objektiven», außerhalb der Beziehungen zu einem erlebenden Subjekt gegebenen Wirklichkeit auf das alleranschaulichste befreit. So ist die Erfahrung der beiden Phasen tantrischer Meditation bei weitem überzeugender als alle theoretischen und philosophischen Erörterungen. Und wir erkennen die tiefe Weisheit des Satzes von Klages: «Das Schauen wandelt den Schauenden; was offenbar den äußersten Gegensatz zum Wahrnehmungsakt zeigt, der den Wahrnehmenden vom Wahrnehmungsdinge abhebt und ihn erst eigentlich vergewissert des begrenzten Für-Sich-Seins.»

So existiert denn ein Ding nur insoweit, als es wirkt. Wirklichkeit ist Wirken. Und in diesem Sinne sind die in der Meditation geschauten Dhyāni-Buddhas wirklich, und zwar ebenso wirklich wie der sie erschaffende Geist, während der nur als einmalige, historische Persönlichkeit *gedachte* Buddha in diesem Sinne unwirklich ist. Als wirkend wird er erst erfahren, wenn wir den Dharma, den er erschaute und lehrte, an und in uns, durch uns wirken lassen.

Bilder und Symbole, die heute nicht mehr auf Menschen wirken, sind bestenfalls ein dekoratives Gebilde oder die Überlieferungsform eines der Vergangenheit angehörenden Gedankens oder Geschehens. Dem wirken alle großen tantrischen Meditationen mit ihrer Fülle von Symbolen dadurch entgegen, daß sie das universelle Ziel vorwegnehmen: die große mystische Synthese und Integration, die die vollkommene Erleuchtung eines welterlösenden Buddha ist. Erst nachdem der Meditierende mit Hilfe der Symbole die Fähigkeit entwickelt hat, sich mit dem Ziel zu identifizieren, kann er sich der Vielfältigkeit anderer meditativer Erlebnisse überlassen. Denn wie ein Bogenschütze sein Ziel ins Auge fassen muß und gewissermaßen mit ihm eins wird, um es mit Sicherheit zu treffen, so muß der Meditierende vorerst sich sein Ziel vergegenwärtigen und völlig mit ihm eins werden. Dies gibt dann seinem inneren Streben Richtung und Begeisterung. Welche Methoden und Wege er dann auch wählen mag – seien sie aufbauend oder unterscheidend, gefühlsmäßig oder verstandesmäßig, schöpferisch oder analytisch –, er wird immer auf das Ziel hin fortschreiten.

Auch Schauungen sind zweifellos nichts Letztes. Sie sind es ebensowenig wie irgendwelche Werte und Ideen, bei denen die Gefahr besteht, daß sich der Intellektuelle ihnen verhaftet. Und diese Gefahr ist um so größer, als Worte eine einengende, beschränkende Tendenz haben, während in echter Schauung erlebte Symbole etwas Lebendiges, innerlich Reifendes sind. Sie weisen und wachsen über sich selbst hinaus: Sie sind zu immateriell, zu «transparent», um dinghaft zu werden und damit zum Haften zu reizen. Sie können weder gefaßt noch eindeutig umschrieben oder definiert werden und haben daher die Tendenz, vom Formhaften zum Formlosen zu weisen, während das Nur-Gedachte die umgekehrte Tendenz hat, nämlich zum Dogma zu erstarren.

So spielt denn im Buddhismus die Symbolik von Anfang an eine große Rolle. Denn obwohl der Buddhismus als Lehre in klare Worte gefaßt wurde und wie keine andere Religion der Welt an die wache Vernunft des Menschen appelliert, so müssen wir uns doch dessen bewußt sein, daß Worte ihre Grenzen haben und daß die Sprache selbst sich aus symbolischen Begriffen aufbaut, die, wenngleich sie auf der Basis einer allgemeinen Übereinstimmung im Laufe einer langen Entwicklung geschaffen wurden, dennoch nur eine Wirklichkeit zweiten Grades sind, während sich die *unmittelbare* Wirklichkeit unseres persönlichen Erlebens weitgehend jedem Wortwissen entzieht.

Das bedeutet jedoch nicht, daß alles Wortwissen nutzlos ist: Es ist innerhalb der Grenzen seiner Gültigkeit ein wichtiges Mittel der Verständigung und ein Mittel, das unserem Bewußtsein eine relativ neutrale Grundlage gibt, von der aus wir uns dann über das konventionelle Wortwissen erheben können, um weitere Dimensionen unseres Erlebens zu erforschen. Und eben das vollzog der Buddhismus im Laufe der Zeit und machte es im diamantenen Fahrzeug zu seinem Hauptanliegen. Der Buddha selbst hatte schon gesagt, daß seine Lehre tief und nur den Weisen verständlich sei und daß diejenigen sich täuschen, die da glauben, der Dharma erschöpfe sich in ernsthaften Formulierungen. Aus diesem Grunde empfahl er allen seinen Jüngern den Weg der Meditation, den Weg des Erlebens, der Verwirklichung und Verinnerlichung.

Doch solange sich Meditation noch in den Bahnen konventionellen Denkens bewegt, sind wir die Gefangenen unserer Gedankenkonstruktionen. Erst wenn wir das Wortdenken auf den höheren Stufen der Meditation überwunden haben, treten wir in eine andere Dimension, in der der Raum zur Zeit und die Zeit zum Bewußtseinsraum und zur Gegenwart wird – ja, zur Zeitlosigkeit, die vielleicht ein Synonym dessen ist, was wir Ewigkeit nennen.

Wie aber sollen wir das Wortdenken überwinden? Indem wir anstelle des Wortes die Schauung und anstelle der Schauung das Symbol setzen, um dann das Symbol in bildhaftem Erleben zu verwirklichen. Denn während das Wort einschränkt und sich zum Begriff verfestigt, ist das Symbol etwas Fließendes, etwas, das sich auf jeder Ebene des Erlebens wandelt, obwohl es bei jeder Wandlung seinen Charakter behält, also nicht ohne eine relative Identität ist. So wie der Mensch in Kindheit, Reife und Alter ein anderer ist, ohne seine Identität, die innere Kontinuität und Folgerichtigkeit seiner Entwicklung zu verlieren, so hält ein gemeinsamer Nenner die verschiedenen Erscheinungsformen und Bedeutungen eines Symbols zusammen. Und so ist das Symbol nicht wirklichkeitsferner, sondern wirklichkeitsnäher als das Wort, und je stärker wir das Symbol erleben oder mit ihm eins werden, desto mehr erleben wir uns wirkend als wirklich.

Denn anders als mit Zeichen, die eindeutige Abkürzungen für Begriffe oder Begriffskomplexe sind, verhält es sich mit religiösen Symbolen, insbesondere mit denen des Buddhismus und seiner Meditationspraxis. So kann man sich mit einer Statue des Buddha identifizieren, indem man seine Eigenschaften dadurch in sich wachruft, daß man die gleiche Körperhaltung mit der gleichen Geste einnimmt und so in sich ein Nacherleben bewirkt. Dabei erfahren wir, wie stark unsere Gesten auf uns selbst zurückwirken. Eine geballte Faust zum Beispiel bewirkt ein gesteigertes Haßgefühl und ein In-sich-selbst-verschlossen-Sein, also eine Art innerer Verkrampfung, die jede Kommunikation mit anderen verhindert, kurz gesagt, einen «Ich-Krampf». Die offene, gebende oder segnende Hand andererseits entspricht einer offenen, zugänglichen, wohlwollenden Geisteshaltung, die uns mit anderen verbindet.

Zweifellos fällt es dem Menschen des Westens heute schwer, Schaubilder meditativer Erlebnisse in sich wachzurufen. Aber durch ständiges Sichvertiefen in die archetypischen Gestalten des buddhistischen Pantheons werden – wenn auch langsam – Erlebnisse früherer Zeiten und verschüttete Fähigkeiten der Menschheit in uns wiedererweckt. Und so erschließt sich uns eine neue Welt ungeahnter Kräfte, sobald wir nur einen noch so bescheidenen Anfang machen.

Wir erkennen dann, daß die Schwierigkeiten, die man der Schaubildentfaltung unterstellt, übertrieben sind. Selbst dem Unbegabtesten ist es möglich, sich das Bild seines Ehepartners, seiner Eltern, Geschwister, Kinder oder Freunde vorzustellen. Wenn wir uns aber einen vertrauten Menschen lebhaft vorstellen können, so müssen wir auch in der Lage sein, dasselbe mit den Gestalten des «buddhistischen Pantheons» zu tun, sobald wir uns mit ihnen vertraut gemacht haben. Ich setze das Wort «Pantheon» in Anführungszeichen, da die Bezeichnung eines Systems unterschiedlichster «Gottheiten» (Deva) als außerhalb unserer selbst wirkende Kräfte nicht zum Buddhismus paßt. Die «Gottheiten» des Buddhismus sind aus der Meditation geborene, erlebte Teilaspekte unserer Psyche, die im religiösen Kunstwerk objektiviert und gegenständlich dargestellt werden. Ob Götter oder Dämonen: als Teil unseres Tiefenbewußtseins wohnen sie in uns selbst. Nur wenn wir dies erfahren haben, können wir den Buddhismus und insbesondere das Vajrayāna verstehen.

Denn wenn wir dann damit beginnen, uns mit den Schaubildern der Dhyāni-Buddhas und ihrer Emanationen beziehungsweise ihrer aktiven Reflexe wie zum Beispiel Avalokiteśvara, Mañjuśrī, Tārā oder Vajrasattva vertraut zu machen, so werden wir Kräfte in uns erwecken, deren Gegenwart uns kaum oder gar nicht bewußt war. Weitaus intensiver aber werden wir den wandelnden Charakter der Schaubildentfaltung erfahren, wenn es uns gelingt, bis zum Anuttara-Yoga-Tantra voranzuschreiten, wo im inneren Vollzug die seelische Ganzwerdung durch Vereinigung des männlichen und des weiblichen Prinzips in uns vollzogen wird.

Dieser Prozeß findet symbolhaft seine Darstellung in der Umarmung göttlicher (also über die menschliche Ebene hinausgehobener) Paare, wobei das Körperliche hier zum Ausdruck des Seelisch-Geistigen auf göttlicher Ebene wird und nicht Ausdruck eines naturhaften physischen Geschehens ist, dem der Mensch auf der Stufe des Animalisch-Triebhaften untersteht und das an sich jenseits von Gut und Böse und darum «unschuldig» und in seiner Spontaneität «rein» und darum befreiend ist – wenn auch nur im zeitlich begrenzten Sinne des ekstatischen Augenblicks.

Hier wird der Unterschied zwischen hinduistischem und buddhistischem Tantra offensichtlich: Ersteres versucht sich in das kosmisch-naturhafte Geschehen einzufügen, letzteres darüber hinauszuwachsen, indem es zur Ebene höherer Bewußtheit vordringt und sich im Erwachen zur Ganzheit vom Zwange schicksals- und triebhafter Verstrickungen befreit. Sich in die Triebkräfte des Kosmos einzuschalten, um sie seinen Zwecken nutzbar zu machen, mag für die Hindu-Tantras zutreffen, nicht aber für die buddhistischen. Der Buddhist hat durchaus nicht das Bestreben, sich in irgendwelche Triebkräfte einzuschalten, sondern er will sich im Gegenteil aus der Macht der Triebe und Triebkräfte ausschalten, die ihn so lange im Saṃsāra umhertrieben.

Sein Bestreben ist es, die Triebkräfte zu *durchschauen* und sich dadurch von ihrer Herrschaft zu befreien. Wohlgemerkt, er will sie nicht verneinen oder vernichten, sondern im Feuer der Erkenntnis läutern und umwandeln, so daß sie zu Kräften der Erleuchtung werden, die – statt zu weiterer Differenzierung (oder Fragmentierung) zu führen – nun in umgekehrter Richtung fließen: zur Einigung und Ganzwerdung. Deshalb strebt er nicht nach Macht und Herrschaft, sondern nach Erkenntnis und Weisheit. Er will die Welt nicht beherrschen, sondern sie verstehen und aus dem Verstehen alle Wesen liebevoll umfassen und annehmen.

So führt uns die Meditation von außen nach innen und wiederum von innen nach außen. Denn es ist die besondere Funktion der Meditation, die innere und die äußere Welt immer erneut wiederzuvereinen, statt die eine um der anderen willen zu verleugnen. Meditation ist nicht Flucht vor der Welt, sondern ein Mittel, tiefer in sie hineinzublicken, ungehindert von Vorurteilen und von vertrauten Gewohnheiten, welche uns gegenüber den Wundern und den tiefen Mysterien, die uns umgeben, blind machen.

Meditation ist ein Zustand vollkommenen Geöffnetseins ohne jedes Vorurteil. Sie ist darum immer eine durchaus individuelle Angelegenheit, die in einem Kollektivismus und Schematismus ersticken würde. Nur wer sich mit dem inneren Bilde seines Zieles vollkommen identifizieren kann und sich nicht den Bildern am Wege verhaftet, kann zur Erleuchtung durchbrechen, die selber kein Endzustand ist (was einem geistigen Tode in völliger Stagnation gleichkäme und der Dynamik des Buddhismus widerspräche), sondern ein Zustand vollkommener Transparenz. Darum sollte Meditation niemals zu einer «Aufgabe» werden, deren man sich «mit zusammengebissenen Zähnen und geballten Fäusten» unterzieht. Solange ein Mensch sich zur Meditation zwingen muß, ist er noch nicht reif für sie. Statt zu meditieren, vergewaltigt er dann seine Natur, und statt zu entspannen, hält er fest an seinem Ich. In dieser Weise wird Meditation zu einem Spiel des Ehrgeizes, der persönlichen Leistungsfähigkeit und des Größenwahns.

Fassen wir daher unser Ziel klar ins Auge, und bedenken wir

im Gehen unseres Weges, daß der Weg des Buddha immer Mādhyamaka-Marga – der mittlere Weg – ist, der mitten durch alle Gegensatzpaare hindurchführt.

DANKSAGUNG

Allen Ordensangehörigen, die durch Zusammentragen und Ordnen potentiellen Materials zum Werden dieses Buches beigetragen haben, sei an dieser Stelle gedankt!

Besonderer Dank aber gebührt dem Ehepaar Dr. Lauckner für seine große Hilfe durch konstruktive Kritik und Śraddhamālā, die klaglos überarbeitete Manuskripte zur «Reinschrift» immer wieder neu in die Schreibmaschine übertrug.

Der Herausgeber aber möchte Vajramālā, Vajrācāryā AMM, für ihre nie ermüdende Mitarbeit, die sich über drei Jahre hinzog, seinen persönlichen Dank sagen.

Advayavajra

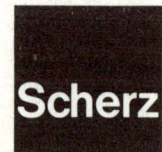